Wolfgang Senz

Der Ukraine-Krieg im Dienste der Eliten der Marktgesellschaften

Eine philosophische Analyse

Wolfgang Senz

Der Ukraine-Krieg im Dienste der Eliten der Marktgesellschaften

Eine philosophische Analyse

Rediroma-Verlag

Bibliografische Information der Deutschen Nationalbibliothek:
Die Deutsche Nationalbibliothek verzeichnet diese Publikation in der Deutschen Nationalbibliografie; detaillierte bibliografische Daten sind im Internet über http://portal.dnb.de abrufbar.

ISBN 978-3-98885-228-1

www.rediroma-verlag.de
14,95 Euro (D)

Vorwort

Hermann Knoflacher hat in seiner Kolumne in DIE GANZE WOCHE 13/23 Teile eines Interviews von ProSiebenSat.1 mit Bundespräsident Alexander Van der Bellen wiedergegeben. Dieses Interview stammt aus dem Jahre 2015. Die Beantwortung der Frage „Zuerst Georgien, dann Ukraine: Wie bewerten Sie den Umgang Europas mit Russland?“ beginnt Van der Bellen wie folgt: „Ich glaube, wenn ich mich öffentlich dazu geäußert hätte, wäre ich als Putin-Versteher diffamiert worden. Ich finde es skandalös, wie nahezu die gesamte europäische Presse nicht einmal versucht, die russischen Positionen zu verstehen.“ Sodann führt er aus:

„Ein weiterer wichtiger Punkt ist die militärisch-strategische Position Russlands. Als 1989 der eiserne Vorhang fiel und die Wiedervereinigung Deutschlands bevorstand, ist Russland zugesichert worden, dass die NATO-Grenze nicht weiter nach Osten verschoben wird. Das geht aus US-Quellen hervor. Die Russen haben aber das Pech, dass das niemals schriftlich vereinbart wurde. Und was ist passiert? Die NATO-Ostgrenze verläuft heute direkt an den Grenzen zu Russland. Ich kann schon verstehen, dass das ein Stirnrunzeln in Russland hervorruft. Wenn Sie 200 Jahre zurückgehen, woher kamen alle Invasoren? Alle durch die Ukraine. Deswegen bin ich erbost, wenn gesagt wird, dass von der Ukraine keine militärische Gefahr ausgeht. Ja natürlich, von der Ukraine selbst nicht, aber dass es sich um ein strategisches Vorfeld Russlands handelt, ist doch klar.“

Endlich erinnert Van der Bellen daran, dass die USA in den vergangenen 100 Jahren auf potenzielle Gefahren vor „ihrer Haustür“ ohne Beachtung des Völkerrechts reagiert haben: „Die haben sich auch nicht um das Völkerrecht gekümmert.“ Aus all dem zieht er den Schluss: „Da wird mit zweierlei Maß gemessen.“ Und: „Ungeachtet all dessen ist das

Ukraine-Problem lösbar. Aber es scheint auf beiden Seiten keinen guten Willen zu geben.“

Diese Ausführungen Van der Bellens ergeben folgendes Bild: Russland hatte Grund genug, um sich von der NATO bedroht zu fühlen. Der Ukraine kommt hierbei geopolitisch und militärisch-strategisch eine besondere Bedeutung zu. Russland in dieser Situation die Beachtung des Völkerrechtes abzuverlangen erscheint auch insofern eigentümlich, als sich die USA, also der führende NATO-Staat, keineswegs als unausgesetzt dem Völkerrecht verpflichtet erwiesen haben. Angesichts hiervon zeigt sich Van der Bellen darüber „erbost“, dass die russische Perspektive im Westen ignoriert wird.

Die folgenden Ausführungen betreffen wiederum Bundespräsident Van der Bellen, stammen aber aus den Jahren 2022 bzw. 2023 (sämtliche Zitate sind https://www.bundespräsident.at entnommen).

In *Treffen mit ukrainischem Amtskollegen* (2023) ist zu lesen:

„Bundespräsident Van der Bellen hat der von Russland angegriffenen Ukraine am Mittwoch weitere Unterstützung und Solidarität zugesagt. Österreich sei zwar militärisch neutral, aber nicht wertneutral, betonte Alexander Van der Bellen bei einer gemeinsamen Pressekonferenz mit seinem ukrainischen Amtskollegen Wolodymyr Selenskyj in Kiew. Alexander Van der Bellen erklärte das ukrainische Volk verteidige nicht nur sich selbst, sondern auch die europäischen Werte. Daher stehe Österreich an seiner Seite: «Das sind gemeinsame europäische Werte, das geht uns alle an.»“

Eröffnung Brucknerfest (2022):

„[Van der Bellen:] Aber erinnern wir uns, wie es dazu [Krieg, Teuerung] kommen konnte. All das ist auf einen Mann zurückzuführen, der es nicht ausstehen kann, dass wir in Unabhängigkeit und Freiheit leben möchten. [...] Weil es ein Angriff auf unsere Lebensweise ist. Unsere Demokratie, unsere Identität und unsere Zukunft. Putins Regime wirft Bomben und zerstört damit Menschenleben."

Gipfeltreffen der Dreimeeresinitiative in Riga (2022):

„[Van der Bellen:] «Ich gehörte selbst zu den Personen, die angesichts der auch historischen Beziehungen zwischen Russland und Österreich das schlicht nicht für möglich gehalten haben, diesen Angriffskrieg.» Er verstehe auch «die tief sitzende Sorgen aller drei Länder des Baltikums, aber auch von Finnland und Schweden, dass die Aggression nicht in der Ukraine stoppt, sondern, wenn wir dem nicht Einhalt gebieten, auch andere Länder erfassen könne.»"

Fasst man diese Ausführungen zusammen, so ergibt sich ein von dem vorangegangenen Bild vollständig abweichendes Bild: Nun wird Putin als aller Werte entbehrender Machtpolitiker dargestellt, dem es einfach nicht gefällt, dass wir in Freiheit leben bzw. unser Leben an Werten ausrichten. Daher wirft er – und sein Regime - Bomben, zerstört Menschenleben usw. Gebietet der von Werten beseelte Teil der Menschheit diesem Treiben nicht Einhalt, so besteht die Gefahr, dass sich Putin mit der Besiegung der Ukraine nicht zufrieden gibt. Im krassen Unterschied zu dem vorangegangenen Bild sind die Rollen der Guten und der Schlechten nun wie folgt verteilt: Schlecht ist Russland bzw. Putin und sein Regime und die Rolle der Guten spielen nun die Ukraine und die NATO bzw. die westlichen Wertegesellschaften.

Hier ist also keine Rede mehr von der Wortbrüchigkeit der USA. Von einer Wortbrüchigkeit, die mit einem provokanten Verhalten der USA gegenüber Russland einhergeht, wie man es sich von einer Wertegesellschaft – dem „Reich der Guten" - eigentlich nicht erwartet.

Wieso dieser Bilderwechsel? Sogleich wird man daran denken, dass zwischen beiden Bildern der – folgt man dem westlichen Sprachgebrauch! - von Russland begonnene Krieg mit der Ukraine liegt. In einem der jüngeren Zitate gesteht Van der Bellen ein, zunächst nicht weitsichtig genug gewesen zu sein, um diese Situation vorhersehen zu können. Das legt nahe, dass das ursprüngliche Bild einfach falsch ist. Van der Bellen hat also gut daran getan, sich nicht „öffentlich zu äußern“, da er zu Recht als „Putin-Versteher diffamiert“ worden wäre.

Somit erhebt sich aber die Frage: Was ist konkret falsch an dem ursprünglichen Bild? Dass die NATO bzw. USA gegenüber Russland wortbrüchig geworden sind? Dass die USA gegebenenfalls das Völkerrecht einfach nicht kennen? Beides trifft nachweislich zu. Inhaltliche Fehler können in dem ursprünglichen Bild tatsächlich nicht gefunden werden.

Angesichts hiervon ist nochmals hervorzuheben, worin sich beide Bilder konkret unterscheiden: Gemäß dem ursprünglichen Bild kann die USA bzw. NATO aufgrund ihres Wortbruches gegenüber Russland und ihres (USA) Engagements in der militärisch-strategischen bedeutungsvollen Ukraine als Provokateur verstanden werden. Im zweiten Bild wird dieser Umstand vollständig ignoriert; er tritt einfach nicht mehr auf. Die Botschaft ist eindeutig: Schuld ist ausschließlich Russland zuzuordnen. Der Westen wird ebenso ausschließlich als von Werten beseelter Akteur dargestellt.

Ergibt sich hieraus, was im ersten Anlauf nicht gefunden werden konnte, nämlich die Antwort auf die Frage: Wieso der Bilderwechsel? Nachdem im ursprünglichen Bild keine inhaltlichen Fehler gefunden werden konnten, kann der Fehler, den Van der Bellen korrigiert hat, darin bestehen, dass es sich zu sehr an der Realität orientiert hat, einer Realität, die von den in diesem Bild genannten Provokateuren maskiert werden muss, was Van der Bellen also übernimmt, um in die Rolle des von Werten beseelten Akteurs schlüpfen zu können.

Im Lichte hiervon sei Van der Bellens Aussage in dem ursprünglichen Bild wiederholt, wonach das westliche Verhalten in Russland „Stirnrunzeln" auslösen musste. Diese Aussage ist problemlos nachvollziehbar. Umso mehr gilt es zu beachten, dass den Provokateuren bewusst gewesen sein muss, dass es Russland nicht hierbei belassen konnte. Sie müssen eine Eskalation der Situation miteinkalkuliert haben, also die „Zerstörung von Menschenleben". Tritt aber diese Eskalation tatsächlich ein, so müssen die Provokateure als geschlossene Einheit auftreten. Das Gelingen ihres Unternehmens hängt vor allem davon ab, dass die Maske, von Werten beseelt zu sein, keinen Schaden nimmt.

Die Antwort auf die Frage „Wieso der Bilderwechsel?" wäre demzufolge: Bundespräsident Van der Bellen hat die offizielle westliche Darstellungsweise übernommen, um die Maske nicht zu beschädigen. Das Hinterfragen dieser Maske auf ihre Richtigkeit ist unerwünscht. Auf jeden Fall ist hiermit eine plausible Antwort gegeben. Ob sie tatsächlich zutrifft, ist hiermit nicht schon gesagt. Zudem sind zahlreiche Fragen nicht einmal thematisiert worden. Z. B.: Wer konkret sind die Provokateure, die gesamten westlichen Gesellschaften oder Teile von ihnen, und was ist es konkret, das sie derart nachdrucksvoll zu Werke gehen lässt?

Unabhängig hiervon muss aber gelten: Trifft die gebrachte Antwort zu, so muss man über das neue Bild „erbost" sein – vollständig unabhängig davon, welche Rolle konkret Putin und sein Regime spielt.

Inhaltsverzeichnis

1 Einleitung

Krieg in Europa! Ein Angriffskrieg, so die vorherrschende Meinung in Europa, Russlands gegen die Ukraine, einem Nachbarland der Europäischen Union. Das ist wohl für die meisten Menschen in Europa bis wenige Tage vor Kriegsbeginn nicht vorstellbar gewesen. Das gilt umso mehr, als der ukrainische Präsident Wolodymyr Selenskyj wiederholt behauptet hat, dass es Russland keineswegs nur um die Ukraine geht: Russland plane weit umfangreichere, in das Gebiet der EU reichende Maßnahmen. Dieses Argument ist von ExpertInnen und PolitikerInnen der EU aufgegriffen worden; es ist darauf verwiesen worden, dass Russlands Angriffskrieg Ausdruck des latent immer da gewesenen Großmachtdenkens Russlands ist.

Im Sinne hiervon ist also das Bild „Russland ist der Aggressor und die Ukraine ist das Opfer" ausgemalt und fortgesetzt in den Medien den Menschen vorgehalten worden. Es ist ein sehr einfaches, einprägsames Bild, was freilich noch gar nicht besagt, dass es falsch sein muss. Tatsächlich gibt es aber Stimmen, sehr leise Stimmen, die kaum den Weg in die Massenmedien finden, die behaupten, dass dieses Bild falsch ist; dass es so einfach ist, da in ihm viele Informationen fehlen, die zu beachten für die Anfertigung des richtigen Bildes unumgänglich ist.

In dem vorliegenden Buch soll der Frage nachgegangen werden, ob die Kritik an besagtem Bild zu Recht geführt wird und was es bedeutet, dass sie in den Massenmedien bestenfalls eine untergeordnete Rolle spielt. Sollte sich zeigen, dass diese Kritik zu Recht geführt wird, ist die Frage aufzuwerfen, wer im Namen wessen dieses Bild entworfen hat und welchem Ziel es dient, dass es fortgesetzt den Menschen vorgehalten wird.

Am Beginn hiervon gilt es den Eindruck zu zerstreuen, dass hier rein aus Jux und Tollerei ein etabliertes Bild in Frage gestellt werden soll, so als würde man einfordern, genauer nachsehen zu müssen, ob sich die Erde tatsächlich um die Sonne dreht. Hierzu sollen Passagen aus einem Schriftstück Günter Verheugens, ehemaliger EU-Erweiterungs-Kommissar und aktueller Berater der Agentur zur Modernisierung der Ukraine, wiedergegeben werden, das in dem Magazin PRAGMATICUS erschienen und in DIE GANZE WOCHE (Nr.22/22) auszugsweise abgedruckt ist:

> „Die Ukraine ist der Nachbar von vier EU-Mitgliedsstaaten, aber eben auch der größte westliche Nachbar Russlands. Sie ist zudem mit Russland auf vielfältige Weise historisch, kulturell und wirtschaftlich eng verflochten. Deshalb wurde das Land Gegenstand eines geopolitischen Tauziehens zwischen den USA und Russland. Die strategische Position der USA ist offenkundig. Um zu verhindern, dass Russland noch einmal zu einem machtpolitischen Rivalen aufsteigen kann, soll die Ukraine nicht zu einer wie auch immer gearteten russischen Einflusszone gehören. Es geht bei dieser Politik nicht um das Wohlergehen der Menschen der Ukraine sondern um die strategische Schwächung Russlands."

Als Bestätigung des Bildes „Russland ist der Aggressor und die Ukraine das Opfer." lassen sich diese Zeilen keinesfalls verstehen, sodass es gerechtfertigt sein sollte, die dargelegte Arbeit in Angriff zu nehmen. Die Einleitung soll hierbei dazu dienen, die Gerechtfertigtheit dieser Arbeit zu untermauern, indem innere Unstimmigkeiten in der Argumentation der Protagonisten und Nutzer dieses Bildes aufgezeigt werden. Im Rahmen hievon sollten sich auch erste Hinweise darauf ergeben, wer eigentlich die Nutznießer davon sind, dass dieses Bild in den europäischen Gesellschaften aber auch der USA akzeptiert wird. Insofern bietet die Einleitung vor allem eine Materialsammlung. In Summe soll das zusammengetragene Material ermöglichen, das interessieren sollende Thema in eine konkrete Hypothese zu kleiden, deren Richtigkeit in den anschließenden Kapiteln darzulegen ist.

Am Beginn der Materialsammlung soll die Betrachtung des Verhaltens Finnlands auf die Ukraine-Krise stehen bzw. konkret die Betrachtung der diesem Verhalten einwohnenden Unstimmigkeit. In Finnland hat das Bild „Russland ist der Aggressor und die Ukraine das Opfer." dazu geführt, dass der NATO-Beitritt Finnlands plötzlich von einer Mehrheit der Bevölkerung befürwortet wird[1]. In DIE GANZE WOCHE (Nr.17/22) wird Finnlands Botschafterin in Wien, Pirkko Hämäläinen, mit folgenden Worten zitiert:

> „Die Finnen haben geglaubt, dass Russland seine Nachbarn nicht angreifen will. Der Einmarsch Russlands in die Ukraine hat diese Wahrnehmung stark verändert. Der Angriff hat gezeigt, dass Russland die Unabhängigkeit und territoriale Integrität der Länder nicht respektiert."

Hiermit erweckt die Botschafterin den Eindruck, als hätte die russische „Respektlosigkeit" gegenüber der Ukraine keine Vorgeschichte, in der die Ukraine bzw. zumindest ihre Regierung nicht als Akteur auftritt, sodass undifferenziert von *dem* Kriegsverursacher Russland gesprochen werden kann. Die Stellungnahme Verheugens lässt aber gerade hieran Zweifel aufkommen!

Hinzu kommt: Eine Vorgeschichte wie zwischen Russland und der Ukraine gibt es zwischen Russland und Finnland *nicht*. Es gibt keine Anzeichen dafür, dass Russland während der letzten Jahrzehnte daran dachte, die „Unabhängigkeit und territoriale Integrität" Finnlands zu missachten. Trotzdem bemüht sich Finnland um die NATO-

[1] Finnland ist am 4. April 2023 offiziell Mitglied der NATO geworden.

Mitgliedschaft, was die Botschafterin Finnlands in Wien also als nachvollziehbaren Schritt darzulegen versucht.

Aber ihre Argumentation enthält noch eine weitere Unstimmigkeit. In Finnland gibt es auch warnende Stimmen, die darauf hinweisen, dass das Land, ist es NATO-Mitgliedschaft, bei Auseinandersetzungen mit Russland an vorderster Front ist. Aber die Botschafterin meint, auch dieses Argument entkräften zu können: Die Mitgliedschaft in der NATO würde „weder Stationierung von Raketen noch die Errichtung von NATO-Militärbasen in Finnland erfordern" (ebd.). Das wird wohl nicht nur in Russland bezweifelt.

Auf jeden Fall ist Finnland ein Beispiel für die geopolitischen Veränderungen, die aufgrund des Ukraine-Krieges auftreten. Im Falle Finnlands bedeuten diese Veränderungen eine Machtzunahme der NATO, deren Grenze zu Russland sich durch den Beitritt Finnlands verdoppelt. Dieser Umstand ist in den offiziellen Darstellungen Finnlands kein Thema. Man stellt sich ausschließlich als jemand dar, der um Schutz bemüht ist, was doch legitim sein muss.

Ein weiteres Beispiel für die hiermit bezeichnete Veränderungen betrifft die Ukraine selbst, in ihrer Beziehung zur EU. Auch dieses Beispiel bringt die Erweiterung einer westlichen Institution – der EU – bis an die Grenze Russlands zum Ausdruck und wiederum wird die Bedeutung dieses Umstands mehrheitlich von der Politik und den Medien nicht thematisiert. Thematisiert wird, dass man jemandem, der Ukraine, Hilfe zukommen lassen will, der unverschuldet von einem anderen Land, Russland, angegriffen worden ist. Dass man dem Anliegen der Ukraine, der EU beitreten zu können, wohlwollend gegenübersteht, soll also als legitimer Akt der Solidarität mit einem Opfer verstanden werden. Die EU ist eben zu Recht Friedensnobelpreisträgerin.

Interessant ist hieran, dass dieses Wohlwollen der EU zur Voraussetzung hat, dass um willen der Beachtung der Sorgen der Menschen in der Ukraine gleichsam über den eigenen Schatten gesprungen wird: Die Ukraine erfüllt nämlich die Kopenhagener Kriterien, die von jedem Beitrittskandidaten erfüllt sein müssen, nicht. Noch im September 2021 hat der EU-Rechnungshof auf die Probleme in der Ukraine – Korruption usw. – hingewiesen. Die EU-Kommissionschefin Ursula von der Leyen beeindruckt das Mitte 2022 nicht. Ihr Bild von der Ukraine-Krise ist eindeutig: Russland ist der Aggressor und die Ukraine ist das Opfer. Zu der Logik dieses Bildes scheint zu gehören, dass man es bei einem Opfer nicht so genau mit Beitrittskriterien nehmen darf. Dieser Logik könnte man sich sogar anschließen, man könnte sie als aller Ehren wert verstehen – würdig der Friedensnobelpreisträgerin EU –, wäre hier nicht ein substanzielles Problem.

Zur Einstimmung auf die Darstellung dieses Problems sei darauf verwiesen, dass „über den eigenen Schatten springen" durchaus nicht EU-Standard ist, wie sich im Falle der Griechenland-Krise gezeigt hat. In diesem Fall ist man strikt nach den liberalen Marktvorstellungen vorgegangen, wiewohl ebenfalls unter dem Deckmantel sogenannter „Hilfspakete", ungeachtet des Elends, das damit provoziert worden ist. Der Grund für diese von dem Fall „Ukraine" abweichende Vorgehensweise sei zunächst darin vermutet, dass die Menschen in Griechenland das „Pech" hatten (und haben), sich nicht als Opfer eines Aggressors darstellen zu können, dessen Schwächung den Ambitionen der marktgesellschaftlichen Eliten der EU ein Anliegen ist.

Im Lichte hiervon gilt es nun besagtes „substanzielle Problem" darzustellen. Dieses wird ersichtlich, wenn die Vorgeschichte des Kriegsausbruchs im Jahre 2022 beachtet wird. Konkret geht es um die Versprechungen des Westens, die

NATO nicht über die Grenze Deutschlands hinaus zu erweitern (vgl. unten). Tatsächlich sind aber Ende des vorigen Jahrhunderts drei osteuropäische Länder in die NATO aufgenommen worden, wiewohl auf deren Bemühungen hin. Diese Osterweiterung ist von russischer Seite hingenommen worden. Jedoch: Seit Mitte der 10er-Jahre dieses Jahrhunderts engagiert sich die Armee der USA unmittelbar in der Ukraine, was als Vorstufe zur Fortführung der Osterweiterung gewertet werden kann, die ukrainische Regierung bei der Bekämpfung pro-russischer Ambitionen von Teilen der ukrainischen Bevölkerung (Donbass) unterstützend; also in Absprache mit selbiger! Das kann auf jeden Fall als Provokation Russlands mit militärischen Mitteln gewertet werden, die Vorstellung, der USA und der EU ginge es primär um die Menschen in der Ukraine, problematisch werden lassend.

Ruft man sich angesichts hiervon das zuvor erwähnte Griechenland-Beispiel in Erinnerung, so kann nämlich angedacht werden, dass das Hilfspaket, das der Ukraine geboten wird, vom Typ „Hilfspakete für Griechenland" ist: Die griechischen Hilfspakete haben die marktgesellschaftlichen Eliten geschützt, wobei zugleich darauf geachtet worden ist, den marktgesellschaftlichen Wirtschaftsliberalismus in Griechenland zu stärken, inklusive der Schwächung der Gewerkschaften usw. Wer dieserart agiert, dem ist aber nicht zuzutrauen, dass er in einem anderen Fall, dem Fall *Ukraine*, „über seinen Schatten springt" und aus Gründen der Solidarität mit Mitmenschen handelt.

Lässt sich diese Vermutung bestätigen, so wird freilich auch die Auszeichnung *Friedensnobelpreisträgerin* der EU zur Groteske, da diese Nobelpreisträgerin vor militärischen Mitteln zur Erlangung eines nur scheinbar im Namen der

Solidarität mit Mitmenschen festgelegten Zieles nicht zurückschreckt.

Dann ist aber auch zu erwarten, dass das Bild „Russland ist *der* Aggressor und die Ukraine *das* Opfer“, wie es von der überwältigenden Mehrheit der PolitikerInnen, ExpertInnen und Medien hochgehalten wird, primär als Werkzeug der Indoktrinierung der westlichen Bevölkerungen zu verstehen ist. Die Sinnhaftigkeit einer derartigen Indoktrinierung ergibt sich – gegebenenfalls - von selbst: Die westlichen Bevölkerungen müssen davon überzeugt werden, dass sämtliche Opfer, die sich aus der Ukraine-Krise ergeben, auf das Konto Russlands gehen. Anders gewendet und zugespitzt: Besagtes Bild soll Russland in die Rolle des Kriegsverursachers drängen, obschon die Initialzündung von den Konstrukteuren des Bildes ausgegangen ist und mit Solidarität mit wem auch immer nichts zu schaffen hat.

Gesetzt den Fall, dass sich tatsächlich von dieser Indoktrinierung sprechen lässt und die Indoktrinierung betreibenden Kräfte nicht das Reich des Guten repräsentieren, als das die USA und die EU verstanden werden wollen, zu welchen Methoden werden diese Kräfte greifen? Einige probate Mittel ergeben sich gleichsam von selbst: Erstens die unausgesetzte Konfrontation der Bevölkerung mit dem zentralen Inhalt, der vermittelt werden soll: „Der Westen ist das Reich des Guten und Russland, das diesem Reich nicht angehört, hat einen unprovozierten Angriffskrieg begonnen.“ Zweitens: Ist diese Botschaft falsch - in sich nicht stimmig -, so kann mittels der Orientierung an den Tatsachen zu keiner plausiblen Begründung gefunden werden. Eine völlig frei erfundene Begründung kann aber auch nicht geboten werden. Daher müssen Wahrheitsbrocken aus dem Zusammenhang gerissen und so zusammengestellt werden, dass sich eine scheinbar plausible Begründung ergibt[2]. Ein weiteres – drittes - probates Mittel ist das Schüren von Ängsten. Der US-amerikanische Filmemacher und Schriftsteller Michael Moore schreibt hierzu in *Volle Deckung Mr. Bush*[3]:

„George [Bush jr.] und Dick [Cheney] und Johnny [Ashcroft] und Condi [Rice] wissen, daß echte Amerikaner keine Lust haben, irgend jemanden zu beherrschen. Also müssen sie es uns in einer hübschen Verpackung verkaufen – und diese Verpackung ist die Angst. Um uns so richtig Angst und Schrecken einzujagen, brauchen sie einen großen und richtig bösen Feind, aber nach dem Ende der Sowjetunion blieb Bush sr. keine Zeit, einen neuen Feind zu erfinden Bevor er sich versah, hatte Clinton ihm einen Tritt verpasst. Die Rechten standen draußen vor der Tür und hatten acht lange Jahre Zeit, ihre Rückkehr an die Macht zu planen. Ihnen zu Hilfe kam ein hochrangig besetzter politischer Think-Tank, das *Project for a New American Century*, kurz PNAC, dessen Vordenker forderten, daß die Vereinigten Staaten nur ein einziges Ziel verfolgen sollten: die unumschränkte und militärisch abgesicherte globale Hegemonie der USA." (S.143)

Das stimmt natürlich mit den zitierten Aussagen Verheugens überein, wonach das Engagement der USA – der NATO – an der Grenze Russlands nichts mit dem Wohlergehen der Menschen in der Ukraine zu schaffen hat, sondern im Sinne der Stärkung der globalen Hegemonie der USA eine Schwächung Russlands herbeiführen soll. Was Moore zur Angst schreibt, das findet sich wiederum wieder in den ebenfalls bereits angemerkten Ausführungen des ukrainischen Präsident Wolodymyr Selenskyj, wonach es Russland keinesfalls bloß um die Ukraine geht: Putin will weiter nach

[2] Siehe hierzu z. B. Mausfeld, R. 2018: *Warum schweigen die Lämmer? Wie Elitendemokratie und Neoliberalismus unsere Gesellschaft und unsere Lebensgrundlage zerstören* - Westend

[3] Moore, M. 2003: *Volle Deckung Mr. Bush* – München & Zürich

Westen vordringen. Hierher gehört auch eine kleine Notiz in der Zeitung HEUTE vom 1.7.2022:

„Deutsche Prominente wie Philosoph Richard David Precht und Autorin Julia Zeh forderten in einem Brief Politiker auf, den Ukraine-Krieg mittels Verhandlungen zu beenden. In dem Appell *Waffenstillstand jetzt!* wurden auch die Waffenlieferungen kritisiert. Der ukrainische Botschafter in Deutschland, Andrij Melnik, zeigte sich empört, sprach von einem «Haufen pseudo-intellektueller Versager»". (S.3)

Ist das tatsächlich nur eine „empörte" Reaktion, oder ist es die Reaktion eines Kriegstreibers im Umfeld US-amerikanischer Hegemoniebestrebungen?

Im Lichte hiervon sollen nun drei Beispiele gebracht werden, die den Gedanken untermauern, dass das Bild vom Aggressor Rußland und dem Westen als dem Reich des Guten als indoktrinierende Propaganda zu verstehen ist. Das erste Beispiel, es ist der Zeitung KURIER (26.6.2022) entnommen, betrifft den russischen Autor Wladimir Sorokin, der als „eine der wichtigsten und kritischsten Stimmen seines Landes – und eine der mutigsten" vorgestellt wird. Zu Beginn des Artikels erfährt man:

„In seinen Büchern seziert er […], die Brutalität der russischen Gesellschaft, die von vielen als grotesk empfundene Abkehr von westlichen Werten. Und dennoch hat auch der russische Starautor «das Ausmaß von Putins Wahnsinn unterschätzt», wie er dem Kurier gesteht: «Unbelastet von Intelligenz, Moral und Kultur» habe sich Putin «nach und nach in einen gewöhnlichen Diktator verwandelt», schildert Sorokin, «mit seinen verrückten geopolitischen Plänen, seinem Wunsch die große imperiale Vergangenheit wiederherzustellen und seinen Träumen von einer Neuaufteilung der Weltordnung. Obwohl das Reich schon lange nicht mehr existiert und seine Wirtschaft im Niedergang ist, hat er diesen wahnsinnigen und sinnlosen Krieg begonnen.»"

Zweifellos bedient sich Sorokin hier des Indoktrinierungsmittels Angst: Putin wird als „wahnsinnig“ und „unbelastet von Moral“ dargestellt, als jemand, „der seine Träume und verrückten geopolitischen Pläne“ realisieren will. Das kann schon Angst machen. Sorokin versteht sich aber zu steigern:

„«Wenn es Putin gelingt, in der Ukraine zu gewinnen», sagt Sorokin nun, «wird dies der Anfang vom Ende des vereinten Europas sein, das Gift des neuen Mittealters wird Europa durchdringen und zerstören.»“

Das Wort „Mittelalter“ ist geeignet, auch die letzten Alarmglocken zum Läuten zu bringen, gilt das Mittelalter doch als Antithese zu Smartphone, „sozialen“ Netzwerken, politischer Korrektheit usw.

Wie aber begründet Sorokin seine Argumente? Das zunächst gebrachte Zitat gibt hierüber Auskunft: Putin ist nicht nur „unbelastet von Moral und Kultur“, er ist auch unbelastet von „Intelligenz“. Dieser bedauerliche Umstand hat ihn zur „Abkehr“ von den „westlichen Werten“ verleitet und einen „wahnsinnigen und sinnlosen Krieg“ beginnen lassen. Tatsächlich hat Putin einen Krieg begonnen und seine Politik kann keinesfalls als Hinwendung zur NATO, der USA usw. verstanden werden. Insoweit ist Sorokin zweifellos zuzustimmen.

Betrachtet man aber den Kontext, in dem diese Wahrheiten geboten werden, stellt sich heraus, dass es sich hierbei nur um Wahrheitsbrocken handelt. Dieser Kontext ist zunächst von der Aussage „Abkehr von den westlichen Werten“ geprägt. Diese Vorstellung Sorokins bereitet durchaus Probleme. Welche Werte sollen gemeint sein? Sogleich wird man an Demokratie und Freiheit denken, da man sich deren Beachtung von einem „gewöhnlichen Diktator“ nicht erwarten wird. Es wird sich aber noch zeigen, dass es auch im Westen um die Freiheit schlecht bestellt ist. Und die Demokratie? In dem Buch *Warum schweigen die Lämmer* (vgl. Fußnote 2) zeigt Rainer Mausfeld, dass es auch um diese im Westen schlecht bestellt ist. In dem vorliegenden Buch wird darzulegen sein, dass die US-amerikanische Demokratie – aber nicht nur diese – am besten Wege ist, sich in eine Oligarchie zu verwandeln. Sorokin muss einiges entgangen sein, um völlig undifferenziert die „Abkehr" Putins von den „westlichen Werten" beklagen zu können. Seine Art und Weise, die „westlichen Werte" als Klammer für die wenigen Wahrheitsbrocken zu verwenden, die bei ihm zu finden sind, überrascht daher nicht nur, sie fordert geradezu dazu auf, der inneren Widersprüche in Sorokins Argument einsichtig zu werden und sich die Frage vorzulegen, ob hier nicht einfach propagandistisch vorgegangen wird.

Wer Propaganda betreibt, der muss natürlich etwas propagieren. Worum kann es sich hierbei im Falle Sorokins handeln? Die Antwort ergibt sich von selbst, wenn man seine Idolisierung der „westlichen Werte" beachtet: Er propagiert das westliche, marktgesellschaftliche System. An anderem Ort[4] wird auf einen Künstlerkollegen Sorokins, den Fotographen Wolfgang Tillmans, verwiesen, der im Kapitalismus einen „Leuchtturm" der modernen Gesellschaft sieht, also einen Leuchtturm des Reichs des Guten. Es gibt keinen Grund, wieso Sorokin hierin nicht mit seinem Kollegen übereinstimmen sollte. Tatsächlich signalisiert diese kollegiale Harmonie aber nur: Es ist schlecht bestellt um die Kunst.

Aber Sorokin verwendet nicht nur den Baustein „westliche Werte" auf fragwürdige Weise, er ignoriert auch Bausteine, vor allem den Baustein „Vorgeschichte des Kriegsausbruchs". An diesem Baustein ist interessant, hierauf wird

---

[4] Senz, W.(in Endarbeitung): *Freiheit – Verlorene Freiheit*

zurückzukommen sein, dass er zeigt: der von Russland gesetzte Kriegsbeginn ist von westlichen Kräften provoziert worden. Daher auch kann Sorokin kein Interesse an diesem Baustein haben, möchte er doch den Ukraine-Krieg als „wahnsinnigen und sinnlosen“ Angriffskrieg Russlands darstellen können. Zur Untermauerung hiervon findet er zu einer Ausführung, die man ohne große Schwierigkeiten als Kriegstreiberei verstehen kann:

„Die europäische Öffentlichkeit reagiere zwar «heftig» auf die Invasion, die Regierungsvertreter aber «zurückhaltend. [...]» Der Westen müsse «der Ukraine helfen, so schnell wie möglich zu gewinnen.» Trotz der Sanktionen habe es der Westen jedoch «nicht eilig, der Ukraine militärische Hilfe zu leisten. Die europäischen Beamten haben Angst vor radikalen Schritten. Diese politischen Spiele riechen leider schlecht. Und die an diesen Spielen beteiligten Politiker werden früher oder später teuer dafür bezahlen», sagt Sorokin.“

Das ist zweifellos raffinierter formuliert als die zuvor zitierte Aussage des ukrainischen Botschafters in Deutschland, aber die inhaltliche, ideologische Nähe lässt sich nicht übersehen.

Angesichts hiervon soll nun der Historiker Wolfgang Müller, Mitarbeiter eines Institutes der Universität Wien, zu Wort kommen, der in einem Interview mit dem KURIER (15.5.2022) das Argument zu widerlegen versucht, die Aggression Russlands könne als Reaktion auf gebrochene Versprechen des Westens verstanden werden. Anders gewendet: Müller versucht zu zeigen, dass der soeben in Anspruch genommene Baustein „Vorgeschichte des Kriegsausbruches“ eine Fiktion ist:

„Kein gebrochenes Versprechen von Dritten, ob real oder vermeintlich, würde einen Angriffskrieg Russlands rechtfertigen. Die Kriegsschuld ist somit klar. Zweitens kann jeder Staat laut UNO-Charta souverän entscheiden, ob er einem Bündnis beitritt oder nicht. Das hat auch Russland anerkannt. Drittens gibt es nach derzeitigem Wissen kein rechtsverbindliches Versprechen."

Das ist ein bemerkenswerter Beginn. Müller hat die Frage nach der Kriegsschuld geradezu „aus dem Stand" gelöst; das nennt man wohl Geniestreich. Ein solcher kann hier zwar nicht geboten werden, aber genauer nachgeschaut, was es mit diesem Streich auf sich hat, kann sehr wohl werden. Eigentlich erwartet man, dass Versprechen gehalten werden. Ist das nicht der Fall, so steht der Verdacht im Raum, dass derjenige, der das Versprechen gegeben hat, denjenigen, dem etwas versprochen worden ist, zumindest missachtet bzw. andere Ziele verfolgt, als sie in dem Versprechen zum Ausdruck gebracht sind. Hieraus erwächst zwar noch keine Rechtfertigung für einen Angriffskrieg, aber es gilt zu beachten: Die Annahme, dass Russland einen Krieg begonnen hat, alleine da es in einem x-beliebigen Zusammenhang belogen worden ist, ist absurd. Das kann auch Müller nicht ernsthaft annehmen. Niemand stellt eine derart simple Rechnung auf, vorausgesetzt, es sind nicht ideologische Motive mit im Spiel. Somit hängt aber auch die Verwendung des Begriffs „Angriffskrieg" im ersten Satz des Zitates zumindest teilweise in der Luft. Gemäß der Logik dieses Satzes, der alleine auf gebrochene Versprechen abzielt, gibt es auf der Seite des russischen Auslands nichts, das den Krieg begründen könnte, sodass ein unprovozierter Angriffskrieg vorliegen muss. Aber diese Logik könnte sich noch als fatale, Menschenleben kostende Unlogik – innere Widersprüche hinnehmend! - entpuppen. Hinweise hierauf konnten bereits beigebracht werden.

In der weiteren Argumentation möchte Müller zeigen, dass das russische Ausland tatsächlich keinen Anlass für einen Angriff geboten hat: Weder gibt es „rechtsverbindliche Versprechen" von Seiten der NATO, noch kann einem Land der

Beitritt zur NATO verwehrt werden. Das wird zunächst wie folgt verdeutlicht:

„Historisch geht der Vorwurf auf 1990 zurück, als Westdeutschland die Zustimmung Moskaus zur Wiedervereinigung suchte. Außenminister Genscher bot an, die NATO keinen Zoll nach Osten auszudehnen. Vertraglich vereinbart wurde, keine fremden NATO-Truppen in Ostdeutschland zu stationieren.“

Genscher hat also ein Angebot unterbreitet. Das ist freilich zu unterscheiden von einer vertraglichen Vereinbarung und Müller setzt hinzu, dass es auch von einem Versprechen zu unterscheiden ist. Das bedeutet: In Verhandlungen um die russische Anerkennung der deutschen Wiedervereinigung hat Genscher der russischen Seite ein als gewichtig zu bezeichnendes Angebot unterbreitet, dem man aber, so suggeriert Müller, letztlich doch kein Gewicht beilegen braucht. Mehr noch: Liest man Müllers Ausführungen weiter, so kann man geradezu zu der Ansicht gelangen, Gorbatschow hat Genscher einfach falsch verstanden, da dieser nur zum Ausdruck bringen wollte, dass man Polen, Ungarn und der Tschechischen Republik nicht restlos vertraue:

„Nach 40 Jahren Sowjet-Besetzung, Militärinterventionen und Diktatur gab es ein Bedrohungsgefühl. Dazu kamen aktuelle Forderungen russischer Politiker, das russländische Imperium samt Polen und Finnland wiederherzustellen. Darum drängten die Staaten Ostmitteleuropas in die NATO, obwohl das dem Westen nicht recht war. Genscher wollte die Einheit nicht riskieren. Er sagte, der Erweiterungsstopp solle über Deutschland hinaus gelten.[…] Die meisten Regierungschefs in der NATO sowie deren Generalsekretär Manfred Wörner waren 1991 der Meinung dass keine Erweiterung stattfinden würde. Das war keine bewusste Irreführung, aber auch kein Versprechen.“

Genscher wollte also mit seinem Angebot vor allem sein Bemühen um die „Einheit“ der NATO zum Ausdruck bringen. Daher das verhängnisvolle, da missverständliche Angebot, dem nun die Aussage vom „Erweiterungsstopp“ hinzugefügt ist. Mangelnde Fähigkeit, sich unmißverständlich mitzuteilen, muss aber, folgt man der Logik Müllers, auch Genschers US-amerikanischem Kollegen, Außenminister James Baker, attestiert werden. Dieser äußerte sich am 9.2.1990 im Katharinensaal des Kremls wie folgt: „Die NATO werde ihren Einflussbereich «nicht einen Zentimeter weiter nach Osten ausdehnen.»“[5] Das soll missverstanden werden können? Das ist eine eindeutige, nicht missverstehbare Aussage. Die Formulierung ist so gewählt, dass sie wohl von jedem als Versprechen interpretiert wird. Vielleicht lässt sie Müller gerade aus diesem Grund unbeachtet.

Dem Wunsch der Staaten Ostmitteleuropas gegenüber wollte sich die NATO aber auch nicht verschließen, trotz der Probleme mit der Vertrauenswürdigkeit, da man hiermit ein berechtigtes „Bedrohungsgefühl“ ignoriert hätte. Dem Schritt dieser Länder aus der „Diktatur“ in die Freiheit konnte man einfach nichts in den Weg legen, wohl aufgrund des eigenen Werteverständnisses. Hiermit sind wir wieder bei dem Bild, das der Westen von sich zeichnet, und dessen innere Stimmigkeit mittlerweile in Frage gestellt werden kann. Müller gelingt das Kunststück, diesen Aspekt nicht einmal ansatzweise zu thematisieren. Weiters gelingt ihm das Kunststück, zwar das „Bedrohungsgefühl“ der ostmitteleuropäischen Staaten anzusprechen, jedoch die Möglichkeit eines ebensolchen Gefühls auf Seiten Russlands vollständig zu ignorieren. Angesichts der Vorkommnisse im Kalten Krieg ist aber nichts wahrscheinlicher, als dass es ein solches Gefühl gegeben hat und gibt.

Nicht zuletzt ignoriert Müller die Möglichkeit, dass gerade die Politik Gorbatschows zu einer gewissen Entspannung

---

[5] Zitiert aus Ganser, D. 2022: *Imperium USA* – Frankfurt a. M.; S.319

geführt hat, im Lichte derer die Vorgehensweise des Westens tatsächlich keine „bewusste Irreführung" bedeutet haben muss, aber nur unter der Annahme, dass die politischen Veränderungen in Russland im Sinne des von Gorbatschow initiierten Weges fortgesetzt werden. Das ist bekanntlich nicht der Fall gewesen. Würde Müller ein hinreichend differenziertes Bild zeichnen, er müsste die Fragen stellen: Ist der Westen – die NATO -, nachdem ersichtlich geworden ist, dass Russland nicht auf dem Weg bleibt, zu einem weiteren Teil des Reichs des Guten zu werden, davon abgekommen, die eigenen Ziele auf dem Verhandlungsweg zu erreichen, bar jeglicher militärischer Aktionen? Hat man sich, kaum dass man den Irrtum erkannt hat, nicht mehr an gegebene Versprechen gebunden gefühlt? Diese Fragen lassen sich auch wie folgt formulieren: Hat sich der Westen nur so lange eine friedliche, dialogbereite Maske vorgehalten, solange er meinte, auf dem Weg zu seinem Ziel zu sein, und diese Maske samt der Gebundenheit an Versprechen sofort abgelegt, als sich zeigte, dass hiervon nicht die Rede sein kann?

Müller stellt diese Fragen nicht nur nicht, er forciert sogar seine verklärte Darstellung vom Westen bzw. der NATO:

„Diese Behauptung [die NATO habe Versprechen gebrochen] ist nicht belegt. Vielmehr hat die NATO nach 1991 die Sicherheitsinteressen Russlands durchaus berücksichtigt, keine großen Truppenteile oder Angriffswaffen stationiert, sondern abgerüstet. Russland wurde in die Partnerschaft für den Frieden eingebunden. Bis zuletzt war die NATO bereit, über Abrüstung und Sicherheitsgarantien zu verhandeln."

Das ist nicht mehr Wissenschaft, das ist Ideologie. Zweifellos ist die USA von zentraler Bedeutung für die Ausrichtung der NATO. Die USA der ausgehenden 80er-Jahre des vorigen Jahrhunderts ist geprägt von der Reagan-

Administration, mit der ein Erstarken der wirtschaftsliberalen Ausrichtung der USA eingesetzt hat, was die Durchsetzung der internationalen Interessen der führenden US-Konzerne umfasst, auch auf aggressive Weise; hierauf wird im dritten Kapitel zurückzukommen sein. Angesichts hiervon die USA und die NATO völlig unkritisch als „friedensbemüht" darzustellen, kann nur das Abgleiten in eine Märchenwelt bedeuten[6]. Was man dieserart von Müller geboten bekommt – „Partnerschaft für den Frieden" -, ist, zumindest so weit bisher ersichtlich, lediglich als Indoktrinierung der LeserInnen zu verstehen. Die LeserInnen sollen auf das Bild „Russland ist der Aggressor und die Ukraine das Opfer" eingeschworen werden, bzw. darauf, dass die Ukraine in das Reich des Guten geführt werden soll. Das Fundament hiervon ist die vollständig unkritische „Leuchtturm Kapitalismus"-Ideologie, wie sie zuvor in der Kunst angetroffen worden ist.

Hat also das erste Beispiel Künstler zu Wort kommen lassen und das zweit Beispiel einen Wissenschaftler, so soll endlich im dritten Beispiel ein Politiker zu Wort kommen, Michel Reimon, Europasprecher der Grünen (Österreich). In DIE GANZE WOCHE Nr.18/22 ist von ihm zu lesen:

„Die Ukraine braucht in dieser schweren Zeit eine ehrliche europäische Perspektive: Viele Millionen Menschen dort brauchen sie und wir sollten sie ihnen geben. Die Bevölkerung war lange gespalten, in welche Richtung sich das Land orientieren soll:

---

[6] Daniele Ganser berichtet in seinem Buch *Imperium USA* (siehe vorige Fußnote; S.20f.) von folgender Untersuchung des US-Meinungsforschungsinstituts Gallup: 2013 sind 65.000 Menschen in 65 Ländern befragt worden, welches Land sie für die größte Gefahr für den Weltfrieden halten. Das Ergebnis ist bemerkenswert: 23 % der Befragten nannten die USA. Auf Platz zwei folgt Pakistan, mit „lediglich" acht Prozent. Und Russland? Russland wurde nur von zwei Prozent der Befragten genannt.

Russland oder EU? Wladimir Putin hat die Mehrheit vor seinem Angriff wohl falsch eingeschätzt und nicht nur das, er hat die Stimmung ganz eindeutig in Richtung EU verschoben. Wenn sich die Menschen in fast allen Ländern Osteuropas nach Westen orientieren wollen, steht ihnen das zu. Niemand hat ihnen da etwas vorzuschreiben, man kann ihnen nichts verbieten. Man kann sie aber sehr wohl einladen. Putin hätte das tun können, er hat aber den Krieg gewählt. Weil er sich bedroht fühlte? Lächerlich, er sitzt auf 6.000 Atomsprengköpfen und droht selbst. Eine ehrliche Perspektive bedeutet aber auch: ein sofortiger Beitritt ist nicht möglich, er wäre sogar ein Problem für die Ukraine selbst. Wenn westliche Konzerne sofort agieren könnten wie in der EU, würden sie alle wertvollen Ressourcen im Land jetzt binnen weniger Wochen aufkaufen. Es wird dauern. Aber die Ukraine hat eine europäische Zukunft."

„Die Bevölkerung war lange gespalten, in welche Richtung sich das Land orientieren soll: Russland oder EU?" Tatsächlich ist nicht entscheidend, ob die Ukraine lange Zeit gespalten gewesen ist, sondern dass sich zunächst die Krim dafür entschieden hat, Teil Russlands zu werden. Sodann hat sich der Donbass in diese Richtung bewegt, was zu militärischen Eingriffen der USA in der Ukraine geführt hat. An der vorliegenden Stelle interessiert hieran nur, dass es Reimon nicht der Mühe wert findet, hierauf auch nur mit einem Wort einzugehen. Für ihn beginnt die ganze Geschichte 2022, mit einem Fehler Putins: Er hat die Bevölkerung der Ukraine (wohl) „falsch eingeschätzt". Er hat sich zu einem Krieg verleiten lassen, dessen Ursachen alleine in seinem Denken zu suchen sind (Großmachtstreben usw.). Dass hierbei auch das Verhalten der USA eine problematische Rolle spielen kann, erfährt man von Reimon nicht.

Auf diesem Wege gelangt Reimon zu einer Argumentation, die folgenden inneren Widerspruch enthält: Ist es möglich, dass den Menschen der Krim und der Region Donbass ihre Wahl nicht zugestanden ist, sodass sie zur Ordnung gerufen werden mussten, was die USA „dankenswerter" Weise übernommen haben? Hieran kann Reimon eigentlich nicht denken: In Rücksicht auf die Bevölkerungen Ungarns usw. und ihre Wahl, der NATO beizutreten, attestiert er sehr wohl Wahlfreiheit. Es gibt aber keinen vernünftigen Grund, den Menschen der genannten Länder etwas zuzusprechen, das zugleich den Menschen der Krim und der Region Donbass abgesprochen wird. Hierauf zielt Reimon aber offensichtlich ab, wenn er es (natürlich) auch nicht explizit ausspricht. Anders gewendet: Reimon erinnert sich des Umstandes der freien Entscheidung von Menschen nur, wenn sie im Sinne der West-Orientierung ausfällt.

Sodann verdichtet Reimon das Bild vom kriegsaffinen Präsidenten Putin. Anstatt die Menschen der Ukraine einzuladen, sich Russland zuzuwenden, hat er sich für Krieg entschieden. Damit unterstellt Reimon aber: Putin hätte, während die USA im Donbass bereits die ukrainische Regierungspolitik militärisch unterstützten, die Ukraine „einladen" sollen. Das kann nicht ernst gemeint sein! So naiv ist niemand. Mehr noch: Reimon bringt ein völlig unzutreffendes Bild von der Einladungs- und Gesprächskultur, wie sich dem bereits konsultierten Schriftstück Verheugens entnehmen lässt:

„Zu den Unbegreiflichkeiten gehört auch, warum seit 2011 nicht mehr mit Russland über die Auswirkungen einer EU-Assoziierung der Ukraine gesprochen wurde. Das Argument, die Verhandlungen der EU mit einem souveränen Staat gingen Dritte nichts an, ist barer Unsinn. Auch die EU betont ständig, dass sie keine Verträge zu Lasten Dritter abschließt. Das war auch der Grund, weshalb vor er EU-Osterweiterung 2004 sehr wohl mit Russland über seine politischen und wirtschaftlichen Besorgnisse gesprochen wurde. Damals wurden tragfähige Lösungen gefunden – warum hätte das im Falle der Ukraine nicht auch gelingen sollen?"

Aber Reimon weiß sich zu steigern. Er legt sich die Frage vor: Wieso hat Putin den Krieg gewählt? Eine positive Antwort gibt er auf diese Frage zwar nicht, aber immerhin wird das Märchen, Putin habe sich „bedroht gefühlt", der „Lächerlichkeit" preisgegeben. Reimon erklärt dies damit, dass Putin auf „6.000 Atomsprengköpfen sitzt" und „selbst gedroht" hat. Das ist keine Erklärung. Der Grund hierfür ist bereits bekannt: Reimon ist nicht willens, die vorausgehende Geschichte in Rücksicht auf die Krim und den Donbass zu beachten. Dass dieser Baustein „Vorgeschichte" nicht einfach als Fiktion beiseite getan werden kann, hat sich in der vorausgegangenen Auseinadersetzung mit der wissenschaftlichen Beurteilung der Ukraine-Krise gezeigt. Natürlich konnte es Russland nicht gleichgültig sein, dass die USA unmittelbar an seiner Grenze militärisch eingreifen und natürlich konnte sich Russland in diesem Kontext nicht in Einladungs-Rhetrorik ergehen, wie sie Reimon als Möglichkeit vorschwebt.

Aber hiermit ist Reimon noch nicht am Ende seiner Ausführungen. Zuletzt beschäftigt er sich mit dem Beitrittsszenario der Ukraine. Das enorme Tempo, mit dem die EU-Kommission diesen Beitritt vorantreiben möchte, unterstützt Reimon *nicht*; er distanziert sich explizit hiervon: „ein sofortiger Beitritt ist nicht möglich". Die Begründung hierfür ist wirklich lesenswert: „Wenn westliche Konzerne sofort agieren könnten wie in der EU, würden sie alle wertvollen Ressourcen im Land jetzt binnen weniger Wochen aufkaufen. Es wird dauern." Hiermit ist aufgrund der vorangegangenen Ausführungen Reimons durchaus *nicht* zu rechnen gewesen. Bisher ist Russland als der Aggressor dargestellt worden; unfähig einzuladen, hat sich Russland für Krieg entschieden. Setzt man den Fall, dass es sich hierbei um russische Tradition handelt, so wird auch verständlich, wieso osteuropäische Länder zuvor schon den Weg in den Westen gesucht haben und die Ukraine diesem Beispiel nun folgen will. Was Reimon nun zum Verhalten der westlichen Konzerne ausführt, lässt aber nur den Schluss zu, dass diese Länder nicht wissen, was sie tun bzw. getan haben. Sie lassen sich auf ein System ein, dessen ökonomischen Machtzentren gar nicht an den Menschen dieser Länder interessiert sind. Diesen Machtzentren ist Solidarität fremd.

Hieran ist zunächst entscheidend: Diese Machtzentren – Konzerne – agieren innerhalb des Bereichs der Legalität. Sodann ist entscheidend: Diesen Bereich haben sie nicht selbst geschaffen. Geschaffen worden ist er von der Politik, die somit im Sinne der Bevorzugung der Konzerne agieren muss. Zu dieser Bevorzugung ist festzuhalten: Sie kann Ausdruck davon sein, dass das Agieren der Konzerne letztlich der gesamten Gesellschaft zugute kommt, worauf die „Leuchtturm Kapitalismus"-Ideologie abzielt. Sie kann aber auch Ausdruck davon sein, dass die Eliten dieser Konzerne protegiert werden sollen, ohne Rücksicht auf die Nicht-Eliten. Reimon spricht diese Möglichkeit an. Das Verhalten der Politik im Falle der Griechenland-Finanzkrise legt nahe, dass tatsächlich hiervon zu reden ist. Die Beantwortung der Frage, welche von beiden Alternativen zutrifft, ist hiermit freilich nicht schon gegeben. Sie muss erst erarbeitet werden. Immerhin lässt sich aufgrund der bereits gebrachten Ausführungen festhalten: Angesichts der eigenwilligen, innere Widersprüche hinnehmenden Begründung der Solidarität mit der Ukraine, wie sie der Westen bietet, kann tatsächlich nicht ausgeschlossen werden, dass hier im Sinne der Protegierung der Egozentrik der Eliten der westlichen Eliten vorgegangen wird.

Somit liegt der Verdacht nahe, dass die Maske „Solidarität" geboten wird, dass das Selbstverständnis, das Reich des Guten zu sein, Maske ist, um willen davon, Eliten ihr Ziel erreichen zu lassen. Und wem wird diese Maske gezeigt? Sie wird den Nicht-Eliten der eigenen Gesellschaften gezeigt, deren „Kooperation“ nötig ist.

Mit derartigen Überlegungen hält sich Reimon nicht auf. Er bleibt bei seiner undifferenzierten Dämonisierung Russlands, der eine EU gegenübergestellt wird, die trotz ihrer Konzerne eine Option für die Ukraine darstellt. Immerhin ist Reimon zu attestieren, dass er nicht nur die „westlichen Konzerne“ als Problem anspricht. Er verzichtet auch darauf, sein Bild „Russland ist der Aggressor und die Ukraine das Opfer.“ mit kriegerischen Elementen zu verflechten. Das ist insofern interessant, als sich die EU-Kommission und zahlreiche PolitkerInnen des EU-Raumes – z. B. Deutschlands Bundesministerin des Auswärtigen Annalena Baerbock (Die Grünen) - keineswegs mit einer solchen Ausgestaltung des Bildes angefreundet haben. Ihre Ausmaldung des Bildes ist davon geprägt, den Krieg durch militärische Unterstützung – Waffenlieferungen – der Ukraine zu befeuern.

Um willen der „Konfliktverhütung, zur Friedenserhaltung und zur Stärkung der internationalen Stabilität“ hat die EU am 22.3.2021 Regelungen für den Sonderfonds EEF beschlossen“. Josep Borrell (EU-Außenbeauftragter) hat angekündigt, dass die EU aus dem Sonderfonds EEF 500 Millionen Euro für die Beschaffung von Waffen und Ausrüstung für die ukrainischen Streitkräfte bereitstellen will.

Zur Einschätzung hiervon sei aus einem Artikel in DIE GANZE WOCHE (Nr.18/22), geschrieben von Gudula Walterskirchen, zitiert, in dem zu den Vorkommnissen in einer deutschen Talkshow Stellung bezogen wird. Zu den Gästen dieser Sendung gehörten eine Grün-Politikerin und ein pensionierter Panzer-General:

„Nun sollte man annehmen, dass die grüne Dame – ganz in der Tradition der friedensbewegten Grünen – für Friedensverhandlungen und ein baldiges Ende des schrecklichen Krieges plädieren würde. Und dass sich der General für die Notwendigkeit eines verstärkten Einsatzes von schweren Waffen, deren Lieferung durch den Westen und mehr Entschlossenheit der NATO aussprechen würde. Wie es sich für einen pensionierten Panzer-General gehört. Doch dem staunenden Publikum wurde rasch klar, dass es in er Diskussion genau andersherum lief: Die grüne Politikerin forderte energisch, dass Deutschland mehr und auch schwere Waffen liefern solle und dass der Krieg weiter geführt werden müsse, bis Russland besiegt sei. Auch der stellvertretende Parteichef der deutschen Grünen verlangte stets die Lieferung von Panzern an die Ukraine. Aus moralischer Verpflichtung. Der General hingegen meinte, dass es das Wichtigste sei, zu verhandeln und möglichst rasch Frieden zu schließen. Alles andere würde in einer Katastrophe münden. «Mich stört es, wenn deutsche Politiker von den Grünen militärische Lösungen als ultimatives Ziel darstellen. Das ist doch verrückt. Das machen Politiker, die den Wehrdienst verweigert haben.»“

Hier wird von einer Politikerin vehement eingefordert, was der Experte, ein pensionierter Panzer-General, ebenso vehement als Fehler darlegt: Die Lösung des Ukraine-Konflikts auf militärischem Wege herbeizuführen. Wieso aber wird von Seiten einer Politikerin, die einer ihrem Selbstverständnis nach „friedensbewegten“ Partei angehört, vehement auf eine militärische Lösung gedrängt? Eine mögliche Antwort hierauf ist freilich, dass der Politikerin bewusst ist, auf dem Verhandlungswege zu keinem gewünschten Resultat finden zu können, da das Verhandlungsklima von westlicher Seite vergiftet worden ist (gebrochene Versprechen). Zudem kann folgendes Kalkül eine Rolle spielen: Wird die Ukraine von westlicher Seite massiv genug militärisch unterstützt, so kann Russland demonstriert werden, den Expansionsbestrebungen der westlichen Mächte letztlich nichts entgegenhalten zu können.

Hieran ist genauer zu beachten, was konkret mit „westliche Mächte“ gemeint ist, da der Begriff, für sich genommen, vage ist. Beachtet man, was die Entscheidungsträger der EU – aber nicht nur dieser – unter Hilfspaketen im Falle der Griechenland-Finanzkrise verstanden haben und verstehen, so ist sogleich evident, dass sich der Begriff „Westmächte“ nicht allgemein auf die Bevölkerungen der westlichen Staaten beziehen lässt. Unmittelbar bezieht er sich auf die Eliten dieser Bevölkerungen, die vor allem an der Spitze der bereits angesprochenen Konzerne zu finden sind. Zumindest die bisherigen Überlegungen legen nahe, eben in diesem Umstand dasjenige sehen zu müssen, aus dem im Westen hergeleitet wird, über „Werte“ zu verfügen. Die Idolisierung der Marktgesellschaft – „Leuchtturm“ Kapitalismus – soll erbringen, sich als das Reich des Guten verstehen zu dürfen, da, was zunächst nach einer sozial nicht vertretbaren Protegierung der Eliten aussehen mag, tatsächlich den gesamten Bevölkerungen zugute kommt. Zudem dürfe man den Begriff „Reich des Guten“ nicht trivial, verklärt, sozialromantisch oder sonst dergleichen verstehen: Die Durchsetzung des Guten kann (vorübergehend) auch Opfer verlangen. Die Bereitschaft, von anderen (Teilen der Nicht-Eliten) Opfer abzuverlangen, haben die politisch Verantwortlichen in der EU in Griechenland hinreichend bewiesen. Tritt man zu dieser Selbsteinschätzung der westlichen Eliten in kritische Distanz, so muss man sich die Frage vorlegen: Ist die Affinität zu militärischen Lösungen in Rücksicht auf die Ukraine-Krise ebenfalls auf diese Opferbereitschaft zurückzuführen, auch im Falle „friedensbewegter“ PolitikerInnen?

Überblickt man die gebrachte Materialsammlung, so ergibt sich folgende Hypothese: Von Seiten der USA ist mittels militärischer Interventionen auf ukrainischem Territorium Russland so lange provoziert worden, bis diese

Provokationen Früchte getragen haben: Russland militärisch reagiert hat. Ob diese Reaktion vernünftig und alternativlos gewesen ist, das kann man zweifellos diskutieren, aber nicht unter dem Aspekt, die Vorgeschichte negieren zu können. Unabhängig hiervon ist die Reaktion der EU auf Russlands Vorgehen als Fortführung der militärischen Interventionen der USA zu bewerten bzw. als Solidarisierung und Eingliederung in den hiermit begonnenen Prozess: Das hiermit bezeichnete Engagement dient nicht dem Wohl der Menschen in der Ukraine, sondern alleine dem Wohl der Eliten der westlichen Mächte.

Diese Hypothese weist wie folgt über sich hinaus, die Ukraine-Krise als eine konkrete Manifestation eines weitaus umfassenderen Problems zeigend: Lässt sich die aufgestellte Hypothese bestätigen, so setzen sich die Eliten der USA und der EU in Rücksicht auf die Ukraine lediglich eine Solidarität vorspielende Maske auf. Diese Maske wird den Nicht-Eliten in den eigenen Gesellschaften gezeigt. Gerade deshalb muss sie aber komplexer Bauart sein, da sie auch verwendet werden können muss, wenn sich die Eliten gegen eben diese Nicht-Eliten bzw. Teile wenden, wofür die Griechenland-Krise ein interessantes Beispiel abgibt. Belässt man also auch den Fokus auf dem Problem „Ukraine-Krise“, so zeigt sich hiermit, dass dieses nur verstanden werden kann, wenn es aus dem hiermit gegebenen größeren Zusammenhang heraus betrachtet wird.

Auf jeden Fall entsteht mit der hiermit entwickelten Hypothese ein „neues“ Bild[7] von der Ukraine-Krise, das das alte

---

[7] Zum Begriff *„neues“ Bild*: Das in der Einleitung gezeichnete Bild baut auf zahlreichen Schriften anderer AutorInnen auf und kann daher nicht an und für sich „neu“ sein. Der eigentlich neue Aspekt, der in dem vorliegenden Buch zu entwickeln ist, ergibt

Bild „Russland ist der Aggressor und die Ukraine das Opfer." ablöst, inklusive Reimons Einladungskultur-Phantasie, Müllers Konstruktion von der friedensbewegten NATO, der Schutzbedürftigkeit Finnlands und Schwedens usw. Vollständig ausgemalt kann das „neue" Bild aber bei weitem noch nicht sein. Der Grund hierfür ist aufgrund der gebrachten Ausführungen schnell gefunden: Sämtliche Kritik an dem alten Bild baut darauf auf, dass das Selbstverständnis der Westmächte, im Sinne der „Leuchtturm Kapitalismus"-Ideologie das Reich des Guten zu repräsentieren, nicht rechtfertigbar ist. Widerlegt konnte dieses Selbstverständnis aber noch nicht werden. Wie also ist zu dieser Widerlegung und somit zu einem Fundament der gesamten Argumentation zu finden?

Es soll gezeigt werden, dass mit noch so vielen historischen, ökonomischen usw. Daten und Überlegungen hierzu nicht gefunden werden kann. Hierzu bedarf es einer philosophischen Fundierung. Diese Fundierung muss natürlich von allen philosophischen Ambitionen freigehalten werden, die bereits im Sinne der Anerkennung des westlichen „Wertesystems" usw. konzipiert sind. Eine von diesen Ambitionen geprägte Philosophie soll als schlechte Philosophie zurückgewiesen werden. Bevor aber die hiermit eingeforderte philosophische Fundierung gegeben werden soll (Kapitel 5), gilt es, das Vorgehen der USA und der EU in der Ukraine-Krise etwas genauer zu betrachten, inklusive dem hiermit verbundenen westlichen Wertesystem (Kapitel 3 und 4). Angesichts hiervon und der hierauf folgenden philosophischen Fundierung sollte sich schließlich die Frage beantworten lassen, ob das skizzierte „neue" Bild zu Recht entwickelt worden ist, also zu Recht das

---

sich erst, wenn die historischen, ökonomischen usw. Ausführungen an die zu bringende philosophische Positionierung angelegt werden.

„alte Bild" ablösen sollte (Kapitel 6). Zunächst aber soll anhand eines Beispieles aus der jüngren Geschichte gezeigt werden, dass marktgesellschaftliches Denken, wie es die USA und die EU bieten, in Bereiche abgleiten kann, die auf keinen Fall mehr mit *Reich des Guten* vereinbar sind, ganz gleich ob das westliche Denken jemals diesem Reich angehört hat. Zudem soll anhand dieses Beispiels verdeutlicht werden, dass westliche Wissenschaftlichkeit – wiewohl nicht in ihrer Gesamtheit! - Bereitschaft zeigt, dieses Problem zu maskieren (Kapitel 2).

Abschließend ist hervorzuheben: Lässt sich die aufgestellte Hypothese rechtfertigen, so ist die Rolle „Reich des Guten" gleichsam unbesetzt, da sie den USA und der EU bzw. insgesamt dem marktgesellschaftlichen Westen entzogen worden ist. Keinesfalls besagt die Bestätigung der Hypothese, dass die Rolle somit an zu Russland übergeben ist. Tatsächlich wird diese Rolle unbesetzt bleiben.

2 Ein Blick zurück in die Geschichte

Der Einleitung sind zunächst vor allem zwei Umstände zu entnehmen und daraufhin genauer zu betrachten, inwiefern, was aktuell in der Ukraine zu beobachten ist, als spezieller Ausdruck allgemeinerer historischer Prozesse zu verstehen ist. Die Möglichkeit, die Vorkommnisse in der Ukraine aus einer allgemeineren Perspektive heraus kommentieren zu können, sollte der Analyse des Spezialfalles „Ukraine-Krise“ dienlich sein. Zum Fundament der Argumentation wird hiermit freilich nicht vorgedrungen, es wird sich diesem nicht einmal einen Schritt weit genähert. Zum Fundament wird erst die philosophische Argumentation leiten.

Der erste Umstand besteht in der offensichtlichen Aggressionseskalation zu Beginn des Jahres 2022, deren augenfälliger Ausdruck der Kriegsausbruch und die Bereitschaft der EU zur militärischen Unterstützung der Ukraine ist. Dieser Umstand soll im Lichte davon aufgegriffen werden, dass in der Einleitung Signale dafür angegeben werden konnten, dass das Vorgehen der EU und der USA nicht von der Besorgnis um die ukrainische Bevölkerung geprägt ist, sondern von dem Bemühen um Befriedigung von Interessen ihrer marktgesellschaftlichen Eliten. Der Abschnitt 2.1 soll anhand des Beispiels „Aufstieg der NSDAP“ zeigen, dass die Ausrichtung auf die Befriedigung dieser Interessen zu einer Aggressionseskalation führen kann – selbst in weit größerem Ausmaß als aktuell in der Ukraine.

Der zweite Umstand (Abschnitt 2.2) bezieht sich darauf, dass, wie in der Einleitung bereits angesprochen, die USA als Provokateur des Ukraine-Krieges verstanden werden kann, der den Krieg aber nicht begonnen hat. Lässt sich die in der Einleitung aufgestellte Hypothese bestätigen, so wird ersichtlich, wieso den Protagonisten des Bildes „Russland ist der Aggressor" soviel daran liegt, die Vorgeschichte zu diesem Krieg auszublenden: Nur in dem die Rolle des Provokateurs ausgeblendet wird, kann die Rolle „Reich des Guten" angenommen werden. Anhand des Vorgehens der USA gegenüber Deutschland und Japan in der ersten Hälfte des vorigen Jahrhunderts soll gezeigt werden, dass die USA nicht zum erstenmal in der Geschichte ihre Rolle als Kriegsprovokateur maskieren.

2.1 Die Industrie und der aufkommende Nationalsozialismus

In dem anstehenden Abschnitt soll anhand des Aufkommens des Nationalsozialismus in Deutschland gezeigt werden, dass die wirtschaftlichen Machtzentren westlicher Prägung keineswegs dagegen immun sind, militärische Operationen als Mittel zur Durchsetzung ihrer Ziele zu akzeptieren.

Zugleich soll betrachtet werden, wie die Verbindung zwischen der Industrie und dem aufkommenden Nationalsozialismus in der westlichen Geschichtswissenschaft dargestellt wird. Die Bedeutung hiervon ergibt sich aus dem in der Einleitung gebrachten Beispiel ideologisierender westlicher Wissenschaft. Klar gesagt werden muss: Der Begriff „westliche Geschichtswissenschaft" bzw. „Wissenschaft" besagt natürlich nicht, dass im Westen keine dem westlichen Selbstverständnis substanziell kritisch gegenüberstehende Schriften entstehen. Gansers Buch *Imperium USA*[8] ist eines dieser Werke. In diesem ist zu lesen:

[8] Siehe Fußnote 5

„Weil in den USA die Redefreiheit garantiert ist, können sich auch die Kritiker der Superreichen öffentlich äußern. Und das tun sie auch, wenn auch nicht in den Massenmedien mit großer Reichweite, die ihnen verwehrt sind.“ (S.57)

Im Lichte hiervon kann nun zum eigentlichen Thema dieses Abschnitts übergegangen werden. 1967 hat der DDR-Historiker Eberhard Czichon sein Buch *Wer verhalf Hitler zur Macht?*[9] veröffentlicht. Dieses Buch ist im Westen auf Ablehnung gestoßen. Der Grund hierfür liegt wohl in Sätzen wie den folgenden, die in Czichons Buch zu finden sind:

„Gustav Krupp von Bohlen und Halbach gehörte zweifellos nicht zu den Manipulatoren des 30. Januar 1933, um so eifriger jedoch stellte er sich auf die Seite des Siegers, von dem er sich auch mit «fürstlichen» militärischen Staatsaufträgen in den folgenden Monaten und Jahren belohnen ließ. Jene aus der «Minderheitsgruppe», die nicht wie er bereit waren, so schnell sich den Siegern Schacht[10], Thyssen[11] und Kirdorf[12] (mit ihren «Elite»-Freunden im Keppler-Kreis) zu unterwerfen, wurden ökonomisch oder politisch ausgeschaltet. Zu diesem Zweck «reorganisierte» Krupp den Reichsverband der Industrie. Bezüglich Otto Wolffs verlangte Hitler sogar persönlich, daß seine Firma «ohne Aufsehen» zu liquidieren sei. [...] Ein Jahr später lief die Aufrüstung bereits auf vollen Touren. Die politischen Parteien und Gewerkschaften waren aufgelöst, die staatlichen Anteile an den Großkonzernen

---

[9] Czichon, E. 1978[5]: *Wer verhalf Hitler zur Macht?* - Köln

[10] Hjalmar Schacht; ehemaliger Reichsbankpräsident. „An diesem Abend [Anfang Januar 1931, gesellschaftliches Beisammensein in der Wohnung Hermann Görings, zu dem auch Hitler eingeladen gewesen ist] war Schacht von Hitlers «Energie und Feuer» so beeindruckt, daß er beschloß, fortan mit ihm zusammenzuarbeiten“ (Czichon 1978[5]: S.20)

[11] Fritz Thyssen; Vorstandsvorsitzender der Thyssen & Co AG

[12] Emil Kirdorf; Ehrenvorsitzender des Vorstandes der Gelsenkirchner Bergwerks AG

und Banken wurden reprivatisiert, und gesetzliche Bestimmungen schützten die verschuldeten Großagrarier." (S.53f.)

„Wer die Schleusen öffnete, wurde hier versucht, sehr detailliert nachzuweisen; fragen wir aber, wie uns Prof. Jaspers auffordert, nach dem Antrieb der Beteiligten, so darf man doch als in den Nürnberger Prozessen hinlänglich erhärtet feststellen, daß jene Industriellen und Bankiers von Hitler eine neue Aufrüstung erwarteten, um über sie eine höhere Rendite ihres Kapitals zu erzielen, und daß er sie gleichzeitig im Sinne der Sicherung dieser Rendite vor der wachsenden demokratischen Kampfbereitschaft der Massen schützen sollte." (S.55)

Diese Zeilen basieren auf der allgemein von DDR-Historikern verwendeten These vom Primat der Ökonomie. Gemäß diesem ist die Transformation der Weimarer Republik in eine faschistische Diktatur Ausdruck der Ausbildung eines staatsmonopolistischen Kapitalismus, wie er latent immer schon in kapitalistischen Gesellschaften angelegt ist, auch wenn diese aktuell von freier Marktkonkurrenz und liberaler Demokratie geprägt sein mögen. Insbesondere die hiermit ausgesagte Auflösung der strikten Grenze zwischen liberaler Demokratie und faschistischer Diktatur ist von der westlichen Wissenschaft zurückgewiesen worden.

Vollständig ignorieren und leugnen konnte diese den Zusammenhang zwischen Kapitalismus und Faschismus freilich nicht, wie ihr auch von Max Horkheimer vorgehalten worden ist: „Wer aber vom Kapitalismus nicht reden will, sollte auch vom Faschismus schweigen."[13] Der deutsche Historiker Reinhard Neebe gibt in der Einleitung zu seinem Buch *Großindustrie, Staat und NSDAP 1930-1933* [14] einen Abriss des Umgangs der westlichen Wissenschaft mit der

---

[13] Horkheimer, M. 1939: *Die Juden und Europa* – Zeitschrift für Sozialforschung 8: 115-137; S.115

[14] Neebe, G. 1981: *Großindustrie, Staat und NSDAP 1930-1933* - Göttingen

Frage, ob und inwieweit die Industrie, Banken und Großagrarier tatsächlich Hitler zur Macht verholfen haben. Die Darstellung hiervon hebt mit folgender Aussage an:

„Für die Geschichtsschreibung der Bundesrepublik lag der Zusammenhang zwischen Kapitalismus und Faschismus lange außerhalb eines besonderen Forschungsinteresses." (S.13)

Das spät [!] einsetzende Forschungsinteresse verweist zunächst auf Rudolf Hilferdings Vorstellung vom organisierten Kapitalismus. Diese ist während des ersten Weltkriegs und am Beginn der Weimarer Republik ausgebildet worden, als Konsequenz davon, dass innerhalb des Kapitalismus die freie Konkurrenz sukzessive an Bedeutung verloren hat; sie ist immer mehr von dem Prinzip planmäßiger Produktion abgelöst worden, wie es auch im Sozialismus und im Nationalsozialismus zu finden ist. Neebe läßt hierauf folgen:

„[...] und leitete daraus die politische Herausforderung ab, «mit Hilfe des Staates, mit Hilfe der bewußten gesellschaftlichen Regierung diese von den Kapitalisten organisierte und geleitete Wirtschaft in eine durch den demokratischen Staat geleitete Wirtschaft umzuwandeln.»[15]" (S.13)

Dieses Konzept des organisierten Kapitalismus ist in der Folge, so Neebe, vor allem von Wehler, Winkler und Kocka „für die Epoche des verstärkten Staatsinterventionismus" (S.13) weiter entwickelt worden:

„[...] die Veränderungen im Produktionssystem selbst ... mit bestimmten Veränderungen, die durch die Entstehung neuer sozialer Gruppen und durch die Verschiebung ihrer Beziehung zueinander, nicht zuletzt in Form von Klassenkonflikten auftreten und

---

[15] Hilferding, R. 1927: *Die Aufgaben der Sozialdemokratie in der Republik* - Sozialdemokratischer Parteitag Kiel 1927 (Protokoll); S.165-184

Veränderungen des Verhältnisses von Gesellschaft und Staat zusammenbringen[16].“ (S.13)

Zumindest Winkler hat sich später hiervon distanziert, den Versuch, Hilferdings Theorie vom organisierten Kapitalismus weiter zu entwickeln, nunmehr als Irrweg betrachtend, wenn auch „als wissenschaftlich produktiven Irrweg“[17]. Hierzu ist festzuhalten: Hilferdings Theorie hält durchaus Kontakt zum marxistischen historischen Materialismus, der die faschistische Herrschaftsform als in der kapitalistisch-demokratischen Herrschaftsform angelegt begreift. Diese Gefahr sieht Hilferding genau dann virulent werden, wenn die staatliche Umwandlung dessen misslingt, was im demokratischen Kapitalismus von den Kapitalisten an „planmäßiger Produktion“ geschaffen worden ist. Wenn also die aufkommende Staatsintervention im Dienste des Wohls der klassengesellschaftlichen Eliten konzipiert ist, anstatt dem Wohl der Gesellschaft zu dienen. Das bedeutet aber auch, dass Hilferding am Kapitalismus festhält; einen Schritt hinaus über den Kapitalismus kennt er, anders als der Marxismus, nicht. In der staatsinterventionistischen Periode konnte daher vom organisierten Kapitalismus Anziehungskraft ausgehen; aber diese Periode ist vorübergangen und mit ihr diese Anziehungskraft; siehe Winkler.

Besagte Anziehungskraft basierte hierüber hinaus auf einem weiteren Element der Position Hilferdings, in dem er sich

---

[16] So Kocka in der Diskussion des Bochumer Symposiums 1973, in: Mommsen, H. u. a. (Hrsg.), Industrielles System und politische Entwicklung in der Weimarer Republik. Verhandlungen des Internationalen Symposiums in Bochum vom 12.-17. Juni 1973, Düsseldorf 1974, S.958

[17] Winkler, H. 1979: *Organisierter Kapitalismus? Versuch eines Fazits* – In ders.: *Liberalismus und Antiliberalismus* – Göttingen S.264-271; S.271

strikt von der marxistischen Position unterscheidet. Neebe stellt dieses Element wie folgt vor:

„Insbesondere vermeidet er [Hilferding] die vom Staatsmonopolkapitalismus-Ansatz [der DDR-Historiker] ausgehende, in diesem Punkt an die Sozialfaschismustheorie erinnernde gefährliche Vermischung der grundsätzlichen Unterschiede zwischen liberal-parlamentarischen und faschistischen Herrschaftsmethoden." (S.13f.)

Hieran ist die Aussage von der „gefährlichen Vermischung der grundsätzlichen Unterschiede" hervorzuheben. Diese Formulierung lässt nur den Schluss zu, dass Neebe die liberal-parlamentarische Herrschaftsform und die faschistische Herrschaftsform als strikt voneinander getrennt versteht; sie dürfen nicht miteinander „vermischt" werden, das Dasein einer gemeinsamen Schnittmenge unterstellend. Hat *diese* Herrschaftsform *jene* abgelöst, so muss sie diese überwältigt haben. Die Vorstellung des historischen Materialismus, wonach im Kapitalismus bzw. kapitalistischen Demokratien der Keim faschistischer Herrschaftsformen *angelegt* ist, ist hiermit vollständig zurückgewiesen. Dieserart wird der marxistischen Vorstellung davon, dass die Industrie usw. Hitler zur Macht verholfen haben, eine wichtige Säule genommen; lässt sich diese Vorstellung dementsprechend leichter angreifen. Die westliche Wissenschaft hat hierauf zugegriffen, auf interessante Weise. Neebe hebt in diesem Zusammenhang Henry Turner hervor:

„Turners zentrale, vor allem gegen die orthodox-marxistische Agenten-Theorie gerichtete These, daß die «große Mehrheit der deutschen Großunternehmer Hitlers Triumph weder gewünscht noch materiell zu ihm beigetragen» habe, wird mit quellenmäßig präzise recherchierten Hinweisen zur Politik führender Industrieller in der Krise belegt[18].“ (S.15)

Sogleich aber fügt Neebe ein methodisches Problem an, das in Turners Arbeiten auftritt, und darin bestehen soll, dass dieser eine „über die Analyse der Verhaltenmuster einflußreicher Unternehmerpersönlichkeiten hinausgehende Absicherung“ seiner Aussagen nicht bietet. Greift diese Kritik weit genug? Die Berechtigung zu dieser Frage wird ersichtlich, wenn betrachtet wird: Einerseits spricht Turner von der „politischen Impotenz des Geldes“[19], andererseits sieht er sehr wohl, dass die Großindustriellen, obschon sie die Machtergreifung nicht aktiv unterstützt haben, nicht freizusprechen sind von Vorwürfen:

„Indirekt trugen die Wirtschaftsführer auf verschiedene Weise zum Aufstieg des Nationalsozialismus bei: sie unterließen es, die demokratische Republik zu unterstützten, sie bekämpften die Soziademokraten und die Gewerkschaften mit blinder Feindseligkeit, sie halfen den reaktionären Kräften und besonders dem Papen-Regie, schließlich verliehen sie Hitler durch den Umgang mit ihnen Respektabilität.“[20]

Hierzu hält Neebe fest:

„Die Gesamtinterpretation des Nationalsozialismus als politische Erscheinungsform des «utopischen Anti-Modernismus» die Turner an anderer Stelle vorgenommen hat, bestätigt gleichwohl, daß der Verfasser seine Ergebnisse letztlich als einen Beleg für die Nichtidentität von Kapitalismus und Faschismus verstanden wissen will.“ (S.16)

[18] Turner, H. 1972: *Faschismus und Kapitalismus in Deutschland. Studien zum Verhältnis zwischen Nationalsozialismus und Wirtschaft* - Göttingen
[19] Ebd., S.12
[20] Ebd., S. 27ff., S.30

An dieser Aussage muss auffallen, dass sie etwas zurückweist, was eigentlich von kaum jemandem behauptet worden ist, die triviale Identifizierung des demokratischen Kapitalismus mit dem Faschismus. Selbst das von den DDR-Historikern verwendete Modell im Sinne des historischen Materialismus geht davon aus, dass der Faschismus im Keim im demokratischen Kapitalismus angelegt ist, sodass sehr wohl zwischen beiden zu unterscheiden ist. Hierauf zu verweisen, bedeutet keine Wortklauberei und wird sich noch als höchst bedeutungsvoll erweisen, freilich ungeachtet der Entwicklungs-Mechanik des marxistischen historischen Materialismus. Tatsächlich gehaltvoll kann dieses Argument aber erst im Lichte entsprechender philosophischer Überlegungen behandelt werden.

An dieser Stelle genügt die Feststellung, dass Turner seinerseits ein Bild von den Großindustriellen zeichnet, das deren Affinität zu einer antidemokratischen, autoritären, gewerkschaftsbefreiten Gesellschaft zum Ausdruck bringt. Daher scheint es angebracht, die Frage nach der Beziehung der Großindustriellen, Bankiers und Großagrarier zu Hitler bzw. der NSDAP im Lichte eben hiervon aufzugreifen, anstatt diese Affinität sogleich zu bagatellisieren. In diesem Sinne ist dann auch zu diskutieren, was es bedeutet, wie Turner hervorhebt, dass die Großindustrie die längste Zeit nicht primär die NSDAP finanziell unterstützt hat, sondern andere Parteien, allen voran die Deutsche Volkspartei und die Deutschnationale Volkspartei.

Der Ausarbeitung dieser Thematik soll die Darstellung der Forschungsergebnisse Neebes vorangestellt werden. Am Beginn seines Ergebnis-Kapitels hält er fest, dass die Großindustrie des Weimarer Staates „weitreichende politische Einflußchancen“ hatte, wiewohl sie nicht uneingeschränkt als Einheit aufgetreten ist. Vor allem standen sich Schwerindustrie und Leichtindustrie einander gegenüber. „Diese

Konstellation prägte sich in der Krise noch deutlicher aus und war überdies überlagert von einem andauernden Spannungsverhältnis zur Landwirtschaft." (S.200)

Sodann betont Neebe die „relative Autonomie des Staates", die sich in der Weltwirtschaftskrise noch verstärkte. In Lichte hiervon, so Neebe, ist zu beachten, dass der Reichsverband der Deutschen Industrie (RDI) an einem formalparlamentarischen System festhielt, gegen das „weitreichende verfassungspolitische Revisionskonzept Brünings[21]". Sodann führt er an, dass wichtige Teile der Industrie ab Sommer 1931 erfolglos gegen die überzogene Deflationspolitik Brünings aufgetreten sind. Vor allem nach der Reichtagswahl vom 14. September 1930 drängte der RDI auf eine Große Koalition – und scheiterte hiermit am Kanzler. Das erinnert sehr wohl an Turners Satz von der „politischen Impotenz des Geldes". Sogleich muss Neebe aber hinzufügen, dass die Industrie zuvor maßgeblich am Rücktritt des Kabinetts Hermann Müller[22] beteiligt gewesen ist.

Entscheidend ist nun, welchen Schluss Neebe aus seinen Befunden zieht:

„Insgesamt bleibt festzuhalten, daß die Ernennung Hitlers zum Reichskanzler bei gespaltener Industriefront erfolgte. Der offenbare Sieg der Thyssen-Gruppe und die Unterordnung der gemäßigten Schwerindustrie stellte dabei nicht Voraussetzung und Ursache der Machtergreifung dar, sondern war im Gegenteil deren Folge." (S.201f.)

[21] Heinrich Brüning: Zentrumspartei; Kabinett Brüning I: 31.3.1930 bis 9.10.31; Kabinett Brüning II: 10.10.1931 bis 1.6.1932

[22] Hermann Müller: Sozialdemokratische Partei Deutschlands; Kabinett Müller I: 27.3.1920 bis 8.6.1920; Kabinett Müller II: 29.6.1928 bis 27.3.1930

Damit wendet sich Neebe ganz entschieden gegen Czichon. Zugleich erinnert dieses Fazit an die zitierte Eigentümlichkeit von Turners Darstellung der Mitverantwortung der Großindustrie am Aufstieg der NSDAP. In der Ausgestaltung seines Fazits tritt dieser Umstand deutlicher hervor. Diese hebt damit an, dass die Großindustrie „auch in der offenkundigen Krise des überkommenen Wirtschaftssystems am Modell des liberalen Kapitalismus festhielt." (S.202). Sodann ist zu lesen:

„Die Gebrochenheit der liberalen Ideologie dokumentierte sich vor allem in der Haltung gegenüber den Gewerkschaften und in der Sozialpolitik. Die offene Gewerkschaftsfeindlichkeit der NSDAP, ihr Abheben auf Grundelemente der Unternehmerideologie wie «Persönlichkeit», «Führerprinzip» und «starker» wurde von großen Teilen der Industrie nachdrücklich begrüßt. Andererseits stieß der Nationalsozialismus als verstärkt interventionistisch agierendes System allgemein auf Ablehnung, ganz albgesehen von den massiven Gegensätzen m Finanz- und der Währungspolitik insbesondere aber in der Frage Weltmarktorientierung oder Autarkie." (S.202)

Hieran fügt Neebe an, dass die Umstellung auf das nationalsozialistische Wirtschaftssystem „im Frühjahr 1933" als Resultat einer „terroristischen Konsensbildung" zu verstehen ist; als das Ergebnis „illegaler Eingriffe des NS-Staates in die wirtschaftlichen Interessensverbände". Hierauf folgt:

„Die Einschränkung der Unternehmerkompetenz und die Neuorientierung vor allem in der Handelspolitik konnten allerdings durch die Ankündigung forcierter Rüstungsprogramme in Verbindung mit einer am Unternehmerinteresse orientierten Lohn- und Sozialpolitik beinahe reibungslos kompensiert werden." (S.202)

Neebes Quintessenz lautet, dass die monokausale Darstellung der DDR-Historiker „Die Großindustrie führt die NSDAP zur Regierungsmacht" zu kurz greift:

„Hier müßten unter Hervorhebung des Primats der Politik im Entscheidungsprozeß 1930-33 vor allem Probleme im Rahmen eines gestörten gesellschaftlichen Umschichtungsprozesses in Deutschland stärker in den Vordergrund gerückt werden. Der Erfolg des Nationalsozialismus ist ohne das Bündnis mit den von Abstieg bedrohten alten Eliten der Großlandwirtschaft, aber auch der Militäraristokratie und anderer Gruppen des Großbürgertums unter Mitwirkung von Bürokratie, Justiz und Staatsverwaltung bei ideologischer Wegbereitung durch antidemokratische und antiliberale Intellektuellenzirkel nicht zu denken. [...] Die Offensive großer Teile der Wirtschaft gegen Demokratie, Parlamentarismus und Weimarer Staat hat zum Sieg des Nationalsozialismus gewiß wesentlich beigetragen, erklärt aber nicht ursächlich die «deutsche Katastrophe» in der Übergangsphase zur modernen Industriegesellschaft.“ (S.202f.)

Hieran irritiert Neebes völlig selbstverständliche Verwendung von: „Primat der Politik“. Noch innerhalb dieses Kapitels wird sich zeigen, dass Neebe hiermit etwas voraussetzt, das sich nicht halten lässt. Beachtet man diesen Umstand, so wird evident, dass sich die Bagatellisierung der Bedeutung der Industrie für den Aufstieg der NSDAP nicht aufrecht halten lässt.

Sodann irritiert an dem Zitat: Die antidemokratische Haltung großer Teile der Wirtschaft hat zwar zum Aufstieg der NSDAP wesentlich beigetragen, aber die Vorstellung einer ursächlichen Beziehung soll trotzdem unangebracht sein. „Ursächlich“ wird dieserart dem Wirken der alten Eliten und weiteren Teilen des Großbürgertums inklusive antidemokratischen intellektuellen Kreisen vorbehalten. Hierauf drängt auch Neebes Feststellung, dass die Wirtschaft ihrem wirtschaftsliberalen Credo verpflichtet geblieben ist, das sich mit dem nationalsozialistischen Staatsinterventionismus nicht vereinbaren lässt.

Bevor dieses Credo genauer betrachtet werden soll, lohnt es festzuhalten, dass die politischen Eliten in diesem Credo durchaus nicht uneingeschränkt das Ziel ihrer Ambitionen gesehen haben. Bezüglich Reichskanzler Brüning hält Neebe fest, dass er die Wiedererrichtung der konstitutionellen Monarchie verfolgt hat, also die schrittweise „Restauration des alten obrigkeitlichen Systems“ (Neebe; S.73). Das entspricht nicht besagtem Credo, aber die Industrie hatte hiermit keine Probleme, wie Neebe festhält:

„Auch Geheimrat Kastl vom RDI, der am gleichen Tage [24. Juli] eine ausführliche Besprechung mit Reichskanzler Brüning hatte, bat jetzt, nach der Ausschaltung des Reichstags, darum, daß die «Reformen» der Sozialgesetze auf dem Verordnungswege durchgeführt würden. «Nichts», so Kastl, «sei im Sinne einer richtigen Anwendung des Art. 48 zur Beseitigung des gegenwärtigen finanziellen und wirtschaftlichen Notzustandes dringender als gerade das.»[23] Andererseits machte Kastl aber starke Bedenken geltend, «mit obrigkeitlichen Maßnahmen» eine Antikartellpolitik einzuleiten oder auf einen Preisabbau hinzuwirken.“ (S.74)

Deutlicher noch als in den von Kastl gegenüber Brüning vorgebrachten Bedenken zeigt sich der Umstand, dass sich die Industrie der uneingeschränkten Anerkennung ihres wirtschaftsliberalen Ideals nicht sicher sein konnte, in Rücksicht auf das Weltbild von Reichskanzler Papen, zu dessen Leistungen gehört, das SA-Verbot aufgehoben zu haben:

„Papen ließ in seinen ersten programmatischen Äußerungen keinen Zweifel an der selbständigen und eigenverantwortlichen Rolle der Privatwirtschaft aufkommen und bezeichnete es als «grundlegende[n] Irrtum, daß der omnipotente, unpersönliche Staat an die Stelle der persönlichen Verpflichtung des Arbeitgebers treten könne. Die Verantwortlichkeiten, die aus der gottgewollten organischen Regelung der Dinge erwachsen, müssen wieder aufgerichtet, die Verbundenheit von Arbeitgeber und

---

[23] Quelle: 25. Juli 1930 Kastl an Paul Silverberg; Nachlass Silverberg Nr. 235

Arbeitnehmer wiederhergestellt werden.»[24] Ein allgemeines Wohlwollen im industriellen Lager bestätigte, daß Papen damit den richtigen Ton getroffen hatte." (Neebe: S.127)

Czichon verweist in seinem Buch *Wer verhalf Hitler Macht* darauf, wie sich Papen gegen gewerkschaftliche Kritik an seiner Ausrichtung auf die Anliegen der Industrie verteidigt hat:

„Gegen den damit hervorgerufenen heftigen Protest der Gewerkschaften verteidigte sich von Papen etwas naiv mit der Behauptung, dies wären durchaus keine «Milliardengeschenke an die Unternehmer», sondern diese Maßnahmen seien durchaus «sozialpolitisch» gedacht, weil sie zur Erhöhung des wirtschaftlichen Umsatzes beitragen würden und damit geeignet seien, die Arbeitslosigkeit überwinden zu helfen." (S.37f.)

Das ist wirtschaftsliberale Gesinnung. Sie zeigt sich auch darin, dass Papen die Unterschreitung von Tariflöhnen ermöglicht hat, wenn hierdurch Arbeitsplätze geschaffen werden (Neebe: S.129). Hierüber darf aber nicht übersehen werden: Papens zuvor zitierte Formulierung von der „gottgewollten Regelung" signalisiert, dass das wirtschaftsliberale Denken doch nicht das Fundament seines Denkens ist:

„Gleichwohl bereitete der Industrie das Eintreten für eine aktive Konjunkturpolitik der öffentlichen Hand, wie sie auch in einer Angabe an die Reichsregierung am 24. September (Forderung nach einer Einbeziehung auch der Einkommens- und Körperschaftssteuer in die Steuergutscheinregelung)[25] zum Ausdruck

---

[24] Quelle: Papen am 11. Juni 1934 in seiner Programmrede vor dem deutschen Landwirtschaftsrat in Berlin; Horkenbach, C. (Hrsg.) 1932-35: *Das deutsche Reich von 1914 bis heute* – Berlin, 4 Bände

[25] Rundschreiben der Steuerstelle des RDI, Nr. 6256 S vom 27. September 1932, Anlage; Historisches Archiv der Gutehoffnungshütte Nr. 400101220 / 13b

kam, außerordentliche ideologische Schwierigkeiten." (Neebe; S.129)

Mehr noch:

„Den Grundsätzen seiner christlich-konservativen Wertordnung entsprechend sah Papen «eine starke, zielbewußte Agrarpolitik» als «Fundament jeder gesunden Entwicklung, die in sorgsamer Abwägung der Interessen auch der anderen Berufsstände der Gesamtheit der deutschen Wirtschaft gerecht» werde.[26]" (Neebe; S.129)

So sehr also die Reichskanzler Brüning und Papen Affinität zur Industrie bewiesen haben, so sehr ist zugleich in Abrede zu stellen, dass ihr Denken von dem Selbstverständnis der Industrie geprägt ist, Zentrum und Fundament der Gesellschaft zu sein. Stattdessen legen die Zitate nahe, dass die Wurzel besagter Affinität darin liegt, die Industrie als Teil des idolisierten Obrigkeitsdenkens verstehen und gebrauchen zu können.

Angesichts hiervon lohnt es, kurz darauf zu blicken, was von der Industrie mit „wirtschaftsliberal" verbunden worden ist. Hierzu sei zunächst aus einem Schreiben der Ruhrlade und Berliner Großindustrieller vom 30.6.1931 zitiert:

„«[...] das *Tempo* der Umstellung [ist] so zu beschleunigen, daß sie der weiteren Entkräftung der Wirtschaft zuvorkommt und ihr so die Möglichkeit der Gesundung und zum Aufstieg gewährt. Das ist auch der allein wirksame Weg zur Bekämpfung der Arbeitslosigkeit. Man muß der Wirtschaft die Fesseln abnehmen und ihr das Wirtschaften nach den ewig gültigen ökonomischen Gesetzen wieder frei geben, damit sie ihre Kräfte entfalten kann. Dann wird sie ganz von selbst immer größere Massen von brachliegenden Arbeitskräften aufsaugen.»[27]"

---

[26] Quelle: siehe vorige Fußnote

[27] Zitiert aus Neebe, R. 1981; S.98; Quelle: R 43 I / 1139, Bl. 318/19

Hat also Papen von der „gottgewollten Regelung“ gesprochen, so spricht die Industrie von den „ewig gültigen Gesetzen“ der Wirtschaft. Hierin liegt ein wesentlicher Unterschied. Die Industrie verträgt keine Instanz oberhalb ihrer „ewigen Gesetze”, auch keine „gottgewollte Regelung“. Dergleichen ist ihr lediglich das Einfallstor für Interventionismus. Freilich ein solches, mit dem sich zur Not arrangiert werden kann, wenn es, wie Neebe ausgeführt hat, z. B. zu umfangreichen Rüstungsaufträgen führt. In diesem Fall zeigt die Industrie ihr Potenzial an Affinität zur Diktatur. Folgende Aussage Neebes verdeutlicht diesen Umstand:

„In Erwiderung auf Silverberg machte Thyssen allerdings klar, daß weder die auf einer Tolerierung durch die SPD gründende Basis des Brüning-Kabinetts noch die in der Reparationsfrage verfolgte etappenweise Revisionspolitik die Billigung der von ihm vertretenen Industriekreise finde. Innenpolitisch habe ein Zusammengehen mit der «Nationalen Opposition» zu erfolgen und außenpolitisch bleibe, wie [Hjalmar] Schacht gefordert habe, nur der Weg eines einseitigen, sofortigen Transferstops [Beendigung der Reparationszahlungen]. Vor dem Winter müßten noch «ganz andere politische Voraussetzungen» geschaffen werden. Immerhin stelle er mit Befriedigung fest, «daß selbst hier im Kreise des Reichsverbandes insofern eine große Wendung eingetreten ist, als ... das Vertrauen zur Demokratie kolossal gelitten (Heiterkeit) und daß das Vertrauen zu einer Art Diktatur wesentlich zugenommen hat (Heiterkeit). Ich hoffe mit allen Kreisen, auf diesem Weg fortzuschreiten. Vielleicht kommt dann doch noch etwas heraus (Heiterkeit und Beifall).»[28]“ (S.94f.)

Wie ist es angesichts solcher Aussagen zu verstehen, dass Neebe und Turner DDR-Historikern – z. B. Czichon – vorwerfen, eine verkürzte und daher unzureichende Vorstellung von der Beziehung zwischen Kapitalismus und

[28] Quelle: Vorstand des RDI 19. Juni 1931, sten. Protokoll, Bayer Archiv 62/10/4c, S.28

Faschismus zu vertreten, die den Anschein erweckt, als wäre dieser unmittelbar als das Ergebnis unternehmerischer Ambitionen zu verstehen. Könnten nicht, so lässt sich fragen, umgekehrt die DDR-Historiker – so es sie noch gäbe - den Vertretern der westlichen Geschichtswissenschaft vorwerfen, an einer Verschleierung dieser Beziehung, die sie nicht rundweg abstreiten können, interessiert zu sein? Tatsächlich hat Neebe eine Formulierung gebraucht, die, obschon von ihm nicht so intentioniert, den Weg dazu bahnt, dieser Frage Gewicht zu verleihen. Diese Formulierung lautet, dass das aus der Weimarer Republik heraustretende Deutschland erst auf dem Wege „zu einem modernen Industriestaat“ ist. Dieser Weg hat, so die Logik dieser westlichen Geschichtswissenschaft, zunächst in die „Katastrophe“ Nationalsozialismus geführt, wobei die Industrie nicht frei von Schuld geblieben ist.

Die vorausgegangenen Ausführungen weisen in eine andere Richtung: Die Rolle der Industrie ist die eines von Obrigkeits- und Elitedenken (im klassengesellschaftlichen Sinn) geprägten Akteurs. Diese Prägung bedeutet aber nicht schon die Charakterisierung der Rolle, die von der Industrie gespielt worden ist, da sie beinahe allen involvierten Akteuren zukommt, mit Ausnahme der Gewerkschaften. Die Charakterisierung der Industrie ergibt sich erst daraus, dass sie ihr Obrigkeitsdenken aus den „ewigen Gesetzen der Wirtschaft“ ableitet, wohingegen die Mehrheit der anderen Akteure ihr Obrigkeitsdenken aus einem Anhängen an die Monarchie, „gottgewollter Regelung“ usw. ableitet. Daher konnte die Industrie noch nicht die Hauptrolle spielen, konkret da Deutschland erst auf dem Wege zu einem „modernen Industriestaat“ gewesen ist. Dieser Industriestaat ist von der Erodierung der Bedeutung religiöser und monarchistischer Inhalte geprägt, was gleichbedeutend mit dem

Bedeutungszuwachs ist, den die Industrie bzw. liberale Wirtschaft und ihre „ewigen Gesetze" erfahren hat.

Angesichts hiervon lässt sich festhalten, dass die marxistische Geschichtsschreibung insofern zu kurz gegriffen hat, als sie diesen Bedeutungswandel unbeachtet gelassen hat. Demgegenüber hat die unkritische westliche Geschichtsschreibung insofern zu kurz gegriffen, als sie unbeachtet gelassen hat und lässt, dass die Industrie zwar nicht die Hauptrolle gespielt hat, aber aus historischen Gründen auch noch nicht spielen konnte: Nur in diesem Sinne ist sie nicht als die treibende Kraft der Machterlangung der NSDAP zu verstehen. Der Wirtschaftsliberalismus, den sie vertreten hat, hat sich aber an Intensität der Protegierung eines obrigkeitlichen, klassengesellschaftlichen Denkens in nichts von den Bemühungen der übrigen Helfer der NSDAP unterschieden. Allen ist gemeinsam, Elend in den Reihen der eigenen Bevölkerung, sofern sie nicht den Eliten angehören, hinzunehmen und kriegerische Lösungen zur Erreichung ihrer Ziele zu akzeptieren.

In diesem Sinne soll der eingangs von Horkheimer zitierte Satz „Wer aber vom Kapitalismus nicht reden will, sollte auch vom Faschismus schweigen." aufgefasst werden. Die genauere Analyse hiervon wird erst angesichts noch zu erarbeitender philosophischer Einsichten möglich sein. Hierbei wird insbesondere zu beachten sein: Ist die marxistische Vorstellung, wonach im demokratischen Kapitalismus der rein obrigkeitlich zu verstehende Monopolkapitalismus angelegt ist, ersatzlos zu streichen?

Zunächst bleibt zu verdeutlichen, worin explizit der Gewinn der gebrachten Ausführungen für das Verständnis der Ukraine-Krise liegt.

In der Einleitung ist Verheugen mit dem Satz zitiert worden, dass 2004 – im Rahmen der NATO-Osterweiterung – noch eine Gesprächskultur zwischen Russland und dem Westen geherrscht hat, die als Basis dafür hätte dienen können, auf friedlichem Wege zu einer Einigung zu finden. Diese Gesprächskultur vermisst Verheugen in der Gegenwart. Für das Fehlen dieser Kultur muss es einen Grund geben. Diesen mag man zunächst darin vermuten, dass die Ukraine unmittelbar an Russland grenzt, sodass eine angespanntere Situation als 2004 vorliegt. Hierin alleine kann der Grund für besagtes Fehlen aber nicht liegen. Beachtet man das Vorgehen der EU, die aktuell so bemüht um die Menschen der Ukraine ist, seit Beginn dieses Jahrhunderts, so lässt sich zu einer anderen Vorstellung finden. Hierzu sei erneut auf Verheugens Aufsatz in PRAGMATICUS geblickt. Zunächst hält er fest, dass die EU zu Beginn dieses Jahrhunderts „eindeutig um Distanzierung [von der Ukraine] bemüht" gewesen ist. Statt eines eindeutigen Beitrittsversprechens kam es zu Bemühungen um eine schrittweise Heranführung der Ukraine an die EU. Sodann schreibt er:

„Gegen diese schrittweise Heranführung gab es zunächst auch keinerlei russische Widerstände. Die Verhandlungen über die EU-Assoziierung der Ukraine waren bereits 2011 abgeschlossen. Die Ukraine war unter ihrem als «pro-russisch» deklarierten Präsidenten [Wiktor Janukowytsch] damals zur Unterschrift auch bereit. Es war die EU, die damals nicht unterschreiben wollte, weil einige «Strategen» in Washington und Berlin es für angemessen hielten, mit parteipolitisch motivierten Schachzügen die politische Zukunft eines großen europäischen Landes aufs Spiel zu setzen. Im Jahre 2013 hatte sich die ökonomische und finanzielle Lage der Ukraine substanziell verschlechtert. Die EU verweigerte damals, dem ukrainischen Präsidenten großzügige makroökonomische Unterstützung, was dazu führte, dass der ukrainische Präsident zunähst die Aussetzung der Assoziierung vorschlug. Dieser Vorschlag löste die Ereignisse des Maidan in Kiew im Februar 2014 und den Regierungssturz aus. Auf dem Maidan versammelten sich keineswegs nur leidenschaftliche Europäer. Der Maidan wurde zum Sammelplatz der gesamten Opposition gegen Wiktor Janukowytsch und die Kontrolle übernahm praktisch deren extrem rechter, russischfeindlicher Flügel.“

Im Lichte hiervon ist also Verheugens Frage nach dem Erlöschen der 2004 noch gegebenen Gesprächskultur zwischen Russland und dem Westen aufzugreifen. Eine Aussage in dem Zitat ist in diesem Zusammenhang insbesondere von Bedeutung, nämlich die von der EU verweigerte Zusicherung von Wirtschaftshilfen für die Ukraine, die zuvor noch mit dem pro-russischen (!) Präsidenten Wiktor Janukowytsch ausverhandelt worden ist. Diese Verweigerung muss Ausdruck eines Umdenkens in der EU sein. Dieses Umdenken wiederum muss Ausdruck davon sein, dass sich eine Alternative zu dem bisherigen Weg abgezeichnet hat. Der Kern dieser Alternative sollte darin bestehen, erkannt zu haben, durch die Verweigerung der Unterschrift die prorussische Regierung stürzen zu können und durch eine prowestliche – „extrem rechte, russlandfeindliche“ - Regierung ersetzen zu können, was eingetreten ist. Anders gewendet: Angesichts der neuen, pro-westlichen Ausrichtung der Regierung der Ukraine ist die „Gesprächskultur“ obsolet geworden.

Dieser neue Kurs, der ein aggressiverer Kurs ist, ergibt aber nur dann Sinn, wenn die wirtschaftlichen Hilfspakete von vornherein nicht Ausdruck einer Solidarität mit den Menschen der Ukraine gewesen sind, sondern Ausdruck des Versuches einer Einflussnahme auf die Politik der Ukraine; die zunächst verhandelten Hilfspakete also bereits vom Typ „Hilfspakete für Griechenland“ gewesen sind. Der neue, aggressivere Kurs muss den Entscheidungsträgern in der EU – und USA – mehr Machtgewinn über Russland versprochen haben, als er auf dem Wege von Hilfspaketen zu erzielen gewesen wäre. So gesehen ist auch das militärische Eingreifen der US-Armee in der Region Donbass und die Befeuerung des Krieges durch PolitikerInnen der EU usw. Ausdruck dieses neuen, aggressiveren Kurses.

Wie ist dieser neue, aggressive Kurs im Lichte der vorangegangenen Ausführungen zu beurteilen? Hierzu bedarf es zunächst einer Klammer, die die Vorkommnisse in der Weimarer Republik mit den gegenwärtigen Vorkommnissen verbindet. Diese ist schnell gefunden, konkret in Gestalt folgender, bereits angeführten Aussage in dem Schreiben der Ruhrlade und Berliner Großindustrieller vom 30. Juni 1931:

> „[...] das *Tempo* der Umstellung [ist] so zu beschleunigen, daß sie der weiteren Entkräftung der Wirtschaft zuvorkommt und ihr so die Möglichkeit der Gesundung und zum Aufstieg gewährt. Das ist auch der allein wirksame Weg zur Bekämpfung der Arbeitslosigkeit. Man muß der Wirtschaft die Fesseln abnehmen und ihr das Wirtschaften nach den ewig gültigen ökonomischen Gesetzen wieder frei geben, damit sie ihre Kräfte entfalten kann. Dann wird sie ganz von selbst immer größere Massen von brachliegenden Arbeitskräften aufsaugen."

Diese Vorstellung von den „ewig gültigen ökonomischen Gesetzen" ist tatsächlich das ewig gültige Credo wirtschaftsliberalen Denkens. Die Vorgehensweise der EU (und anderen) im Zusammenhang mit Griechenland ist von nichts anderem beseelt. Die wirtschaftlichen Kräfte, die gemäß diesem Credo „entfaltet" werden, brauchen aber keinesfalls als im Dienste der Allgemeinheit stehend verstanden zu werden. Sie können als im Dienste der Eliten von obrigkeitlich-wirtschaftsliberalen Gesellschaften verstanden werden, wobei die Vorgehensweise der Protagonisten dieser Gesellschaft sehr wohl als aggressiv zu qualifizieren ist, wie das Beispiel Griechenland zeigt. Das entsprechende Potenzial dieser Eliten ist dargelegt worden. Das bedeutet freilich nicht, dass tatsächlich jede Person, die diesen Eliten angehört, damit einverstanden sein muss, dieses Potenzial auszuschöpfen!

Mehr als ein Hinweis auf die Frage, was es mit besagtem Kurswechsel auf sich hat, kann hiermit freilich noch nicht gegeben sein. Dass dieser Hinweis tatsächlich auf den richtigen Weg führt, wird in den Abschnitten 3.2 und 4.2 zu verdichten sein, aber erst im fünften Kapitel begründet werden können. Das mit 2.1 verfolgte Ziel, die Darstellung der Möglichkeit des Ansteigens der Aggressionsbereitschaft der Eliten wirtschaftsliberal-obrigkeitlicher Gesellschaften auf eine breitere Basis stellen zu können, ist aber erreicht worden.

2.2 Die USA provozieren einen Krieg in der Ukraine, der von anderer Seite – Russland - begonnen wird: Kein Einzelfall in der Geschichte der USA

Das „neue“ Bild von der Ukraine-Krise bestreitet, dass Russland trivial als der Aggressor verstanden werden kann. Fraglos hat Russland den Krieg begonnen, aber als Reaktion auf Provokationen aus dem Ausland, die diesen Kriegsausbruch als russische Reaktion miteinkalkuliert haben, wenn sie schon nicht unmittelbar hierauf abgezielt haben. Das gesamte russische Ausland kann freilich nicht als Provokateur namhaft gemacht werden. Die Rolle des Provokateurs ist primär den USA zuzuordnen. In diesem Abschnitt soll betrachtet werden, dass die Strategie, einen Krieg zu provozieren, den man die gegnerische Seite beginnen lässt, kein Novum in der Geschichte der USA darstellt.

Im Zentrum der folgenden Ausführungen steht der Angriff Japans auf den US-Marinestützpunkt Pearl Harbor im Jahre 1941. Das hierin zum Ausdruck kommende Verhältnis zwischen den USA und Japan kann aber nur verstanden werden, wenn zuvor das Verhältnis zwischen den USA und dem nationalsozialistischen Deutschland betrachtet wird. Die Argumentation in diesem Abschnitt folgt den Ausführungen Daniele Gansers in seinem Buch *Imperium USA*[29].

Das nationalsozialistische Deutschland hatte, was die Umsetzung seiner militärischen Vorhaben anbelangt, mit einem massiven Problem zu kämpfen. Die Kriegführung zu Land, zu Wasser und in der Luft war extrem energiezehrend; es wurde enormer Mengen Erdöl bedurft. Im Jahre 1938 belief sich der tägliche Verbrauch auf 100 000 Fass zu je 159 Liter Erdöl. Hiervon konnten gerade einmal 12 Prozent aus den heimischen Erdöl- und Steinkohle-Vorkommen gewonnen werden, trotz intensiver Probebohrungen nach weiteren Erdölvorkommen auf heimischem Boden. Das kann nur bedeuten: Das nationalsozialistische Deutschland ist von umfangreichen Erdölimporten abhängig gewesen. Anders gewendet: Diese Importe waren eine der Voraussetzungen der Kriegsführung des nationalsozialistischen Deutschlands.

Wer war seinerzeit weltweit der größte Erdölproduzent? Die USA. Die USA waren aber nicht nur der größte Produzent, sie waren auch der größte Erdöllieferant Deutschlands. Kurz vor Kriegsausbruch bezog Deutschland täglich rund 25 000 Fässer Erdöl aus den USA. Hierauf konnte Deutschland nicht verzichten, wollte es Krieg führen. Wie aber würden sich die USA gegenüber einem Krieg führenden Deutschland verhalten? Würden sie die Importe stoppen? „Eine erste Belastungsprobe für die deutschen Erdölimporte" (S.142), so Ganser, kam am 7. März 1936 mit der Besetzung des

[29] Siehe Fußnote 5

entmilitarisierten Rheinlands. Hiermit ist von Deutschland der Vertrag von Lucarno gebrochen worden, in dem es sich mit Belgien und Frankreich darauf einigte, die im Vertrag von Versailles gezogene Westgrenze nicht gewaltsam zu verändern. Russland, das aber nur wenig Erdöl nach Deutschland lieferte, stoppte daraufhin die Exporte nach Deutschland. Und die USA? Die USA lieferten weiter, so wie Rumänien und Venezuela[30]. Die nächste Belastungsprobe ließ nicht lange auf sich warten:

„Schon im Sommer 1936 folgte die nächste Belastungsprobe, als Hitler und Mussolini den Militärputsch des faschistischen General Francisco Franco in Spanien unterstützten.“ (S.143) Der Einsatz der deutschen Luftwaffe gilt als wichtig für den Sieg von Franco im Spanischen Bürgerkrieg. Trotzdem belieferten die USA Adolf Hitler weiterhin mit Erdöl.“ (S.142f.)

Die Erdölexporte der USA nach Deutschland fanden auch nach dem Angriff auf Polen am 1. September 1939 ein Ende, sie fanden während des gesamten Blitzkrieges kein Ende, im Rahmen dessen Deutschland in kurzer Zeit fast ganz Europa besetzt hat.

Wie ist dieses Verhalten der USA zu werten? Ist es Ausdruck von Gleichgültigkeit, im Sinne derer Deutschland einfach als Erdölkäufer gesehen worden ist? Oder ist es

---

[30] Zuvor bereits hatte der Völkerbund den am 3.10.1935 begonnenen Angriff des faschistischen Italien auf Äthiopien zwar verurteilt und Sanktionen verhängt, hiervon aber – entgegen die Empfehlung des britischen Außenministers Anthony Eden – explizit die Erdöllieferungen ausgenommen. Ganser (2022; S.141; siehe Fußnote 5) zitiert folgende Aussage Benito Mussolinis hierzu: „Wenn der Völkerbund den Ratschlag von Eden im Äthiopienstreit gefolgt wäre und die Wirtschaftssanktionen auch auf das Erdöl ausgedehnt hätte, hätte ich innerhalb einer Woche aus Äthiopien abziehen müssen. Das wäre ein unglaubliches Desaster für mich gewesen.“

Ausdruck von Sympathien für die Vorgehensweise Deutschlands? Der US-amerikanische Politologe Guido Preparata hat aufgrund seiner Forschungen eine höchst bemerkenswerte Antwort auf die zuerst gestellte Frage erarbeitet[31]. Ganser zitiert ihn mit folgenden Worten:

„Die Siegermächte züchteten Hitler ganz bewusst heran, um Deutschland als potenzielle Gefahr für geopolitische Interessen des angloamerikanischen Staatenbundes ein für alle Mal zu beseitigen. [Hitlers] militärische Aggressivität [und] rassistische Feindseligkeit gegenüber den Russen und Slawen [führte Deutschland in den Untergang]. Das war ein grenzenloser Triumph für die Angloamerikaner." (S.143f.)

Die USA, so Preparata, haben Deutschland mit Erdöl beliefert, um es an seiner Aggressivität scheitern zu lassen, also nicht aus humanitären, antifaschistischen Gründen, sondern um einen geopolitischen Konkurrenten ausschalten zu können. Diese Politik der USA schließt die Bereitschaft zu militärischen Maßnahmen gegen Deutschland freilich keineswegs aus, aber Deutschland hat den USA keinen Anlass für einen Kriegseintritt geboten. Der US-Journalist George Morgenstern von der CHICAGO TRIBUNE fasst die hiermit gegebene Situation in folgende Worte:

„In erster Linie wollte Roosevelt gegen Deutschland Krieg führen. Aber als Hitler ihm keinen Vorwand für eine Kriegserklärung liefern wollte, wandte er sich dem Pazifik und Japan zu, um durch die Hintertür in den Krieg in Europa einzutreten. Der Dreimächtepakt stellte schließlich sicher dass er einen Krieg mit allen drei Partnern bekommen würde, wenn er ihn mit einem anfing." (zitiert aus Ganser; S.145)

Besagter Dreimächtepakt ist am 27. September 1940 zwischen Deutschland, Italien und Japan abgeschlossen

---

[31] Preparata, G. 2010: *Wer Hitler mächtig machte: Wie britisch-amerikanische Finanzeliten dem Dritten Reich den Weg bereiteten* - Perseus

worden. In diesem Pakt verpflichten sich die drei Länder zu gegenseitiger Unterstützung, wenn eines von ihnen angegriffen wird.

Roosevelt, auch auf Anraten des ranghöchsten Offiziers in der US-Armee, Generalstabschef George Marshall, wollte also gegen Deutschland Krieg führen. Sein Problem hierbei bestand aber nicht nur in besagtem Verhalten Deutschlands. Vor allem bestand es in folgendem Umstand: „Die US-Bevölkerung und auch der US-Kongress waren strikt dagegen." (Ganser, S.144) Roosevelt kannte natürlich die Position seiner Landsleute, und erklärte sich noch kurze Zeit vor dem Präsidentschafts-Wahltag am 30. Oktober 1940 mit ihr solidarisch: „Ich habe es gesagt, und werde es immer und immer wieder sagen: eure Söhne werden nicht in irgendwelche ausländische Kriege geschickt werden." (Ganser; S.146) Aber, so Ganser, die Fakten zeigen anderes: Sie zeigen, „dass Roosevelt sofort nach seiner Wiederwahl die Spannungen mit Japan absichtlich eskalieren ließ." Schon vor der Wahl hatte Arthur McCollum, Mitarbeiter des Office of Naval Intelligence, einen Plan zur Provokation Japans vorgelegt. Dieser umfasste nebst militärischen Maßnahmen (Entsendung eines Geschwaders schwerer Kreuzer in japanisches Hoheitsgewässer und die Konzentration der im Pazifikraum stationierten US-Kriegsschiffe im Umkreis der Inseln von Hawaii; beide Vorschläge wurden umgesetzt) vor allem wirtschaftliche Maßnahmen. So froren J. P. Morgan und andere US-Banken die japanischen Guthaben in den USA ein und es wurde ein Embargo gegen die Lieferung von Eisen und Stahl verhängt (Ganser, S.150).

Eine wesentliche Maßnahme betrifft das Erdöl. Für Japan trifft zu, was bereits für Deutschland festzuhalten gewesen ist: Es ist von Erdölimporten abhängig. 80 Prozent des importierten Erdöls kamen aus den USA. Seit 1937 floss dieses Erdöl nicht zuletzt in den gegen China geführten

Angriffskrieg Japans. Auch hiermit hatten die USA also kein Problem. Trotzdem änderten die USA gegen Ende des Jahres 1940 ihren Kurs. Zunächst, im Oktober 1940, reduzierte Holland auf Druck der USA den Ölexport nach Japan. Das holländische Öl stammte aus der holländischen Kolonie Niederländisch-Ostindien; dem heutigen Indonesien. Es machte 20 Prozent der japanischen Importe aus. Knapp hierauf reduzierten auch die USA ihre Erdölexporte nach Japan und stellten sie am 25. Juli 1941 vollständig ein. Was hat es mit diesem Kurswechsel auf sich?

Um diese Frage beantworten zu können, ist zunächst die Reaktion Japans auf diesen Lieferstop zu beachten. Ganser stellt sie wie folgt dar:

„Die japanische Armeespitze war verzweifelt. «Zur Zeit ist Öl der Schwachpunkt unserer nationalen Stärke und Kampfkraft», erklärten die ranghöchsten Militärs dem japanischen Kaiser am 6. September 1941. «Immer mehr Zeit verstreicht und unsere Fähigkeit, Krieg zu führen, schwindet dahin, das Kaiserreich wird militärisch machtlos werden." (S.150f.)

Der japanische Premierminister Fürst Konoe Fumimaro suchte daher bei Präsident Roosevelt um ein Gipfeltreffen an, was von diesem aber abgelehnt worden ist. Der japanische Außenminister Teijiro Tojoda gibt die fatale Situation, in die Japan somit geraten ist, in folgendem Bild wieder:

„Japan werde mit einer immer enger werdenden Kette eingekreist, «die unter Führung und Beteiligung Englands und der Vereinigten Staaten geschmiedet wurde. Diese beiden Länder verhalten sich wie ein listiger Drache, der zu schlafen vorgibt.»" (S.151)

In Folge der gescheiterten Bemühungen von Premierminister Konoe ist sein Kabinett am 16. Oktober 1941 zurückgetreten und radikale Militärs mit General Hideki Tojo an der Spitze konnten die Regierung übernehmen. Das neue Kabinett stellte folgende Rechnung auf: Um sich aus der

Umklammerung der USA befreien zu können, musste man von dem US-Erdöl unabhängig werden. Eine neue „Quelle“ musste erschlossen werden. Die Erdölvorkommen in Indonesien (Niederländisch-Ostindien) schienen sich hierfür anzubieten. Die Erreichung des Zieles schien umso realistischer, als die Kolonialmacht Holland von Deutschland besetzt worden war. Als einzig nennenswertes Hindernis auf dem Wege der Eroberung dieser Erdölvorkommen ist die Pazifikflotte der USA ausgemacht worden. Daher wurde der Entschluss gefasst, diese Flotte anzugreifen.

Diese Rechnung enthielt aber einen folgenreichen Fehler. Japan ist nämlich entgangen, dass die USA über seine Angriffspläne detailliert informiert gewesen sind. Ganser schreibt hierzu:

„Erst nach dem Krieg wurde bestätigt, «dass der japanische Geheimcode viele Monate vor Pearl Harbor geknackt worden war, und dass die Männer in Washington, die die abgefangenen Codemeldungen lasen, über die japanischen Pläne und Absichten fast ebenso gut unterrichtet waren, wie wenn sie im Kriegsrat in Tokio gesessen hätten», so der US-Journalist George Morgenstern.“ (S.152)

Tatsächlich ist der Satz, dass die USA informiert gewesen sind, insofern falsch, als richtig ist:

„Nur etwa 35 Männer und eine Frau in Washington hatte Zugang zu den Magic-Daten [die von den USA abgefangenen Daten Japans]. Nur diese Verschwörer wussten über den unmittelbar bevorstehenden Angriff der Japaner auf die USA Bescheid, teilten ihr Wissen aber nicht mit der US-Bevölkerung oder dem Kongress. Sie alle waren überzeugt, dass der Eintritt der USA in den Krieg richtig und wichtig war.“ (Ganser; S.152)

Aber nicht nur die Bevölkerung und der Kongress blieben uninformiert, auch die Menschen auf dem Stützpunkt Pearl Harbor blieben ahnungslos. Die Besorgnis galt alleine den Flugzeugträgern USS Lexington und USS Enterprise, die am 28. November 1941 bzw. 5. Dezember 1941 mit dem Auftrag, Jagdflugzeuge zu den Inseln Wake und Midway zu bringen, Pearl Harbor verließen. Mit ihnen machten sich die neueren Kriegsschiffe der Pazifikflotte auf den Weg, sodass der Angriff Japans nur noch alten, „aus dem Ersten Weltkrieg übrig gebliebenen Kriegsschiffe[n]“ (Ganser; S.153) gelten konnte.

Freilich hat der Angriff nicht bloß Kriegsmaterial zerstört, er hat vor allem Menschenleben gekostet: Das Leben von beinahe 2500 US-Amerikanern. Joseph Rochefort, Funkaufklärungsoffizier im Office of Naval Intelligence, hat das wie folgt kommentiert: „Es war ein recht billiger Preis, den wir für die Einmütigkeit der Nation bezahlen mussten.“ (Ganser; S.150) Hier erübrigt sich jeglicher Kommentar. Aber von welcher neu entstandenen „Einmütigkeit“ spricht Rochefort hier? Ganser gibt hierüber Auskunft:

> „Vor Pearl Harbor war die US-Bevölkerung mit deutlicher Mehrheit gegen einen Kriegseintritt gewesen. Doch der japanische Angriff veränderte die Stimmung völlig und erzeugte in den USA Wut und Trauer, da nie zuvor ein anderes Land die USA bombardiert hatte. Kaum hatte die Meldung über den japanischen Angriff die Runde gemacht, meldeten sich junge US-Amerikaner freiwillig und in Massen bei den Rekrutierungsbüros der Armee, um ihr Land zu verteidigen. Die Bevölkerung war geschockt, das Parlament erzürnt und die Zeitungen trommelten für den Krieg. «Als die ersten Nachrichten kamen, dass Japan uns angegriffen hatte, war mein erstes Gefühl das der Erleichterung», notierte US-Kriegsminister Henry Stimson, der Zugang zu den Magic-Daten hatte, in sein Tagebuch. «Die Unentschlossenheit war vorüber, und die Krise war in einer Weise gekommen, die unser ganzes Volk einigen würde.» Kriegsminister Stimson wollte wie Präsident Roosevelt in den Krieg ziehen.“ (S.154)

Es soll nicht unerwähnt bleiben, auch Ganser weist hierauf hin, dass es immer noch Experten – Historiker – gibt, die die Meinung vertreten, dass tatsächlich niemand in den USA von dem Angriff auf Pearl Harbor gewusst hat. Auf dergleichen Expertenmeinungen ist bereits in der Einleitung getroffen worden, sodass sie hier übergangen werden können[32].

Überblickt man das Verhalten der USA gegenüber Japan, so ist unmittelbar einsichtig, dass dieses darauf abgezielt hat, die Gegenseite zu einem Angriff zu provozieren. Dieserart konnte die eigene Bevölkerung auf eine Art und Weise für die Teilnahme an dem Krieg gegen Deutschland, Italien und Japan gewonnen werden, die die USA nicht als Aggressor hat erscheinen lassen. Der „listige Drache" hat also so lange „geschlafen", bis er anscheinend von der Gegenseite aufgeweckt worden ist; freilich nicht in der Rolle des Drachens, sondern des besorgten Retters. Eine eigenartige Rollenzuweisung, wenn man bedenkt: Die USA hatten jahrelang kein Problem damit, in ein Land – Japan - Erdöl zu exportieren, das dieses unumgänglich auch dafür brauchte, um einen Angriffskrieg – gegen China - führen zu können. Diese kaufmännische Gleichgültigkeit – Stichwort „westliche Werte"! – ist auch nicht 1940/41 abgelegt worden, Der in dieser Zeit sich zutragende Kurswechsel ist

[32] Nicht unerwähnt soll bleiben, was Ganser zum Eintrag unter dem Stichwort *Pearl Harbor* im Online-Lexikon Wikipedia schreibt: „Im Onlinelexikon Wikipedia, das nicht nur von Schülern sondern auch von Lehrern und Journalisten viel genutzt wird, steht im deutschen Artikel «Angriff auf Pearl Harbor», dass dieser «Überraschungsangriff» für die USA völlig unerwartet kam. [...] doch auf Wikipedia wird im Eintrag zu Pearl Harbor diese reale Verschwörung als «Verschwörungstheorie» abgetan." (S.146) Diese parteiliche Darstellungsweise, die zur Vorsicht im Umgang mit Wikipedia gemahnt, zeigt Ganser auch in Rücksicht auf den Eintrag bezüglich der Theorie auf, Lee Harvey Oswald als Mörder Präsident John F. Kennedys verstehen zu müssen („Einzeltätertheorie") (S.193 und S.202). Eine allgemeine Kritik an Wikipedia gibt Ganser am Ende des 14. Kapitels seines Buches (S.305-310).

alleine Überlegungen im Dienste der Protegierung der eigenen Hegemonialpolitik geschuldet.

Trifft das „neue“ Bild zu, das in der Einleitung gezeichnet worden ist, so wiederholt sich diese Verhaltensweise gegenwärtig in der Ukraine-Krise.

3 Überlegungen zur USA

In DIE GANZE WOCHE (Nr.21/22) ist eine Fotographie abgebildet, die den Präsidenten Finnlands, Sauli Niinistö, und die Regierungschefin Schwedens, Magdalena Andersson, mit dem Präsidenten der USA, Joe Biden, zeigt. Aufgenommen worden ist die Fotographie anlässlich eines Treffens bezüglich des von Schweden und Finnland angestrebten Beitritts in die NATO. Der Fotographie ist folgender Text beigefügt:

„[...] Nun wollen mit Finnland und Schweden zwei neutrale Länder beitreten. Aus Angst vor Russland. Dabei warnten bereits vor Jahren sogar hochrangige amerikanische Politiker vor einer Erweiterung."

Das eigentliche Problem scheinen angesichts der Ausführungen in der Einleitung aber nicht die Bedenken einiger US-Politiker zu sein, sondern wen Finnland und Schweden um Schutz bitten: die USA. Gemäß den bisherigen Ausführungen scheinen die USA als Schutzmacht denkbar ungeeignet zu sein, da das Interesse der US-amerikanischen politischen Entscheidungsträger – und hierzu zählt nicht das US-amerikanische Volk bzw. Wählerschaft (siehe unten) – alleine dem Wohl der eigenen marktgesellschaftlichen Eliten gilt.

Das hiermit aufgeworfene Problem soll in dem anstehenden Kapitel analysiert werden. Zur Einstimmung hierauf kann wiederum aus einem Artikel in DIE GANZE WOCHE (Nr.17/22) zitiert werden, konkret aus einem Interview mit dem US-amerikanischen Sprachwissenschaftler Noam Chomsky[33]. Klipp und klar führt Chomsky aus, dass die USA „leider den Krieg in der Ukraine anheizen", dass die

[33] Abdruck eines Interviews von Pierre Heumann für die Schweizer Zeitung DIE WELTWOCHE mit Noam Chomsky

„offizielle Position des weißen Hauses, der Europa übrigens blindlings folgt", lautet: „keine Verhandlungen". „Dies kann jeder auf der Internetseite des weißen Hauses nachlesen." Auf die Frage Heumanns, weshalb sich Peking weigert, in mögliche Verhandlungen mit Russland einzutreten, verweist Chomsky zunächst darauf, dass China, wie die meisten Länder der Welt, die USA für einen „Schurkenstaat" ansieht, den „mit großem Abstand führenden Schurkenstaat dieser Welt." Hierauf folgt:

> „Und doch fordern wir [die USA] Kriegsverbrecherprozesse gegen andere, ohne mit der Wimper zu zucken. Wir veröffentlichen sogar Kommentare der angesehensten Kolumnisten, die sich empören und die rhetorische Frage stellen: Wie können wir mit einem Kriegsverbrecher umgehen? Diese Heuchelei ist für viele nicht akzeptabel. Auch nicht für China. Die Reaktionen des zivilisierteren Teiles der Welt sind deshalb interessant. Sie verurteilen die Invasion, sagen, es sei ein schreckliches Verbrehen. Aber die grundlegende Reaktion ist: Was ist eigentlich neu? Haben die USA nicht ebenfalls Kriegsverbrechen in Afghanistan oder im Irak verübt? Die amerikanisch-europäische Position im Krieg gegen die Ukraine wird deshalb nur von einer Minderheit geteilt."

W e r i r r t s i c h a l s o ? Noam Chomsky, indem er den USA vorwirft, den Krieg anzuheizen und heuchlerisch vorzugehen, da Russland vorgehalten wird, wozu man gegebenenfalls selbst greift: Kriegsverbrechen? Oder irren sich der Präsident Finnlands und die Regierungschefin Schwedens, wenn sie ausgerechnet bei dem Präsidenten eines Landes, das sich tatsächlich gemäß der Darstellung Chomskys verhält, um Schutz vor Russland ansuchen? Irren sich letztere, so ist freilich auch zu fragen: Welchem Politikverständnis verdankt sich dieser Irrtum (hierauf wird im folgenden Kapitel zurückzukommen sein)?

In diesem und dem folgenden Kapitel liegt das Hauptaugenmerk auf dem Solidaritätsgedanken in der jeweils betrachteten Gesellschaft. Hierin folgen die Ausführungen der

Feststellung in der Einleitung, dass sich die Ukraine-Krise offenbar nur aus einer grundsätzlichen Betrachtung der Vorstellungen zur Solidarität verstehen lassen, wie sie in den involvierten westlichen Gesellschaften vorherrschen.

3.1 Kurzer Rückblick: USA, Georgien und Ukraine

Zunächst sei in Erinnerung gerufen, was aus dem Versprechen „Keine Osterweiterung der NATO" geworden ist: 1999: Polen, Tschechische Republik und Ungarn werden NATO-Mitglieder; 2004: Bulgarien, Estland, Lettland, Litauen, Rumänien, die Slowakei und Slowenien werden NATO-Mitglieder; 2009: Albanien und Kroatien werden NATO-Mitglieder; 2017: Montenegro wird NATO-Mitglied.

Die folgenden Ausführungen, sie beschäftigen sich mit Georgien und der Ukraine, folgen wiederum Daniele Ganser. Im April 2008 hat der US-Präsident Georg Bush junior auf einem NATO-Gipfel beschlossen, dass auch Georgien und die Ukraine der NATO beitreten sollen. Schon im Oktober 2008, mit Hilfe von im Hintergrund agierenden US-amerikanischen Militärberatern, hat Georgien das abtrünnige Südossetien angegriffen. „Russland intervenierte und gewann den Krieg in fünf Tagen." (Ganser; S.321) Die EU hat den Vorgang von der Schweizer Diplomatin Heidi Tagliavini untersuchen lassen. Deren Ergebnis ist eindeutig: Georgien war der Aggressor; Präsident Micheil Saakaschwili hat den „Georgienkrieg in der Nacht vom 7. auf den 8. August begonnen." (S.321)

In der Ukraine hat die USA interne Spannungen befeuert und 2014 „die Regierung in einem geheimen Putsch gestürzt." (S.321) Ausgelöst wurde der Putsch durch Scharfschützen, die in Kiew am 20. Februar 2014 Demonstranten und Polizisten erschossen. „Die USA installierten Arsenij Jazenjuk als neuen Ministerpräsidenten und Petro Poroschenko als neuen Präsidenten." (Ganser, S.322). Insbesondere lesenswert ist, was Ganser hieran anschießt:

> „Im US-Außenministerium hatte Victoria Nuland die Fäden gezogen, zusammen mit Geoffrey Pyatt, dem US-Botschafter in der Ukraine. Die Telefongespräche zwischen Nuland und Botschafter Pyatt, in denen sie vor dem Putsch die Zusammenstellung der neuen Regierung besprachen, wurden abgehört […]" (S.322)

Als Reaktion hierauf, sowie einer Volksabstimmung, die zur Ablösung der Halbinsel Krim führte, hat Präsident Wladimir Putin selbige Russland eingegliedert. Auf die Konflikte, die sich hieraus ergeben haben (Donbass), ist bereits hingewiesen worden. Das lässt nur jenen Schluss zu, den auch der US-Politologe John Mearsheimer gezogen hat[34]: Konstrukteur des Ukraine-Konflikts ist nicht der russische Präsident Wladimir Putin, der Konstrukteur ist der US-amerikanische Präsident Barack Obama.

Hierbei darf nicht übersehen werden, dass die US-Politik nicht zuletzt in handfesten ökonomischen Kategorien denkt, die US-Oberst Lawrence Wilkerson wie folgt zum Ausdruck bringt[35]:

> „Warum hat Bill Clinton die NATO-Osterweiterung durchgezogen, obwohl Georg Bush senior und sein Außenminister James

---

[34] Mearsheimer, J. 2014: *Warum der Westen an der Ukraine-Krise schuld ist* – Foreign Affairs 1. September 2014 (zitiert nach Ganser, D. 2022; siehe Fußnote 5).

[35] Zitiert nach Ganser, D. 2022; siehe Fußnote 5

Baer gegenüber Gorbatschow und Jelzin versprochen hatten, die NATO würde sich keinen Zentimeter nach Osten ausdehnen? War das im Interesse von US-Rüstungsfirmen wie Lockhead Martin, Raytheon, Boeing und anderen, um neue Absatzmärkte für ihre Produkte zu erhalten? Natürlich war es das!“ (S.320)

Das „neue“ Bild, das in der Einleitung von der Ukraine-Krise gezeichnet worden ist, basiert darauf, dass die USA nicht als Zentrum des Reichs des Guten verstanden werden können; weder kann die Osterweiterung der NATO als Erweiterung dieses Reichs verstanden werden, noch muss, wer sich um Beitritt in die NATO bemüht, von dem Gedanken beseelt sein, einem solchen Reich überhaupt beitreten zu wollen. Die vorangegangenen Absätze unterstützen dieses Bild.

3.2 Die Ausformung des Solidaritätsgedankens in den USA

In diesem Abschnitt soll der Frage nachgegangen werden, ob die US-Gesellschaft eine Solidarität mit den Menschen des eigenen Landes lebende Gesellschaft ist. Diese Frage ist von entscheidender Bedeutung, da die USA vorgeben, sich aus Gründen der Solidarität mit den Menschen in der Ukraine in diesem Land zu engagieren. Im Zentrum der folgenden Ausführungen steht das Buch *Der Triumph der Ungerechtigkeit* von Emmanuel Saez und Gabriel Zucman[36], das aus ökonomischer Perspektive beleuchtet, was in den USA unter Solidarität verstanden wird.

---

[36] Saez, E. & G. Zucman 2020: *Der Triumph der Ungerechtigkeit* - Berlin

I. Die Spaltung innerhalb der US-amerikanischen Gesellschaft

In der US-Gesellschaft gibt es eine Bruchlinie. Ihre Wurzel besteht darin, dass „in den letzten Jahrzehnten die Einkommen derer und nur derer sprunghaft angestiegen sind, die an der Spitze der Einkommensverteilung stehen." (S.28) Konkret verläuft diese Bruchlinie zwischen dem obersten einen Prozent und den verbleibenden 99 Prozent der Gesellschaft! Die aufgrund dieser Bruchlinie gegebene Spaltung der Gesellschaft ist von einem Ausmaß, das in keiner anderen Demokratie gefunden werden kann: „[Es gibt] kein anderes Land, in dem die Ungleichheit so stark zugenommen hat wie in den USA." (S.29)

Wovon hier die Rede ist, das lässt sich beurteilen, wenn beachtet wird, wie der effektive Steuersatz über die gemäß dieser Spaltung gegebenen Verteilung variiert. Die Antwort, die Saez und Zucman hierauf geben, ist ernüchternd:

> „Heute gibt jede gesellschaftliche Gruppe zwischen 25 und 30 Prozent ihres Einkommens als Steuern an die öffentlichen Kassen ab, außer die Ultrareichen, die nur knapp 20 Prozent zahlen. Das amerikanische Steuersystem ist eine einzige gigantische Kopfsteuer – außer an der Spitze, wo es regressiv ist. Die Ansicht, dass die USA, auch wenn sie nicht so viele Steuern erheben wie die europäischen Länder, dies immerhin auf progressive Weise tun, ist falsch." (S.38)

Angesichts hiervon lohnt es, folgendes Detail anzuführen: Im Jahr 2019 verdiente ein nach dem auf Bundesebene festgelegten Mindestlohn Vollzeit beschäftigter Arbeitnehmer knapp 15.000 Dollar. Das ist ein fünftel des durchschnittlichen Nationaleinkommens pro Erwachsenem. 1950 hat er aber noch knapp die Hälfte des durchschnittlichen Nationaleinkommens verdient. Der Verdienst ist also deutlich gesunken. Zugleich ist die Besteuerung seines Einkommens deutlich gestiegen, von knapp drei Prozent im Jahre 1950 auf mehr als 15 Prozent in der Gegenwart.

Diese Steuererhöhung ist freilich kein allgemein die US-Gesellschaft betreffendes Phänomen. Saez und Zucman halten hierzu fest:

„Der dritte Grund, warum die Reichen wenig Steuern zahlen, ist die Umgestaltung der persönlichen Bundeseinkommensteuer in der jüngsten Vergangenheit. Innerhalb von weniger als zwei Jahrzehnten hat sie sich von einer flächendeckenden Steuer, die Arbeit und Kapital gleichermaßen belastet, in eine verwandelt, die Einkommen aus Kapital gegenüber denen aus Arbeit explizit bevorzugt. [...] Für die Besteuerung gewerblicher – also die Einkommen von Ärzten, Rechtsanwälten Beratern, Risikokapitalgebern und so weiter – gilt seit 2018 ein 20-prozentiger Nachlass, so dass der Spitzensteuersatz auf diese Einkünfte 29,6 Prozent beträgt, im Gegensatz zu 37 Prozent bei den Arbeitslöhnen. Dies ist eine der wesentlichen Änderungen, die Trumps Steuerreform herbeigeführt hat, und eine ihrer umstrittensten Aspekte.“ (S.44)

Saez und Zucman weisen diese mangelnde Progressivität des US-Steuersystems als Problem aus. Zunächst weisen sie auf die mangelnde Fairness hin, die aus der „offenkundig perversen Situation“ (S.48) entsteht, dass „Milliardäre weniger bezahlen sollen als wir alle und umso weniger, je reicher sie werden.“ (S.48) Aber hiermit ist das Problem noch nicht ausgelotet:

„Dieses Steuersystem, so scheit es, ist das einer Plutokratie. Mit Steuersätzen von gerade einmal 20 Prozent an der Spitze wird sich der Reichtum dort weiter nahezu ungehindert vermehren, und damit auch die Macht der Reichen samt ihrer Fähigkeit, die Politik und den Staatsapparat zu ihren eigenen Gunsten zu beeinflussen.“ (S.48)

„Eine geringere Besteuerung des Kapitals bedeutet, dass die Reichen automatisch mehr davon anhäufen können. Das bringt einen

Schneeballeffekt in Gang: Vermögen generiert Vermögen, und zwar eines, das leicht in großem Umfang gespart werden kann, wenn die Kapitalsteuern niedrig sind; dieses Sparen erhöht dann den bereits vorhandenen Vermögensbestand, was wiederum mehr Einkommen generiert und so weiter.“ (S.134)

Hiermit hängt auch das Ende eines „kleinen Wunders“ zusammen, wie Keynes den Umstand bezeichnet hat, dass das Kapital stabil 25 % des Nationaleinkommens verdient und die Arbeit die übrigen 75 %. In den USA ist nämlich zwischen 1980 und 2018 der Anteil des Kapitals auf 30% gestiegen und demgemäß jener der Arbeit auf 70 % gesunken:

„Seit Anfang des 21. Jahrhunderts hat das durchschnittliche Arbeitseinkommen pro Erwachsenen in den USA nahezu stagniert (es stieg durchschnittlich um 0,4 Prozent pro Jahr), während das Kapitaleinkommen pro Erwachsenem um 1,6 Prozent jährlich zugelegt hat, angetrieben von den steigenden Gewinnen der Konzernriesen aus der Technologie-, Pharma- und Finanzbranche. Das Kapital gedeiht, die Arbeit hinkt hinterher.“ (S.126)

Überblickt man die gebrachten Ausführungen, so kommt man um den Schluss nicht herum, dass die US-Gesellschaft n i c h t von dem Solidaritätsgedanken geprägt ist. Dieses Ergebnis wird in den folgenden Ausführungen zu vertiefen sein. Zunächst gilt es einen Umstand hervorzuheben, er ergibt sich ebenfalls aus den gebrachten Ausführungen, den man zunächst mit Erstaunen zur Kenntnis nimmt: Wie kann es der Minorität der Superreichen möglich sein, eine riesige Bevölkerung von einem Gesellschaftsbild zu überzeugen, das nur dieser Minorität von Nutzen ist („Das Kapital gedeiht, die Arbeit hinkt hinterher“)? Die Protagonisten dieses Gesellschaftsbildes werden die Antwort sofort parat haben: „Gar nicht.“ „Ja“, werden sie hinzufügen, „diese Spaltung der Gesellschaft ist aufgetreten, aber sie ist nicht nur für eine Minorität von Nutzen, sondern im Sinne aller Gesellschaftsteilnehmer. Sie ist Ausdruck einer wohlgeordneten Gesellschaft.“

Das hört sich zunächst skurril an, aber hierauf basiert das Bild vom Westen als dem Reich des Guten bzw. die in der Einleitung so genannte „Leuchtturm Kapitalismus"-Ideologie. Zunächst kann man der Meinung sein, dass diese skurrile Argumentation im Namen des Marktfundamentalismus eine, wenn auch in sich stimmige Märchenwelt zum Ausdruck bringt. Das führt aber sogleich zu der Frage: Wie soll es möglich sein, dass eine solche Märchenwelt auch jener überwiegenden Mehrheit der US-Bevölkerung „verkauft" werden kann, die gar nicht zu den Gewinnern dieser Märchenwelt gehört? Letztlich kann, was hiermit thematisiert ist, erst anhand der philosophischen Überlegungen im fünften Kapitel beantwortet werden, aber es lohnt, sich hier bereits der angemerkten Inhalte bewusst zu werden.

Bevor diese vermutliche Märchenwelt genauer betrachtet werden soll, ist es angebracht, zumindest ein Argument zu entkräften, das sogleich der Annahme entgegenzustehen scheint, die Etablierung eines nur auf das Wohl einer Minorität zugeschnittenen Gesellschaftsverständnisses könnte möglich sein. Hierbei handelt es sich um das Argument, dass die USA eine Demokratie sind. Hieraus soll folgen, dass jene, die erkennen, dass besagte Spaltung der Gesellschaft wider das Allgemeinwohl ist, die Möglichkeit haben, ihre Einsicht gesellschaftstragend werden zu lassen.

Dieses Argument im Sinne der „Leuchtturm Kapitalismus"-Ideologie kann aber auch gegen diese Ideologie gewendet werden: Denkt man über die hiermit gegebene Situation nach, so kann man geneigt sein anzunehmen, d a s s d i e U S A g a r k e i n e D e m o k r a t i e s i n d. Tatsächlich fehlt es nicht an Studien, die in diese Richtung weisen. Ein Beispiel hierfür bringt Ganser in seinem Buch *Imperium USA*:

„Die Autoren der Princeton-Studie, die Professoren Martin Gilens und Benjamin Page , hatten die Situation den USA sehr systematisch untersucht. Sie hatten einen Zeitraum von zwei Dekaden

(1981 bis 2002) ausgewertet, in welchem durch öffentliche Umfragen die Meinung der US-Bevölkerung zu insgesamt 1779 verschiedenen Sachfragen erhoben und dokumentiert worden war. Für jede der Sachfragen konnten Gilens und Page angeben, ob die US-Bevölkerung mehrheitlich dafür oder dagegen war. Zudem verwendeten die Forscher nur Umfragen, bei denen auch das Einkommen der Befragten erhoben worden war, also die Klassenzugehörigkeit. Diese Daten glichen sie mit den tatsächlichen Entscheidungen der US-Politiker ab und fanden heraus dass die Entscheidungen der Politiker gar nicht mit den Wünschen der Masse der Bevölkerung übereinstimmten, und dass die Wünsche der Unter- und Mittelschicht ignoriert wurden." (S.56)

Zudem zitiert Ganser (S.57) aus der Studie von Gilens und Page:

„Wir Amerikaner zeichnen uns zwar durch viele Merkmale aus, die für ein demokratisches System kennzeichnend sind, darunter regelmäßige Wahlen, Rede- und Versammlungsfreiheit und eine breite Wahlberechtigung. Aber wir glauben, dass, wenn die Politik durch mächtige Wirtschaftsorganisationen und eine kleine Zahl von sehr reichen Amerikanern dominiert wird, auch der Anspruch von Amerika, eine Demokratie zu sein, wirklich in Gefahr ist.»"

II. Die Märchenwelt des Marktfundamentalismus

Marktfundamentalistische Kräfte in den USA, so Saez und Zucman, treten deshalb gegen die Mehrwertssteuer auf, da diese das Potenzial zu einer „unkontrollierbaren [staatlichen] Geldbeschaffungsmaschine" in sich trägt und die USA in ein „sozialistisches" Land verwandeln würde. Dem fügen die Autoren hinzu:

„Aber es gibt auch noch einen weniger bekannten Grund für deren Missfallen: Anders als die gegenwärtig erhobenen altertümlichen Verbrauchsteuern würde eine US-weite Mehrwertssteuer auch die Portemonnaies der Reichen treffen.“ (S.42)

Das bedeutet doch: Die Furcht, die USA könnten zu einem „sozialistischen“ Land werden, ist Ausdruck eines obrigkeitlich klassengesellschaftlichen Denkens, das die Eliten idolisiert. Die Wurzel dieses Denkens stellen Saez und Zucman wie folgt dar:

„Nicht den nach Freiheit dürstenden Normalbürgern, sondern den Sklavenhaltern sollten wir uns zuwenden, die ihre immensen, aber gefährdeten Vermögen verteidigen wollten. Wohl mehr als jede andere gesellschaftliche Gruppe haben sie zu dem staatsfeindlichen Glaubenssystem beigetragen, das in unterschiedlichen Formen die US-amerikanische Geschichte geprägt hat.“ (S.55)

Die Gesinnung dieser Gruppe ist von der Idolisierung des Privateigentums (das Menschen umfasste!) geprägt gewesen, dem ein „unanfechtbares Primat“ (S.57) zugeordnet worden ist. Einkommens- und Vermögenssteuer sind ihnen „inquisitorische“ Werkzeuge gewesen; sie „schürten Angst vor einer sich anbahnenden «Tyrannei der Mehrheit», die eine kleine Gruppe wohlhabende Bürger «ausplündern» wolle.“ (S.57)

Dieser kurze Ausflug zu den Sklavenhaltern – Saez und Zucman verweisen explizit auf jene Richmonds (Virgina) – gilt nicht bloß der Einstimmung auf das abzuhandelnde Thema, da das Denken dieser Menschen mit der Abschaffung der Sklaverei im Jahre 1865 keinesfalls erloschen ist: Reiche Industrielle haben die Rhetorik der Sklavenhalter übernommen, „um die im Zuge des Bürgerkrieges geschaffene Einkommensteuer zu bekämpfen“ (S.56); erfolgreich zu bekämpfen; die Einkommenssteuer ist 1872 (allerdings vorübergehend) abgeschafft worden.

Fasst man die vorangegangenen Absätze zusammen, so kommt man zu folgendem Bild: Das US-amerikanische Denken ist beseelt von einer Idolisierung des Privateigentums, das privatwirtschaftlich erarbeitet wird, was idealiter ohne den Störfaktor „Steuern“ möglich sein soll; Steuern tendieren in Richtung „sozialistischer Staat“ und „Tyrannei der Mehrheit“.

„Es herrscht kein Mangel an Propheten, die eine wundersame Wirkung des ungezügelten Kapitals voraussagen und ein grandioses Wachstum prophezeien, wenn die Steuerlasten doch nur noch etwas weiter sinken würden. Diese Seher sagen einen Anstieg der Investitionen und höhere Löhne vorher, wenn der Gewinn nach Steuern steigt. Schauen wir uns diese Argumentation an.“ (S.124)

Saez und Zucman knüpfen hieran folgende Frage: „Wenn die Reichen mehr Steuern zahlen, schadet das dem Rest von uns dann irgendwann?“ (S.124) Im Rahmen der Beantwortung dieser Frage führen sie u. a. aus:

„Der Anteil des Vermögens, der sich im Besitz des reichsten einen Prozents der erwachsenen Bevölkerung befindet, ist von 22 Prozent Ende der siebziger Jahre auf 37 Prozent im Jahr 2018 empor geschnellt. Umgekehrt ist der Vermögensanteil der unteren 90 Prozent der Erwachsenen von 40 auf 27 Prozent gesunken. Seit 1980 haben das oberste eine und die unteren 90 Prozent ihre Stücke vom Wohlstandskuchen miteinander getauscht: Was die unteren 90 Prozent verloren haben, hat das oberste Prozent hinzugewonnen.“ (S.134)

In den siebziger und achtziger Jahren des vorigen Jahrhunderts sind ökonomische Theorien entwickelt worden, die hierauf nicht mit Bedenklichkeit reagieren, sondern die Wurzel – eine der Wurzeln – hiervon, den dramatischen Rückgang in der Kapitalbesteuerung, als Grund zur „Freude“ (S.135) begreifen. Um diese „Freude“ mit ihnen teilen zu können, erklären sie, dass dieser dramatische

Rückgang langfristig auch im „Interesse der, Achtung!, gewöhnlichen Arbeitnehmer ist." (S.135) Der ideale Steuersatz auf Kapital beträgt genau null Prozent:

„Alle Steuern auf Unternehmensgewinne, Zinsen, Dividenden, Gewinne aus der Veräußerung von Vermögenswerten, [usw.] sollten generell abgeschafft und durch höhere Steuern auf Arbeitseinkommen oder Konsum ersetzt werden. (S.135)

Die eigentliche Crux hieran fassen Saez und Zucman in folgende Worte:

„Dies mag wie ein Hirngespinst aus dem Elfenbeinturm klingen – bis man merkt, dass genau dies als kanonische Theorie fortgeschrittenen Studenten der Volkswirtschaftslehre überall auf der Welt beigebracht wird und in den politischen Diskussionen in Washington die Standardauffassung ist." (S.136)

Was Saez und Zucman als „Hirngespinst" bezeichnen, soll hier als Märchenwelt bezeichnet werden. Völlig aus der Luft gegriffen können aber weder Hirngespinste noch Märchenwelten sein, sollen sie überzeugend wirken. Irgendeine Verbindung zur realen Welt, wie haltlos sie auch sein mag, muss es geben, da ansonst, was erdacht worden ist, keine gesellschaftliche Relevanz entwickeln kann. Wie sieht diese Verbindung aus?

„[Sie] speist sich im Wesentlichen aus der Überzeugung, dass das Kapitalangebot (der Teil des Einkommens der Bevölkerung, den sie jedes Jahr spart, plus der Nettokapitalzufluss, den ein Land aus dem Ausland bezieht) sehr sensibel auf Veränderungen der Nachsteuerrenditen reagiert." (S.136)

„Tatsächlich reagiert es so sensibel", fahren Saez und Zucman fort. Selbst geringe Steuern können auf lange Sicht riesige Teile des Kapitalbestandes vernichten. Das wendet sich letztlich gegen die Arbeitnehmer, um deren Wohl die Protagonisten der Märchenwelt offiziell bemüht sind. Der Grund hierfür liegt darin, dass die „Kapitalsteuern vollständig auf die Arbeit überwälzt [werden]“ (S.137):

„Besteuere die Unternehmen, und die Fabriken werden ins Ausland gehen. Untenehmen werden aufhören, Anlagevermögen zu erwerben, was zur Verringerung des Kapitalbestands und der Löhne führt. Dieser Analyse zufolge liegt, wieder im Jargon der Ökonomen ausgedrückt, die Inzidenz der Körperschaftsteuer auf dem Faktor Arbeit.“ (S.137)

Allgemeiner ausgedrückt: „Der unelastische Produktionsfaktor trägt die Steuerlast, der elastische Faktor weicht ihr aus.“ (S.138) Ist das Kapital der elastische Faktor, so bedeutet sein durch Kapitalbeteuerung provoziertes Ausweichmanöver in Rücksicht auf „dahinschmelzende Kapitalbestände“ eine Belastung der Arbeitnehmer. Insofern ist die Kapitalbeteuerung „tatsächlich schädlich“ (S.138).

Das bedeutet: Die marktfundamentalistische Argumentation geriert keine Märchenwelt, da sie hierauf hinweist, sie geriert eine Märchenwelt, da sie die Elastizität des Kapitals als „Naturgesetz“ darstellt. Saez und Zucman begründen dieses Argument aufgrund eines Vergleiches der langfristigen Entwicklung der Investitionsquoten mit den Kapitalsteuern. Hierzu stellen sie zunächst folgende Frage: „Sind, historisch gesehen, die Investitionen in den USA deutlich zurückgegangen, wenn das Kapital stärker besteuert wurde?“ (S.138) Nur wenn dies zutrifft, führen die Kapitalsteuern tatsächlich zur Verarmung der Arbeitnehmer. „Die kurze Antwort lautet jedoch nein.“ (S.138)

„Wir können Daten über die Spar- und Investitionstätigkeit, die bis ins frühe 20. Jahrhundert zu-rückreichen, mit den durchschnittlichen Steuersätzen auf Kapitaleinkommen vergleichen. Dabei stellt sich heraus, dass die Periode der hohen Kapitalbesteuerung, von den fünfziger bis zu den achtziger Jahren, auch eine Zeit war, in der die Spar- und Investitionstätigkeiten auf einem historischen Höchststand waren. Es gibt keinen Hinweis darauf, dass die Kapitalbildung sich verstärkt hätte, seit in den achtziger Jahren der Abstieg der Kapitalsteuersätze begann. Ganz im Gegenteil: Die nationale Sparquote fiel nach 1980 allmählich ab und erreichte in der Mitte der nuller Jahre fast null Prozent. Die Sparquote der Reichen blieb stabil, die der unteren 99 Prozent der Bevölkerung (und die des Staates) aber brach ein. Das ist das Gegenteil von dem, was die Null-Kapitalsteuer-Theorie annehmen muss, damit sie bei ihren politischen Handlungsempfehlungen landet." (S.139; Hervorhebung hinzugefügt)

Das Resümee, das Saez und Zucman hieraus ziehen, ist wichtig: Das Kapital ist elastisch, nicht da es sich hierbei um ein Naturgesetz handelt, sondern da unzählige Möglichkeiten geboten werden, „Buchgewinne zu verschieben" bzw., kurz gesagt, Steuern zu vermeiden. Das Fundament hiervon, fernab davon, in einem Naturgesetz gefunden werden zu können, musste erst geschaffen werden, konkret von Regierungen, die im Einvernehmen mit den Kapitalbesitzern stehen müssen: „Die Steuervermeidung ist deshalb seit den achtziger Jahren so stark, weil die Regierungen sie toleriert haben. Zuvor war sie schwächer ausgeprägt." (S.143)

Ein bemerkenswertes Mittel zur Steuervermeidung ist die Steuerkonkurrenz zwischen Ländern:

„Die Unternehmenssteuerpolitik der Bermudas ist ein Fluch für die Welt, aber ein Segen für Beratungsgesellschaften wie Price-waterhouse-Coopers. Die Big Four [der Steuerberatungsgesellschaften] möchten uns glauben machen, Steuerwettbewerb sei unvermeidlich oder gut oder beides. Ohne Steuerwettbewerb wäre ihr Geschäftsmodell am Ende. Ihre Lobbyarbeit wurde mit Behauptung legitimiert, der Steuerwettbewerb sei an und für sich eine gute Sache. Ohne ihn würden Regierungen den Staatsapparat über die Maßen aufblähen. Dieser Ansicht zufolge, […], tendieren demokratisch gewählte Mehrheiten dazu, Eigentümer zu hoch zu besteuern, die dann Opfer der Tyrannei der Mehrheit werden. Um dieser Gefahr vorzubeugen, müssen Regierungen starken Kontrollen unterworfen werden, wie zum Beispiel denen, die mit internationalem Wettbewerb einhergehen." (S.152)

Damit sind wir wieder bei der „Tyrannei der Mehrheit", wie sie am Beginn der US-Geschichte die Südstaaten-Sklavenhändler an die Wand gemalt haben, zum Schutze ihres, von ihnen idolisierten Privateigentums. Natürlich wäre die Annahme naiv, Regierungen sind dagegen immun, Eigentum zu hoch zu belasten. Einen ernsthaften Beitrag zu der Diskussion, wie hiermit umzugehen ist, liefern die modernen Kämpfer gegen die „Tyrannei der Massen" aber nicht. Unmittelbar sind sie an dieser Argumentation gar nicht interessiert. Ihr Interesse gilt der gesellschaftlichen Durchsetzung und Aufrechterhaltung der Idolisierung des Privateigentums. Hierbei gehen sie durchaus geschickt vor, wie ihr Konstrukt „Die Elastizität des Kapitals ist ein Naturgesetz" und die daran gekoppelten Sätze wie z. B. von dem Segen der zwischenstaatlichen Steuerkonkurrenz zeigen. Was sie bieten, das ist sogar in sich stimmig, worauf auch Saez und Zucman verweisen (S.47).

Aber diese Stimmigkeit darf nicht dazu verleiten, folgenden Umstand zu übersehen: Was in sich stimmig geboten wird, das ist nicht auf einem gerechtfertigten Fundament errichtet, sondern u n m i t t e l b a r auf der Idolisierung des Privateigentums. In Beziehung auf den Rechtfertigungsanspruch besagt das: Es geht nicht einfach darum, dass ein falscher Satz zur Elastizität des Kapitals zum Fundament festzuhalten ist, der sich einem (immer möglichen) Irrtum verdankt, sondern darum, dass mit der Hochhaltung dieses Satzes ein bestimmtes Gesellschaftsbild protegiert wird. Dieses Gesellschaftsbild ist geprägt von einem wirtschaftsliberal-egozentrischen Menschenbild, das zu all jenen klassengesellschaftlichen Phänomenen führt, die Saez und Zucman darstellen. Die Quintessenz hiervon ist: Die Kämpfer gegen die „Tyrannei der Massen" müssten zunächst ihr Menschenbild rechtfertigen. Können sie diese Rechtfertigung bieten, so erhalten ihre Sätze zur Steuerelastizität, zur Bedeutung der Steuerkonkurrenz zwischen den Staaten usw. tatsächlich Gewicht. Aber diese Rechtfertigung wird nicht geboten (und im fünften Kapitel wird zu zeigen sein, dass sie auch nicht geboten werden kann!).

Was daher geboten wird, ist somit wie folgt kritikanfällig: Idolisiert wird die marktgesellschaftliche Egozentrik, das Privateigentum, die Diskreditierung der steuerlichen Belastung der Wirtschaft usw. Was also idolisiert wird, das weist gerade nicht in Richtung Solidarität, soll diese aber trotzdem zu ihrem Recht kommen lassen. Sogleich wird man daran denken, dass diese Logik an die berühmte invisible hand-Theorie Adam Smiths anknüpft. Aber das hilft nicht weiter, da auch diese Theorie des Fundamentes entbehrt. Im Gegenteil: In Abschnitt IV. wird darauf zu verweisen sein, dass die invisible hand offenbar eine sehr unbrauchbare Hand ist, da die Spaltung in der US-Gesellschaft zu teilweise katastrophalen Bedingungen für die Menschen in den unteren Einkommensbereichen führt.

An der vorliegenden Stelle kann hieraus der Schluss abgeleitet werden: Die Betrachtung der inner-US-amerikanischen Verhältnisse zeigt, dass die US-Gesellschaft zu keiner gehaltvollen Vorstellung von Solidarität gefunden hat, was zumindest nahe legt, dass sie dieser keinen entscheidenden Wert beimisst. Hierüber hinausgehende Schlüsse wären verfrüht bzw. bedürfen sie der philosophischen Fundierung. Saez und Zucman zeigen „nur", dass aus dem aktuellen US-amerikanischen Gesellschaftsverständnis herauszufinden ist, aber sie zeigen nicht, wohin hierbei zu gelangen ist; was es also grundsätzlich mit Solidarität auf sich hat.

III. Verschiedene Niveaus marktfundamentalistischer Aggressivität

Es ist bereits angedeutet worden, dass die Eliten marktgesellschaftlichen Denkens mit Kalkül vorgehen müssen. Das meint: Sie müssen darauf achten, ihrem Engagement nur so weit Ausdruck zu verleihen, dass der klassengesellschaftlich-obrigkeitliche Charakter ihrer Bemühungen nicht zu Empörungen in der Gesellschaft führt, immer mit Bedacht darauf, dass die gesamtgesellschaftliche Situation derart ist, dass sie soweit wie möglich dem eigenen Engagement entgegenkommt.

Das Verhalten der USA unter Präsident Roosevelt in Beziehung auf den Ausbruch des Zweiten Weltkrieges und Kriegseintritt der USA haben sich als eine Phase gezeigt, in der sich die Eliten der US-amerikanischen Klassengesellschaft von ihrer aggressiven Seite gezeigt haben. Das bedeutet aber nicht, dass sie einfach alle Schleusen öffnen konnten. Es lohnt, bei diesem Thema kurz zu verweilen.

Saez und Zucman berichten davon, dass in den 80er und 90er Jahren des 19. Jahrhunderts „intellektuelle und politische Veränderungen“ eingesetzt haben, die zunächst zu einem „Siegeszug der progressiven Besteuerung in Amerika“ (S.61) führten. Zu den Konstrukteuren dieser Veränderung zählen Saez und Zucman die Demokratische Partei, die „im Süden zwar brutal segregationistisch war, im Norden und Westen allerdings mit einem egalitären

Wirtschaftsprogramm einen Zusammenschluss Weißer gegen die mit den Republikanern assoziierten Finanzeliten anstrebte.“ (S.61)

„Dazu kam die gesellschaftliche Mobilisierung für mehr ökonomische Gerechtigkeit vor dem Hintergrund einer rasant wachsenden Ungleichheit und einer verstärkten Konzentration der Industrie. Einfach ausgedrückt: Ein größer werdender Teil der Bevölkerung wehrte sich gegen die Aussicht, dass die Vereinigten Staaten so ungleich würden wie Europa, das damals als oligarchischer Gegenentwurf zu den USA galt.“ (S.61)

An dieser Stelle erscheint mir folgende Stellungnahme wichtig: Hiermit ist nicht ausgesagt, dass sich die USA in Richtung „sozialistischer Staat“ bewegt hätten. Wovon Saez und Zucman hier berichten, das lässt sich problemlos damit erklären, dass seinerzeit der Kapitalismus noch als Konkurrenzkapitalismus verstanden worden ist, der sich, will er sich gerecht werden, mit oligarchischen Strukturen nicht vereinbaren lässt. Die Einführung progressiver Steuern ist im Sinne hiervon zu verstehen. Jedoch: Das im Kapitalismus angelegte Potenzial zur Ausbildung oligarchischer, monopolkapitalistischer Strukturen konnte hierdurch nicht zum Verschwinden gebracht werden; es ist gar nicht zur Disposition gestellt worden. Es ist erhalten geblieben und hat sich bei nächster, sich bietender Gelegenheit Geltung verschafft.

Angesichts hiervon interessiert, was Saez und Zucman zur Politik von Präsident Roosevelt in Rücksicht auf die entstandene Affinität zur progressiven Besteuerung schreiben:

„Die zweite steuerpolitische Neuerung war sogar noch weiter reichend. Von ihrer Einführung bis in die dreißiger Jahre bestand der Zweck der Einkommensteuer darin, Steuereinnahmen zu generieren. Sie zwang die Reichen, sich relativ zu ihrer Zahlungsfähigkeit an der Finanzierung der öffentlichen Kassen zu beteiligen. Nach seiner Wahl zum Präsidenten fügte Franklin D. Roosevelt dem ein weiteres Ziel hinzu, nämlich sicherzustellen, dass niemand mehr als eine bestimmte Summe verdiente. Exzessive Einkommen, hieß das konkret, wurden eingezogen. 1936 hob Roosevelt den Spitzensatz bei der Einkommensteuer auf 79 und 1940 auf 81 Prozent an. Während des Zweiten Weltkriegs lag der Spitzensteuersatz dann bei fast 100 Prozent.“ (S.63)

Roosevelt, so Saez und Zucman weiter, hat in seiner Rede vor dem Kongress am 27. April 1942 klar zum Ausdruck gebracht, „die Ungleichheit der Einkommen vor Steuer zu verringern.“ (S.63) Hier scheint mir Vorsicht geboten. Anlass hierfür bietet nicht nur jene zuvor zitierte Rede Roosevelts, in der es wider dem tatsächlichen Engagement heißt: „eure Söhne werden [von mir] nicht in irgendwelche ausländische Kriege geschickt werden.“ Anlass bietet vor allem die Forschung Antony Suttons, zu der Ganser in seinem Buch festhält:

„Der britische Historiker Anthony Sutton deckte auf, dass der Aufstieg von Roosevelt von den Superreichen ermöglicht wurde. Gemäß Sutton hatten die reichen Familien du Pont und Rockefeller im Wahlkampf 1932 Roosevelt unterstützt und ihn so 1933 ins weiße Haus gebracht. Sutton kommt in seiner Forschung zu dem Schluss, dass fast 80 Prozent des Geldes, das Roosevelt für seinen Wahlkampf benötigte, von der Wall Street kam. Roosevelt selbst war sich seiner Abhängigkeit von den Superreichen durchaus bewusst und wusste auch, dass diese seit US-Präsident Andrew Jackson (1767-1845) die Politik aus dem Hintergrund steuern. «Die tatsächliche Wahrheit ist, und das wissen Sie genauso gut wie ich, dass seit den Tagen von Andrew Jackson gewisse Teile der großen Finanzzentren die Regierung beherrschen», schrieb US-Präsident Roosevelt 1933 in einem vertraulichen Brief an den US-Diplomaten Edward Mandell House. Natürlich wurde diese Aussage nicht publik gemacht.“ (S.145)

Im Lichte hiervon ist die Feststellung von Saez und Zucman, Roosevelt sei um die Verringerung „der Ungleichheit vor Steuer“ bemüht gewesen und habe „exzessive Einkommen eingezogen“, als zu starke Vereinfachung. Grundsätzlich falsch ist sie natürlich nicht. Da aber nicht vorstellbar ist, die Geldgeber Roosevelts, die ihn in das Weiße Haus gebracht haben, haben jemanden unterstützt, der sich sodann substanziell gegen sie wendet, muss die Steuerpolitik Roosevelts so verstanden werden können, dass sie trotz allem als mit dem Engagement seiner Protagonisten verträglich verstanden werden kann. Ein Erstarken des Solidaritätsgedankens als Grund für Roosevelts Steuerpolitik ist daher auszuschließen; dieses Erstarken wäre auch nicht mit Roosevelts Kriegspolitik verträglich. Keinerlei derartige Probleme stellen sich aber folgender Annahme entgegen: Aufgrund der Kriegsituation – die aber nicht alleine entscheidend gewesen sein muss – ist der US-amerikanische Kapitalismus dazu gezwungen gewesen, sich das Kleid eines reinen Konkurrenz-Kapitalismus umzulegen, also bereits entwickelte Strukturen im Sinne der Ausgestaltung eines Monopol-Kapitalismus zumindest vordergründig zurückzunehmen.

Die anscheinend auf die Beachtung der Gleichheit der Menschen abzielende Steuerpolitik Roosevelts erweist sich dieserart als verträglich mit seiner Kriegspolitik, die, wie gezeigt, im Namen einer Gesinnung geführt worden ist, die gerade nicht auf Solidarität abzielt. Insofern entspricht die nun betrachtete Situation der grossen Kapitalbesitzer in den USA jener der Industrie in Deutschland gegen Ende der Weimarer Republik: Ohne auch nur einen Schritt weit von der Realisierung des eigenen Idols *monopolkapitalistische-obrigkeitliche Gesellschaft* abzuweichen, passt man die Möglichkeiten hierfür den Zeitumständen an, arrangiert man sich mit diesen aus Kalkül.

Das inkludiert freilich, dass mit dem Ende besagter Zeitumstände sogleich versucht worden ist, aus der notwendig gewesenen Defensive herauszufinden. Die Ausführungen von Saez und Zucman zeigen, dass es bis zu Beginn der 80er Jahre des 20. Jahrhunderts gedauert hat, bis die entsprechenden Bemühungen gegriffen haben:

„Nichts dürfte die Wandlung der US-Ökonomie prägnanter zusammenfassen als diese einfache Veranschaulichung: im Jahr 1980 verdiente das oberste eine Prozent etwas mehr als 10 Prozent des Nationaleinkommens, also vor Steuern und staatlichen Transferleistungen, während der Anteil der unteren 50 Prozent bei ungefähr 20 Prozent lag. Heute ist es umgekehrt: das oberste eine Prozent streicht über 20 Prozent des Nationaleinkommens ein und die Arbeiterschicht gerade einmal 12 Prozent. [...] Unter den entwickelten Volkswirtschaften sind die USA aufgrund dieses radikalen Wandels in den Vermögensverhältnissen einzigartig.“ (Saez und Zucman, S.29)

„In den neunziger Jahren war plötzlich alles möglich geworden. [...] die Ideen des freien Marktes triumphierten.“ (Saez und Zucman, S.106) Eine Frucht dieser neuen Welt ist der „Gewinnverschiebungsirrsinn“ (S.106), um den Begriff von Saez und Zucman zu verwenden:

„Die Gewinnverschiebung begann Ende der siebziger Jahre, als die Niederländischen Antillen zum gelobten Land erklärt wurden. In den frühen achtziger Jahren schoss der Anteil der ausländischen Gewinne, die in Steueroasen verbucht wurden, auf 25 Prozent nach oben. Zu diesem Zeitpunkt erwirtschafteten die US-Unternehmen jedoch noch immer den größten Teil ihrer Gewinne in den Vereinigten Staaten. Obwohl sie ein Viertel ihrer Auslandsgewinne in Steueroasen verschoben, waren die Summen, um die es dabei ging, im Vergleich zu ihrem Gesamtergebnis gering. Der Ansturm auf die Niederländischen Antiellen hatte letztendlich nur geringe Auswirkungen auf die globale Steuerlast der US-amerikanischen Konzernriesen. Erst seit Ende der neunziger Jahre ist die Gewinnverschiebung wirklich bedeutsam geworden.“ (S.111)

Hieran schließen Saez und Zucman an, dass die US-amerikanischen Konzerne „offenbar am dreistesten“ (S.112) agieren: Im weltweiten Durchschnitt verschieben Konzerne 40 % ihrer ausländischen Gewinne in Off-shore-Steueroasen; die US-Konzerne aber 60 %. Es überrascht daher eigentlich nicht mehr, wenn zudem zu lesen ist: „2018 wurde Kapital zum ersten Mal in der modernen Geschichte der USA geringer besteuert als Arbeit." (S.130)

Hiermit zeigt sich auf eindrucksvolle Weise: Die Eliten der US-amerikanischen Marktgesellschaft haben aus der Defensive Mitte des vorigen Jahrhunderts herausgefunden – vollständig. Die Offensive, zu der sie gefunden haben, ist eindeutig als a g g r e s s i v e O f f e n s i v e zu verstehen, die sich gegen jene Menschen richtet, die sich unterhalb der eingangs zu diesem Abschnitt erwähnten Bruchlinie innerhalb der US-Gesellschaft befinden. Anhand der Betrachtung der Lebenserwartung in den USA stellen Saez und Zucman diesen Umstand einprägsam dar:

> „Im Durchschnitt zahlen die US-Amerikaner von fünf Dollar, die sie im Jahr verdienen, einen Dollar an Ärzte, Krankenhäuser, Pharma- und Versicherungsunternehmen. Noch nie haben sie so viel für ihre Gesundheitsversorgung ausgegeben wie heute, und sie zahlen dafür viel mehr als die Einwohner irgendeines anderen Landes. Und trotzdem sinkt die Lebenserwartung. 2017 ging sie das dritte Jahr in Folge zurück. 1980 übertraf sie die anderer OECD-Länder noch um anderthalb Jahre. Heute liegt sie fast zwei Jahre unterhalb der anderer wohlhabender Länder." (S.219)

Insbesondere ist diese Veränderung auf die Situation der Arbeiter bzw. der Armen zurückzuführen:

> „Diese Verschlechterung stellte sich schleichend ein. Ihr zeitlicher Verlauf spiegelt genau die allmähliche Verschlechterung der relativen Lebensbedingungen der Arbeiterschicht wider. Die Wohlhabenden leben länger die Armen sterben früher." (S.219f.)

Dass in einem an sich wohlhabenden Land in Friedenszeiten die Lebenserwartung sinkt, ist in der neueren Geschichte beinahe einzigartig. Es gibt nur ein weiteres Beispiel, wie

Saez und Zucman ausführen: „Russland während des chaotischen Übergangsprozesses nach dem Ende des Kommunismus in der ersten Hälfte der neunziger Jahre." (S.220) Derartiges immer noch im Sinne der invisible hand-Theorie verstehen zu wollen, ist eigentlich eine Herausforderung, aber sie wird von den Protagonisten des obrigkeitlich-marktgesellschaftlichen Denkens bewältigt.

Das unterstreicht, was bereits festgehalten worden ist: Anhand der ökonomischen Daten lässt sich nicht belegen, dass die US-Gesellschaft eine Solidaritäts-affine Gesellschaft ist. Dieses Bild lässt sich nun dahingehend weiter ausmalen, dass festgehalten werden kann: Die US-amerikanische Gesellschaft ist eine solche, deren marktgesellschaftliche Elite seit rund vier Jahrzehnten sukzessive mehr in die Offensive gelangt ist. In eben diese Periode fällt aber auch die NATO-Osterweiterung mit dem einstweiligen Höhepunkt Ukraine-Krise.

IV. Interaktionen zwischen Regierungen und den marktgesellschaftlichen Eliten

Die bisherigen Ausführungen sind in Beziehung auf die Bedeutung der Marktwirtschaft für die Ausgestaltung der Gesellschaft zu konkretisieren bzw. ist explizit darzulegen, was unter der Zurückweisung von Neebes Aussage vom Primat der Politik (siehe 2.1) zu verstehen ist – soweit dies noch ohne Betrachtung der Philosophie möglich ist. Hierzu ist zunächst allgemein festzuhalten, dass sowohl die Marktwirtschaft und die Demokratie ihren Siegeszug mit der Auflösung der ständisch konzipierten Gesellschaft angetreten haben. Somit steht dieser Siegeszug auch in Verbindung mit der Säkularisierung der Gesellschaft; die Rechtfertigung der ständischen Strukturierung der Gesellschaft ist religiös motiviert gewesen. Der Souverän, der die Gesellschaft ordnet, ist aus dem Jenseits in die Gesellschaft verlagert bzw. im Volk gefunden worden. Jeder Mensch soll seine Stimme erheben können. Das hat zur Demokratie geführt.

Hierin kommt zum Ausdruck: In der säkularisierten Gesellschaft begreifen sich die Menschen als rationale, eigenverantwortliche Wesen, sodass sie sich anscheinend zu Recht dafür entschieden haben, nach Gesetzen zur Formung der Gesellschaft im Sinne der Beachtung der Gleichheit der Menschen zu suchen, was zugleich ermöglichen soll, dass alle Menschen ihre Bedürfnisse befriedigen können. Die Suche hat also einem weltlichen Gesetz gegolten. Gefunden worden ist es in Gestalt der Mechanismen des Konkurrenzkapitalismus.

Anstatt sich also einem transzendenten Gesetz anzuvertrauen, vertraut man sich dem irdischen Gesetz von Angebot und Nachfrage unter Konkurrenzbedingungen an. Das macht intuitiv durchaus Sinn, da hiermit die Eigenverantwortung der Menschen in einer nicht planbaren Gesellschaft aufgegriffen wird. Wer es am nötigen Fleiß nicht mangeln lässt, der sollte aufgrund der dieserart gestalteten wohlgeordneten Gesellschaft ein menschenwürdiges Leben führen können. Es soll also nur dieser Vernunftüberlegungen bedürfen, also noch gar keiner moralischen Überlegungen, um eine wohlgeordnete Gesellschaft formen zu können.

Hierbei kommt den demokratischen Prozessen die Aufgabe zu, darauf zu achten, dass die Gesellschaft tatsächlich konkurrenzkapitalistisch gestaltet ist und bleibt. Insofern scheint sich tatsächlich vom Primat der Politik sprechen zu lassen, da anders nicht einsichtig werden kann, wie die

Demokratie ihrer Aufgabe nachkommen können soll. In den demokratischen Entscheidungen (Wahlen, Akte der direkten Demokratie) erheben die Menschen ihre Stimmen mit dem Ziel, den Konkurrenzkapitalismus vital zu erhalten. Sie tun dies als rationale, vernünftige Wesen.

Das soeben gezeichnete Bild ist sehr wohl ein schönes Bild. Aber ist es auch ein realistisches Bild? Zu Beginn der konkurrenzkapitalistischen Ära hat sich umgehend eine Klassengesellschaft entwickelt (Manchester-Kapitalismus), die von nichts weniger als davon reden lässt, dass die Nicht-Eliten ein menschenwürdiges Leben führen konnten. Das ist als Kinderkrankheit der neuen Ära abgetan worden. Was neu entstanden ist, das müsse eben erst eingeübt werden. Hiergegen lässt nichts einwenden. Stutzig lässt aber werden, dass von denselben Personen auch darauf hingewiesen worden ist, dass Unterschiede in der Marktmacht, das Auftreten verschieden begüteter Klassen ergebend, keinesfalls etwas ist, aus dem herauszufinden ist. Ist die Kinderkrankheit erst einmal überwunden, wird sich zeigen, dass gerade diese Unterschiede bzw. die Ausbildung einer Elite dem Wohl aller Gesellschaftsteilnehmer, also auch der Nicht-Eliten, dienen. Die Verteidigung hiervon basiert darauf, dass der Konkurrenzkapitalismus Ausdruck rationalen, vernünftigen Denkens ist, sich also nicht dem Machtstreben einiger Menschen (den Eliten) verdankt, wie man unvernünftiger Weise der Rechtfertigung unterschiedlicher Machtstärken entnehmen mag. Auch dies kann man noch gelten lassen. Man muss es sogar gelten lassen, solange man nicht grundsätzlich am aufgeklärten Fundament dieser Argumentation Kritik anmeldet.

Nun lehrt aber die Geschichte der USA etwas, das zumindest zu dieser Kritik anregen sollte. Es stellt sich nämlich heraus, dass die „Kinderkrankheiten" eigentümlich zählebig sind; sie brechen immer wieder aus. Die Therapien greifen nicht. Der Grund hierfür ist: Der Konkurrenzkapitalismus aufgeklärter Prägung trägt das Potenzial zum Monopolkapitalismus in sich, der sich gegebenenfalls Geltung zu verschaffen versteht. Die Crux hieran: Die monopolkapitalistische bzw. marktfundamentalistische Gesellschaft lässt sich nicht mehr als eine wohlgeordnete Gesellschaft verstehen. Hieraus folgt: Wird der Konkurrenzkapitalismus als Ausdruck reiner Vernunftüberlegungen verstanden, so müssen diese als problematisch eingestuft werden, da sie ihr eigenes Produkt – den Konkurrenzkapitalismus – nicht vor etwas zu schützen verstehen, das in diesem angelegt ist.

Zunächst sei nochmals verdeutlicht, woran zu denken ist, wenn die Fragwürdigkeit des Monopolkapitalismus und Marktfundamentalismus thematisiert wird. Der US-amerikanische Nobelpreisträgers für Wirtschaftswissenschaften Angus Deaton führt aus:

> „Es gibt Millionen von Amerikanern, deren Leiden auf Grund von materieller Armut und schlechter Gesundheit gleich groß oder schlimmer ist als das von Menschen in Afrika und Asien.“[37]

Noam Chomsky hält fest:

> „Wer nach Europa, Japan oder selbst China reist, dem fällt bei seiner Rückkehr sofort auf, dass sich die USA im Verfall befinden, und er hat oft das Gefühl, in ein Land der sogenannten Dritten Welt zurückzukehren.“[38]

---

[37] Deaton, A. 2018: *The US Can No longer Hide From Its Deep Poverty Problem* – New york Times, 24. 1. 2018; zitiert aus: Ganser, D. 2022; S.48 (siehe Fußnote 5)

[38] Chomsky, N. 2019: *Requiem* – Ullstein; S. 91; zitiert aus Ganser, D. 2022; S.222 (siehe Fußnote 5)

Ganser schreibt in seinem Buch[39]:

„In den meisten US-Bundesstaaten wird nach einem halben Jahr kein Arbeitslosengeld mehr bezahlt. Viele Arbeitslose leiden unter Armut. Um die Not der Unterschicht zu lindern, verteilt das US-Landwirtschaftsministerium Lebensmittelkarten, sogenannte Food Stamps. Menschen im arbeitsfähigen Alter zwischen 16 und 60 Jahren dürfen sich um Food Stamps bewerben, wenn sie sich um Arbeit bemühen, aber ihr Haushaltseinkommen trotzdem unterhalb der Armutsgrenze liegt. Die Gruppe der Menschen, die solche Food Stamps beziehen, ist erstaunlich groß. Im Jahr 2018 waren es 40 Millionen Menschen oder 12 Prozent der US-Bevölkerung.“ (S.47)

Was in diesen Zitaten zum Ausdruck gebracht wird, das erwartet man sich nicht von einer wohlgeordneten Gesellschaft. Zugleich ist es in Beziehung zu setzen mit dem aggressiver gewordenen Vorgehen der Wirtschaftseliten und der Transformation eines Konkurrenzkapitalismus in einen Monopolkapitalismus. Trotzdem verstehen sich die USA als Demokratie, führen demokratische Rituale (Wahlen) aus, und werden im Ausland als eine solche wahrgenommen. Das besagt, dass die Wandlung auf ökonomischer Ebene auf politisch-demokratischer Ebene nicht mitvollzogen worden ist. Auf dieser Ebene wird fortgesetzt so getan, als würde dem Vernunftkonzept Demokratie – „Jeder kann seine Stimme erheben zur Errichtung einer wohlgeordneten Gesellschaft.“ – gefolgt. Es ist aber nicht anzunehmen, dass zumindest jene, die in der neuen monopolkapitalistischen Gesellschaft von Armut betroffen bzw. bedroht sind, dieser Gesellschaftsform zustimmen, gesetzt, dass ihnen die

[39] Kim Bode: *Millionen sind in den USA auf Gratis-Essen angewiesen* – NZZ am Sonntag, 24. 7. 2014. Thorsten Schröder: *Auf Kosten der Armen* – Zeit Online, 21. 5. 2018

Ausbildung einer einsichtsvollen Beurteilung der Situation möglich ist.

Anders gewendet: Das rationale, vernünftige Konstrukt „Demokratie“ ist formal am Leben erhalten worden, obschon dasjenige, was es am Leben erhalten soll, der vitale Konkurrenzkapitalismus, seinerseits ein rationales Konstrukt (!), wegtransformiert worden ist. Das kann nicht in sich stimmig sein. Zugespitzt formuliert: Die monopolkapitalistische Gesellschaft der USA ist auf einen derart kleinen Teil dieser Gesellschaft ausgerichtet (die Eliten), dass nicht vorstellbar ist, wie sich dieser in einer tatsächlichen Demokratie durchsetzen sollte.

Im Lichte hiervon kann die Frage aufgegriffen werden, ob sinnvoll vom Primat der Politik gesprochen werden kann, wobei sich als Alternative hierzu anbietet, vom Primat der Wirtschaft sprechen zu müssen. Zu betonen ist, dass diese Frage hier noch nicht endgültig gelöst werden kann; die endgültige Lösung ist dem fünften Kapitel vorbehalten. An der hier gegebenen Stelle ist aber zu klären, was es mit der Formulierung „Primat der Politik“ in einem vorphilosophischen Kontext auf sich hat.

Die soeben aufgeworfene Frage lässt sich nur dann mit Ja beantworten, wenn die politische Ebene nicht nur bei oberflächlicher Betrachtung intakt erscheint, sondern im Rahmen der Transformation des Konkurrenzkapitalismus in den Monopolkapitalismus tatsächlich intakt geblieben ist. Aber gerade das lässt sich bestreiten. Die in diesem Abschnitt gebrachten Ausführungen legen nahe, dass die politische Ebene den Weg zu einer oligarchischen Wirtschaft geebnet hat. Hierin kommt zum Ausdruck, dass die wirtschaftlichen Eliten den rechtlichen Raum zwar nicht selbst festlegen können, worin ein gewisses Primat der Politik zum Ausdruck kommt. Aber diese Eliten können die Politik infiltrieren und zu einem

Werkzeug ihrer Ambitionen werden lassen, womit das Primat der Politik ausgehöhlt wird, nur noch dem Schein nach gegeben ist.

Hierzu hat es in den USA keines Umsturzes bedurft. Das legt den Schluss nahe, dass in den USA die politische Ebene von vornherein, also auch in konkurrenzkapitalistischen Zeiten, eine Konzeption aufgewiesen hat, die diese Infiltration zugelassen hat bzw. dieser zumindest nicht hinderlich gewesen ist. Das entspricht der vorangegangenen Schlußfolgerung in Beziehung auf die Demokratie, dass diese von vornherein nicht im Sinne einer substanziellen Betrachtung einer wohlgeordneten Gesellschaft angelegt gewesen ist. Somit gilt: Das gesamte Konstrukt aus aufgeklärt verstandener Demokratie und aufgeklärt verstandenem Konkurrenzkapitalismus legt den Fokus nicht auf die Beachtung der Gleichheit und Freiheit aller Menschen, sondern auf die Idolisierung des Privateigentums. Das Primat kommt somit unmittelbar dieser Idolisierung zu und mittelbar der Wirtschaft, konkret der aufgeklärt verstandenen Marktwirtschaft[40].

Das kann wie folgt veranschaulicht werden: Die politische Aussage von der Gleichheit und Freiheit der Menschen, die in den Gründertagen der USA glorreichen Einzug in die Unabhängigkeitserklärung von 1776 gefunden hat, ist von vornherein im Sinne des kapitalistischen Credos gedacht gewesen, alleine die unternehmerischen Eliten zu protegieren. Die Indianerkriege, die Sklavenhaltung, der Krieg gegen

[40] Zur Vermeidung von Missverständnissen sei betont: Hiermit ist keine Kritik an der Marktwirtschaft geboten, sondern an deren Zerrbild, das die aufgeklärte Marktwirtschaft bedeutet (vgl. Senz, W. 2012: *Die Bedeutung der Wirtschaft* – Frankfurt a. M. et al. und dieses Buch: Kapitel 5).

Mexiko 1846 usw. legen hiervon hinreichend Zeugnis ab[41]. Die hierin zum Ausdruck kommende bizarre Vorstellung von Gleichheit und Freiheit der Menschen verdankt sich also der Protegierung elitär-unternehmerischen Engagements, das in der Verfassung seine politische Kristallisation gefunden hat. Dass eine solche Kristallisation besagter Infiltration in der Gegenwart nichts in den Weg legt, kann nicht überraschen. Anders gewendet: Die politische Gestaltung der Gesellschaft ist in den USA von vornherein auf die Etablierung von Eliten ausgelegt. In Zeiten, in denen die Eliten in der Defensive sind, kann sich der demokratische Gehalt der politischen Ebene Geltung verschaffen, aber nicht dahingehend, dass der Möglichkeit, dass die Eliten aus dieser Defensive herausfinden, entgegengewirkt wird. Tritt eine solche Situation ein, so verliert der demokratische Gehalt sofort seine Geltung, wird die Demokratie zur Maske.

Vom Primat der Politik gegenüber der Wirtschaft lässt sich somit keinesfalls reden. Unbeantwortet muss freilich immer noch bleiben, ob das somit feststellbare Primat der Wirtschaft grundsätzlich abzulehnen ist. Aufgeklärte Gesellschaften werden mit der Bejahung dieser Frage Probleme haben, auch angesichts der soeben gebrachten Argumente. Ihr Ideal ist der vernünftig kalkulierende Mensch und was soll vernünftiger sein, wird von den Protagonisten der marktfundamentalistisch gestimmten Aufklärung sogleich eingeworfen werden, als sich den Wirtschaftsmechanismen zu überantworten. Was an Solidarität in einer Gesellschaft gelebt werden kann, das ergibt sich aus diesen Mechanismen. Auf dieses Argument kann sich gleichsam immer zurückgezogen werden, auch um offensichtlich irritierende Auswirkungen des Marktfundamentalismus auf die Gesellschaft zu bagatellisieren. Es wird

[41] Vgl. Ganser, D. 2022; siehe Fußnote 5

noch zu zeigen sein (vgl. 5.1), dass die Widerlegung dieses Argumentes speziellen philosophischen Überlegungen vorbehalten ist.

Die folgenden Ausführungen sollen anhand eines konkreten Beispieles verdeutlichen, was es mit dem soeben skizzierten Primat der Wirtschaft in aufgeklärten Gesellschaften auf sich hat. Das Beispiel betrifft die Umwandlung des Steuersystems in den USA Ende der 80er Jahre des vorigen Jahrhunderts und ist dem Buch von Saez und Zucman *Triumph der Ungerechtigkeit* entnommen:

> „Die USA, so lautet die Logik, hassen Steuern und bleiben sich nur dann treu, wenn sie das «Ungeheuer», als das Ronald Reagan den Staat bezeichnete, aushungern, indem die Steuern gesenkt werden." (S.54)

Und Reagan ist sich in seiner zweiten Amtsperiode als US-Präsident wahrhaftig „treu geblieben". Den Höhepunkt hiervon stellt die Unterzeichnung des Tax Reform Acts am 22. Oktober 1986 dar:

> „Vom 1. Januar 1988 an würde [hierdurch] das Land, das Vorreiter bei der quasikonfiskatorischen Besteuerung hoher Einkommen gewesen war, den niedrigsten Spitzensteuersatz in der industrialisierten Welt ansetzen: 28 Prozent. Nach drei Wochen Plenardebatte wurde der Gesetzesentwurf im Senat mit 97 zu 3 Stimmen angenommen. Die Demokraten Ted Kennedy, Al Gore, John Kerry und Joe Biden stimmten damals alle enthusiastisch mit Ja." (S.74)

Die politischen und intellektuellen Eliten der USA feierten dieses Gesetz als „Triumph der Vernunft" und als einen „Sieg des Allgemeinwohls über das Eigeninteresse", eine „neue Ära von Wachstum und Wohlstand" (S.74) soll anbrechen können. Die eigentümliche Logik, die dieser Argumentation zu Grund liegt, ist bereits angetroffen worden: Lässt man das Kapital ungestört schaffen, so ist das primär nicht im Eigennutz der Kapitalhalter, sondern primär im

Allgemeinwohl. Jedoch: Einmal mehr hat sich diese Logik als Unlogik erwiesen, der „Triumph der Vernunft“ hat sich als „Triumph des Eigennutzens“ entpuppt:

„Und obwohl das Gesetz mittlerweile als einer der Hauptursachen für die explosionsartige Zunahme der Ungleichheit gilt, denken diejenigen, die an seinem Zustandekommen beteiligt waren, bis heute gerne an jenen Moment zurück.“ (S.74)

Dieses Gesetz ist aber weder vom Himmel gefallen, noch von der Republikanischen Partei bzw. Ronald Reagan seit seiner sechs Jahre vorher stattgefundenen Wahl ersonnen worden. Der Wahlsieg Reagans ist bereits Ausdruck zahlreicher, vorausgegangener Aktivitäten. Im Zentrum hiervon steht u. a. jene Allianz aus „gut verdienenden Wählern im ganzen Land und weißen Südstaatlern“ (S.75), die von der Republikanischen Partei mit Hilfe von aktualisierten Parolen des Südens aus der Zeit vor dem Bürgerkrieg zusammengebracht werden konnte. Aber auch die 1947 gegründete Mont Pèlerin Gesellschaft mit ihrer Vorstellung vom schlanken Staat erwies sich als unerlässlicher Turbo:

"Nach dieser Ideologie besteht die primäre Aufgabe von Regierungen darin, Eigentumsrechte zu schützen. der wichtigste Wachstumsmotor sind die nach Profitmaximierung strebenden Unternehmen, die ihre Steuerlast zu minimieren versuchen.“ (S.75)

Diese Ideologie konnte in den 70er-Jahren des vorigen Jahrhunderts durch ein Netzwerk konservativer Stiftungen immer weitere Verbreitung erringen, bis es den „Weg in den Mainstream gefunden“ hatte und zu den vorherrschenden Ideen gehörte. Auf eindrucksvolle Weise zeigte sich nun, was es bedeutet, dass die Eliten der Marktgesellschaft aus der Defensive herausgefunden hatten:

„«Die Regierung ist nicht die Lösung unseres Problems, die Regierung ist das Problem», so der berühmte Ausspruch Reagans in seiner Antrittsrede im Januar 1981. Sollte so mancher dazu verlockt sein, die Steuer zu umgehen, könne ihm kein Vorwurf gemacht werden, denn die Steuersätze waren hoch und damit «unamerikanisch». (S.81)

„In der neuen Ideologie, die in den frühen achtziger Jahren die USA im Sturm eroberte, wurde die Steuerumgehung zu einer patriotischen und, da dem wiederbelebten libertären Credo zufolge galt, dass «Besteuerung Raub ist», auch zu einer moralischen Pflicht. Bis in die siebziger Jahre hatten die Regierungen die Steuervermeidungsindustrie bekämpft. Nach dem Einzug Reagans ins Weiße Haus 1981 konnte sie mit staatlichem Segen agieren. Der Irrsinn mit den Steuersparmodellen konnte beginnen." (S.82)

Lässt sich, was hiermit skizziert ist, irgendwie mit der „Primat der Politik"-Rhetorik verbinden? Ist man nicht, warum auch immer, von der dargestellten Unlogik-Argumentation eingenommen, so kann die Antwort nur lauten: Nein! Konkreter formuliert: In aufgeklärten, liberalen, kapitalistischen Gesellschaften, und nur diese brauchen hier zu interessieren, ist die Demokratie zu schwach, um sich gegenüber den Begierden der Markteliten zu erwähren. Das Primat liegt auf Seite dieser Eliten.

3.3 Fazit

Überblickt man die in diesem Kapitel gebrachten Ausführungen, so liegt der Schluss nahe: Die USA sind keine Solidargesellschaft. Sie sind eine Oligarchie, freilich in demokratischem Kleide, deren Bemühungen darauf abzielen, die Begierden der marktgesellschaftlichen Eliten zu befriedigen; jenes einen Prozents der Bevölkerung oberhalb der Bruchlinie in der US-Gesellschaft. Dieses eine Prozent bestimmt das Geschick der USA. Hierbei wird auch nicht vor Aggression halt gemacht. Diese wird zumindest nicht zu umgehen versucht bzw. nur so weit gemildert (z. B. Armenverköstigung durch das US-Landwirtschaftsministerium), dass mögliche Empörungen abgewehrt werden. Worauf tatsächlich geachtet wird ist, dass immer im Bereich der Legalität geblieben wird. Hierzu bedarf es der Politik, da in einer „Demokratie“ nur das Parlament – die Vertretung des „Souveräns“ Volk - definieren kann, was legal ist. In einer liberalen Marktgesellschaft stellt es aber für die Kapitalhalter kein Problem dar, die Politik in ihrem Sinne zu lenken.

Hiermit ist aber nicht schon gesagt, dass das Problem mit der USA, keine Solidargesellschaft zu sein, daraus erwächst, dass eine solche möglich ist und als zu erstrebendes Ideal im Sinne einer wohlgeordneten Gesellschaft verwirklicht werden soll. Tatsächlich ist erst gezeigt worden: Die Vorstellung im Sinne der Protagonisten des Marktfundamentalismus, wonach die USA eine wohlgeordnete Gesellschaft darstellen, auch im Sinne einer Solidargesellschaft, weist Eigentümlichkeiten auf, die zumindest Zweifel an der Richtigkeit dieser Vorstellung aufkommen lassen müssen. Was soll es z. B. bedeuten, dass in einer in Richtung Oligarchie sich bewegenden Gesellschaft fortgesetzt demokratische Rituale gepflegt werden, als gäbe es diese Entwicklung nicht? Was soll es bedeuten, dass die Wohlgeordnetheit der eigenen Gesellschaft in einer Erklärung, der Unabhängigkeitserklärung aus dem Jahre 1776, festgehalten ist, die von vornherein nicht bewirkt hat, dass tatsächlich alle Menschen als gleich verstanden und wertgeschätzt werden?

Dergleichen Fragen eröffnen die Möglichkeit, folgende These aufstellen zu können: Die Wohlgeordnetheit der Gesellschaft ist von vornherein dahingehend verstanden worden, dass den Begierden der Wirtschaftseliten entgegengekommen wird. „Geld soll zu Geld kommen“, kann man in Anlehnung an Saez und Zucman formulieren. Natürlich musste dieses „Ideal“ von Wohlgeordnetheit in einem Kleid geboten werden, das nicht sogleich zu Empörungen in der Gesellschaft führt. Die Aufklärung ist der Anfertigung dieses Kleides entgegengekommen. Die Wurzel hiervon ist die Vorstellung vom vernünftigen, rationalen Menschen, der alleine auf die weltliche Ebene blickt und deren Mechanismen erforscht. Im vorliegenden Fall bedeutet das vor allem: Die Mechanismen der Marktwirtschaft.

Hierbei konnte tatsächlich zu einer in sich stimmigen Theorie von den Marktmechanismen gefunden werden. Und diese Theorie ist sogleich, im Namen von Vernunft und Rationalität, als jenes ausgegeben worden, dem man sich uneingeschränkt anzuvertrauen hat. Was diese Theorie an Lösungen bietet, das darf nicht durch sozialromantische „Anwandlungen" reguliert werden. Grund genug für derartige „Anwandlungen" hat die Idolisierung dieser Theorie freilich geboten. Daher mussten die Protagonisten des Marktfundamentalismus darauf achten, jegliches Nachdenken darüber zu unterbinden, ob die alleinige Ausrichtung auf besagte Theorie einen Reduktionismus bedeutet. Ob also zwar anzuerkennen ist, dass diese Theorie zu in sich stimmigen Lösungen führt und beachtet werden muss – reine Ökonomie -, aber nur dann im Dienste des Bemühens um eine wohlgeordnete Gesellschaft ist, wenn sie aus einer übergeordneten Position heraus gehandhabt wird. Im Namen von Vernunft und Rationalität ist dergleichen sogleich als unsinnige, anachronistische Metaphysik abgetan worden. Anders gewendet: Die reine Ökonomie ist das Fundament der gesellschaftlichen Betrachtungen und die Gleichsetzung ökonomischer mit gesellschaftlicher Bedeutung bedarf keiner eigenen Rechtfertigung.

Diese Auffassung lässt aber auch eine ganz andere Interpretation zu: Auf die alleinige Beachtung der ökonomischen Mechanismen wird nur scheinbar im Namen von Vernunft und Rationalität gedrängt. Tatsächlich wird hierauf im Namen der Protegierung der Begierden von Eliten gedrängt, ein Zerrbild von Vernunft und Rationalität verwendend.

Diese Hypothese ist in folgendem Licht zu sehen: Der Marktfundamentalismus drängt darauf, den Fokus auf den Umstand zu legen, dass seine Vorstellungen vom omnipotenten Markt zutreffen, in sich stimmig sind und das Verhalten rationaler Nutzenmaximierer ideal abbilden. Innerhalb des hiermit abgesteckten Rahmens wird die Theorie mit großem Engagement mathematisch, empirisch usw. ausgebaut und weiter entwickelt. Zugleich verdeckt dieses Engagement aber einen Umstand, gleichsam die Achillesferse des ganzen Unterfangens, dass nämlich der Rahmen hiervon unbegründet bleibt, also die Annahme, dass die Menschen als rationale Nutzenmaximierer zu verstehen sind.

Die Berechtigung davon, diesen Teil der aufgestellten Hypothese in Anspruch zu nehmen, lässt sich leicht aufweisen: Die innere Stimmigkeit der Argumentation der Protagonisten des Marktfundamentalismus findet, wie sich gezeigt hat, immer dann sein Ende, wenn aus dem Bereich der reinen Ökonomie herausgetreten wird. Das lässt den Schluss zu: Was auch immer mit den Sätzen zur reinen Ökonomie erzielt wird, die Interpretation, dass hiermit auf die Ausbildung einer wohlgeordneten Gesellschaft abgezielt wird, lässt sich bestreiten. = Mögen die Aussagen zur reinen Ökonomie auch allesamt richtig sein, sie werden auf jeden Fall von einem Denken verwendet, das auf die Verwendung von Unstimmigkeiten nicht verzichten kann; das also das Fundament seines Vorgehens kritisch hinterfragen müsste.

Somit stehen nicht die Sätze zur reinen Ökonomie zur Diskussion, sondern der Rahmen, innerhalb dessen sie angewendet werden: Es steht die aufgeklärte Moderne zur Diskussion, da in ihrem Namen behauptet wird, dass ihre Anwendung der reinen Ökonomie zu entschuldbaren bzw. überhaupt nur zu scheinbaren Widersprüchen führt. Ohne die entsprechende philosophische Betrachtung lässt sich aber nicht entscheiden, ob die hier aufgestellte Hypothese im Recht ist, oder doch die aufgeklärte Moderne. Was unter Solidarität, Konkurrenz, wohlgeordnete Gesellschaft usw. zu verstehen ist, das ergibt sich erst aus dieser Betrachtung.

Umso wichtiger ist es daher, die Hinwendung zu dieser Betrachtung gehaltvoll vorzubereiten. Die Ausführungen in diesem Kapitel bieten hierfür die nötigen Informationen. Im Zentrum hiervon steht, dass sich, wenn auch noch ohne einen ausgearbeiteten Begriff von Solidarität, ein wesentlicher Hinweis darauf angeben lässt, dass die aktuelle US-Gesellschaft keine Solidar-Gesellschaft ist. Hierzu genügt die Inanspruchnahme von etwas, das „schwache Solidarität" genannt sein soll. Dieser Begriff besagt nicht mehr, als dass eine Gesellschaft mit einem extrem ausgebildeten sozialen Ungleichgewicht dann keine Solidargemeinschaft sein kann, wenn die Klasse der Nicht-Eliten ohne eigenes Zutun in ihre Situation geraten ist und die Entscheidungsträger der Gesellschaft trotzdem keine Änderung dieser Situation herbeiführen. Wenn also weiter auf dem Satz bestanden wird, dass regulative Eingriffe in die Marktwirtschaft abzulehnen sind. Explizit ist hervorzuheben: Die Formulierung „Änderung herbeiführen" meint keinesfalls, dass es bei der Linderung der Probleme der Nicht-Eliten belassen blassen bleiben kann, da dergleichen lediglich Empörungsprophylaxe ist.

Wie unmittelbar einsichtig ist, bedarf es zur Vergegenwärtigung einer solchen Situation noch keiner philosophischen Einsichten. Diese Vergegenwärtigung ist das Ergebnis eines Beobachtens der Schicksale der Mitmenschen unter der

Voraussetzung einer grundsätzlichen Anteilnahme. Dieserart lässt sich freilich noch nicht eine gehaltvolle Vorstellung von Solidarität erbringen, aber es enthält den Keim hierzu, sodass es angemessen ist, von „schwacher Solidarität" zu sprechen. Explizit ist zu betonen: Ob grundsätzlich von Anteilnahme die Rede sein kann, lässt sich dieserart nicht zeigen. Sollte sich zeigen, dass hiervon tatsächlich nicht die Rede sein kann, dann verbietet sich aber auch das Reden von Solidarität; dann ist es Ausdruck einer inneren Unstimmigkeit und Irreführung, wenn von Westmächten fortgesetzt von der „Solidarität mit der Ukraine" gesprochen wird.

Gemäß den gebrachten Ausführungen in diesem Kapitel ist die aktuelle US-Gesellschaft von einem „extremen sozialen Ungleichgewicht" geprägt, konkret aufgrund der seit einigen Jahrzehnten eingetretenen Manifestation des Monopolkapitalismus. Mit dem Vollzug dieses Schrittes ist eine Verelendung großer Teile der Gesellschaft einhergegangen. Hieran ist entscheidend: Diese Verelendung kann nicht mehr aus der Logik des rational sein sollenden Konstruktes Konkurrenzkapitalismus heraus erklärt und gerechtfertigt werden („ohne den Marktеliten ginge es den Nicht-Eliten noch schlechter"), da dessen Kernstück, eben die Konkurrenz, ausgeschaltet ist. Daher kann sie auch nicht mit dem mangelnden Fleiß jener erklärt werden, die in Armut geraten sind, wiederum da die Mechanismen des Konkurrenzkapitalismus, in Beziehung worauf der Fleiß der Menschen Bedeutung erlangen soll, verschwunden sind. Das einzusehen ist jedem möglich, der nur sehen und verstehen will. Wer diesen Willen zeigt, der demonstriert, die „schwache" Form von Solidarität ausgebildet zu haben; er versteckt sich nicht mehr hinter ökonomischen Sätzen, die bezeugen sollen, fortgesetzt die Ökonomie und ihre Vorstellung vom omnipotenten Markt idolisieren zu dürfen. Der hebt diesen Schleier, sich vergegenwärtigend, dass dieser etwas bietet, das fern rationaler Vernunft sein muss, da es etwas protegiert, das alleine der Befriedigung der Hybris von Eliten dient, unter Missachtung des rationalen Konstruktes Konkurrenzkapitalismus[42].

Hieran ist zunächst zu beachten, dass diese Vorstellung von „schwacher Solidarität" noch keinen ausgearbeiteten Begriff von Solidarität voraussetzt, sondern alleine die Vergegenwärtigung eines mit „Wohlgeordnetheit der Gesellschaft" unvereinbaren sozialen Gefälles. Gerade deshalb ist die schwache Solidarität immun gegen den Vorwurf, Ausdruck sozialromantischer Dünkel zu sein. Wer zu dieser Solidarität fähig ist, der wird seinerseits jene fragen, die diesen Vorwurf erheben, wie es um ihr Verständnis von Solidarität bestellt ist.

In diesem Sinne kann die schwache Solidarität zum Ausgangspunkt dafür werden, die Rückführung von Solidarität auf die uneingeschränkte Beachtung der Marktmechanismen als Reduktionismus zu begreifen. Dieser Reduktionismus verwendet Solidarität nur als inhaltslose, der Empörungsprophylaxe dienende Maske. Somit kann sie zum Ausgangspunkt für ein substanzielles Bemühen um das Verstehen von Solidarität werden. Die philosophischen Ausführungen im fünften Kapitel sind ein Ausdruck hiervon.

Was hat es im Lichte hiervon mit der Ukraine-Krise auf sich? Seit den 1980er Jahren hat sich in den USA die Situation für die Kapitalhalter sukzessive günstiger

[42] Die Vernünftigkeit der Sätze der reinen Ökonomie wird hier also gerade nicht in Zweifel gezogen! Es ist die Unterwanderung dieser Vernünftigkeit in der aufgeklärten Moderne, die beanstandet wird. Die Wurzel hiervon liegt darin, dass diese Sätze unvernünftiger und vor allem s e l b s t s ü c h t i g e r Weise zum Fundament des Bedenkens erhoben werden.

entwickelt. Zu Beginn des 21. Jahrhunderts hat diese Entwicklung ein Niveau erreicht, das es ihnen endgültig erlaubt, ihre Ziele aggressiv zu verfolgen. Das gilt auch auf geopolitischer Ebene. In diesem Kontext ist das 2008 begonnene Engagement der USA in der Ukraine und in Georgien zu sehen.

Die geopolitische Besonderheit dieses Engagements liegt darin, dass es sich hierbei um eine die NATO inkludierende Aggression gegen Russland handelt, was sofort Assoziationen mit der Auseinandersetzung zwischen den kapitalistischen USA und der kommunistischen UdSSR wachrufen muss. Zwar ist das Russland des 21. Jahrhunderts nichts weniger als ein kommunistisches Land, aber die Abgrenzung gegenüber dem Westen ist insofern geblieben, als die eigenen, mittlerweile entstandenen oligarchischen Strukturen gegen westliche Interessen geschützt werden sollen.

Inwieweit hierbei auch Erinnerungen an den Kalten Krieg eine Rolle spielen, ist schwer zu entscheiden, doch ist festzuhalten: Das Engagement der USA in Georgien und der Ukraine bedeuten den Bruch von Versprechen, die im Zusammenhang mit der Wiedervereinigung Deutschlands gegenüber Russland abgegeben worden sind, also einem historischen Ereignis, das sehr wohl mit dem Kalten Krieg zusammenhängt, konkret dessen „Beendigung". Zudem steht dieser Bruch eines Versprechens mit bereits vorausgegangenen Schritten der NATO-Osterweiterung in Beziehung, die sich mit den gegebenen Versprechen ebenfalls nicht vereinbaren lassen, von Russland aber hingenommen worden sind.

Anders als diese Erweiterungsschritte stellt vor allem das Engagement der USA in der Ukraine eine unmittelbare Provokation Russlands dar. Russlands Antwort, hierauf mit einem Krieg in der Ostukraine zu reagieren, mag nicht alternativlos gewesen sein. „Unprovoziert", wie die westliche Darstellung lautet, ist dieser Krieg aber sicherlich nicht gewesen. Nicht weniger erstaunlich ist, dass der russische Präsident Wladimir Putin von westlicher Seite regelmäßig mit Vergehen gegen das Völkerrecht in Zusammenhang gebracht wird, ein Vorwurf, der z. B. gegen Barack Obama in Rücksicht auf sein Engagement in Libyen nicht erhoben worden ist, obschon die Möglichkeit hierzu bestanden hat. Zudem sei an die angemerkte Stellungnahme des US-Politologen John Mearsheimer erinnert, wonach nicht Präsident Putin Konstrukteur des Ukraine-Krieges ist, sondern Präsident Obama.

Dergleichen zweierlei Maß und die Mär vom „unprovozierten Krieg“ können nur als Ausdruck davon verstanden werden, dass die politisch und gesellschaftlich Verantwortlichen und die Meinungsbildner im Westen keinerlei Interesse an der Realität haben. Woran sie tatsächlich Interesse haben, das ergibt sich aus dem Primat der Wirtschaft und somit – konkreter – aus dem Primat der Interessen der Eliten in einer monopolkapitalistischen Gesellschaft. Aber auch diese Formulierung ist weiter zu konkretisieren: Aus dem Interesse von Eliten, die sich in der Offensive befinden, und daher vor Aggression nicht zurückscheuen. Selbst wenn man davon ausgeht, dass Russland keine Weltmacht mehr ist, sondern eine Regionalmacht, so ist sie zumindest eine auch im Weltmaßstab bedeutende Regionalmacht, eine Macht, die zu brechen, dem Westen ein Anliegen sein kann.

Das Verhalten der USA ist in keinerlei Hinsicht von Solidarität geprägt. Schon hier, also noch vor den philosophischen Ausführungen lässt sich festhalten: Beachtet man die inner-US-amerikanischen Verhältnisse, so gibt es keine Anzeichen dafür, dass auch nur die schwache Solidarität letztlich von Bedeutung ist. Ein Land aber, dessen Eliten die eigenen Landsleute am Altar des Monopolkapitalismus opfert, von dem kann nicht erwartet werden, dass es zugleich außenpolitisch Solidarität lebt. Der Ukraine-Krieg ist, soweit bisher ersichtlich, als aggressiver Akt westlicher Eliten zu verstehen.

4 Überlegungen zur Europäischen Union

Die USA mussten in der Ukraine nicht einmarschieren. Sie sind von den in der Ukraine politisch verantwortlichen Kräften zur Kooperation eingeladen worden. Das kann nur bedeuten: Von in der Ukraine maßgebenden politischen Kräften, die von demselben Menschen- und Gesellschaftsbild beseelt sind, wie die verantwortlichen Kräfte in den USA. Hiermit ist sogleich darauf verwiesen, dass nicht angenommen werden darf: Die USA sind das einzige Land mit einer Gesellschaft, der Solidarität fremd ist. Zwar soll hier die Ukraine in diesem Zusammenhang weiter nicht interessieren, aber auf die EU soll doch bezug genommen werden. Das braucht nicht so ausführlich wie im Falle der USA auszufallen, da den USA, wie bereits angemerkt, die Rolle des Regisseurs zukommt. Anhand von Ausführungen Verheugens (vgl. Kapitel 1) ist bereits das eigentümliche Verhalten der EU vor Kriegsbeginn der Ukraine gegenüber beleuchtet worden. Tatsächlich „Fahrt aufgenommen" hat die Politik der EU aber erst seit Kriegsbeginn. Es ist interessant zu beobachten, in welche Richtung diese Fahrt führt: Sie führt in Richtung Verschärfung der liberal-obrigkeitlichen Konstruktion der Gesellschaft bzw. Anhebung des Aggressionspotenzials. In dieser Hinsicht hat der EU-Raum zweifellos Nachholbedarf, gemessen an den US-amerikanischen Verhältnissen[43]. Anders formuliert: Der EU-Raum hat in dieser Hinsicht noch brach liegendes Potenzial.

[43] Vgl. hierzu Saez und Zucmans Buch, aber auch: Piketty, T. 2014^3: *Das Kapital im 21. Jahrhundert* - München

4.1 Die EU entdeckt ihr Verteidigungsdefizit

In DIE GANZE WOCHE (Nr.23/22) antwortet die Greenpeace-Klimaexpertin Klara Maria Schenk auf die Frage „Soll die CO_2-Steuer ganz abgesagt werden?" u. a.:

„Zusammen ermöglichen die beiden Maßnahmen, dass die Menschen, die besonders unter den hohen Energiepreisen leiden [in Österreich], entlastet werden und wir zeitgleich unsere Abhängigkeit von gefährlichen Kriegstreibern wie Russland verringern."

Ohne jegliche Relativierung wird also Russland als „gefährlicher Kriegstreiber" dargestellt. Die Saat ist aufgegangen und herangereift. Auch Menschen, denen ein gewisses Maß an systemkritischem Denken zu attestieren ist, bedienen sich wie selbstverständlich dieses Bildes, des „alten Bildes", wie es in der Einleitung genannt worden ist. Wen kann es daher wundern, dass die Verantwortungsträger in der EU zur Ernte übergehen. Geerntet werden die Früchte einer offensiveren / aggressiveren Gestaltung (gemäß Kapitel 3) einer grundsätzlich liberal-obrigkeitlich konzipierten Gesellschaft.

Wovon hiermit die Rede ist, das soll anhand eines Presseartikels der Europäischen Kommission vom 18. 5. 2022 (Autor: Vertretung in Deutschland) verdeutlicht werden. Bei diesem Artikel handelt es sich um das Schriftstück: *EU verstärkt Anstrengungen zum Aufbau einer stärkeren europäischen Verteidigungsindustrie*.

Im ersten Absatz des Schriftstückes wird, was im Titel angekündigt ist, wie folgt konkretisiert:

„Die Europäische Kommission und der EU-Außenbeauftragte Josep Borrell haben heute (Mittwoch) eine Analyse der Investitionslücken im Verteidigungsbereich vorgelegt. Sie schlagen weitere Maßnahmen vor, die erforderlich sind, um die industrielle und technologische Verteidigungsbasis Europas zu stärken.

Kommissionspräsidentin Ursula von der Leyen sagte: «Die europäische Union verstärkt ihre Anstrengungen zum Aufbau einer stärkeren europäischen Verteidigungsindustrie. Wir müssen mehr für die Verteidigung ausgeben, und wir müssen dies auf koordinierte Weise tun. Wir schlagen heute konkrete Maßnahmen vor, um unsere Verteidigungskapazitäten und den militärisch technologischen Vorsprung unserer europäischen Industrie zu stärken, und zwar auf der Grundlage einer Analyse der Investitionslücken im Verteidigungsbereich.»"

Die EU-Kommission und der EU-Außenbeauftragte haben also Lücken in der europäischen Verteidigung erkannt, nicht zuletzt Investitionslücken, die es zu beseitigen gilt. Wieso ist dieser Umstand gerade jetzt aufgefallen? Wieso hat man gerade jetzt die Situation genauer betrachtet? Die Antwort wird sogleich geliefert: Der Grund ist die „unprovozierte Aggression Russlands gegen die Ukraine"!

Weiter unten, unter der Überschrift *Verteidigungsausgeben*, heißt es: „Als unmittelbare Folge des russischen Einmarsches in der Ukraine […]." Zudem erfährt man von einer „neuen Sicherheitslage":

„Kurzfristig wird die Kommission und der Hohe Vertreter / Leiter der Europäischen Verteidigungsagentur eine Task Force für die gemeinsam Beschaffung von Verteidigungsgütern einrichten, die mit den Mitgliedstaaten zusammenarbeiten soll, um deren sehr kurzfristigen Beschaffungsbedarf angesichts der neuen Sicherheitslage zu koordinieren und abzustimmen."

Das hat, wie gezeigt worden ist, mit der Realität nichts zu tun: Es gibt keine unprovozierte Aggression Russlands und somit keine neue Sicherheitslage. Das bedeutet aber, wie jedem einsichtig ist, der nicht Profiteur des westlichen liberal-obrigkeitlichen Gesellschaftsdenken ist oder – zunächst ununtersucht warum – mit diesem sympathisiert, dass das gesamte Schriftstück auf einer Fehlinformation der LeserInnen basiert. Im Lichte hiervon ist zu beachten, wie der Satz, der mit der Nennung der angeblichen russischen Aggression beginnt, vollständig lautet:

„Die unprovozierte Aggression Russlands gegen die Ukraine hat erhebliche Auswirkungen auf die europäische Verteidigung, was zu erhöhten Militärausgaben der Mitgliedsstaaten führt."

Die angebliche russische Aggression wird also als Rechtfertigung für „erhöhte Militärausgaben" genommen. Das freut zweifellos die Verteidigungsindustrie, wobei bereits darauf hinzuweisen gewesen ist, dass diese Freude kritisch zu betrachten ist (vgl. die Ausführung von US-Oberst Lawrence Wilkerson in 3.1). Hierauf soll es hier aber nicht ankommen.

Das Interesse soll vielmehr dem Begriff „Verteidigung" gelten bzw. dem Begriff „Verteidigungsindustrie", der wiederholt geraucht wird, u. a. in der Überschrift „Lücken in der Verteidigungsindustrie". Dieser Begriff ist irreführend. Verteidigen kann man sich nur gegenüber einem Aggressor. Dieser muss gegeben sein. Einen Aggressor im eigentlichen Wortsinn gibt es aber in der hier interessierenden Situation nicht. Was es gibt, ist ein Aggressor, den man selbst mittels Provokationen zum Leben erweckt hat. Der eigentliche Aggressor sind die USA und die, den USA "blindlings folgende" (siehe Noam Chomskys Aussage in der Einleitung zum dritten Kapitel), EU. Das bedeutet: Es ist der Aggressor, der sich um eine effizientere Gestaltung seiner „Verteidigungsindustrie" bemüht. Das ergibt keinen Sinn. Sinn ergibt, das soeben verwendete „blindlings" konkretisierend: Die eingeforderte Anhebung der Militärausgaben stellt einen Schritt in Richtung Anhebung des Aggressionspotenzials eines vermehrt in Richtung Offensive tendierenden liberal-obrigkeitlichen Apparates dar. Die diesen Umstand beschönigende Formulierung in dem EU-Schriftstück lautet:

"Diese gemeinsame Mitteilung stellt ein neues Maß an Ehrgeiz dar, um ein stärkeres Europa der Verteidigung aufzubauen." (Hervorhebung hinzugefügt)

Von einem „neuen Maß an Ehrgeiz" ist zweifellos zu sprechen, aber von einem Ehrgeiz im Dienste der Verstärkung besagter Offensive.

Der manipulative Charakter des EU-Schriftstückes kommt auch in folgender Aussage zum Ausdruck:

„Als unmittelbare Folge des russischen Einmarsches in der Ukraine haben die Mitgliedsstaaten bereits angekündigt, ihre Verteidigungshaushalte in den kommenden Jahren um fast 200 Mrd. Euro zu erhöhen. Diese Erhöhungen sind zwar unerlässlich, kommen aber nach Jahren erheblicher Kürzungen und erheblicher Unterinvestitionen. Von 1999 bis 2021 sind die Verteidigungsausgaben der EU insgesamt um 20 Prozent gestiegen, gegenüber 66 Prozent für die USA, 292 Prozent für Russland und 592 Prozent für China. Ohne einen koordinierten Ansatz besteht die Gefahr, dass der Ausgabenanstieg zu einer weiteren Fragmentierung führt und die bisherigen Fortschritte zunichte macht."

Die EU hat also ihr Verteidigungsbudget über zwei Jahrzehnte, von 1999 bis 2021, vernachlässigt, sogar „erheblichen Kürzungen" unterzogen. Schon aus diesem Grund muss es, so erwarten sich die EU-Kommission und der EU-Außenbeauftragte, jedem unmittelbar einsichtig sein, dass das Budget angesichts der „neuen Sicherheitslage" zu erhöhen ist. Ein Zahlenvergleich soll die letzten Vorbehalten ausräumen: Die EU hat in besagtem Zeitraum ihre Verteidigungsausgaben um 20 % erhöht, der Aggressor *Russland* aber um 292 %. Diesen Zahlen lassen sich aber andere Zahlen gegenüberstellen. Ganser führt in seinem Buch *Imperium USA*[44] die zehn Länder mit den weltweit höchsten Militärausgaben im Jahr 2018 an (S.31). Der Aggressor

[44] Siehe Fußnote 5

Russland befindet sich auf Platz sechs; Russlands Ausgaben belaufen sich auf 61 Milliarden $. Auf Rang fünf, also noch vor Russland, findet man Frankreich, mit 64 Milliarden $ Ausgaben und knapp hinter Russland, auf Platz acht befindet sich Deutschland, mit 50 Milliarden $. Schon diese Zahlen lassen nicht darauf schließen, dass Europa schutzlos dem Aggressor *Russland* gegenübersteht, selbst wenn man beachtet, dass weder Frankreich noch Deutschland für sich genommen die EU bedeuten.

Unabhängig hiervon ist daran zu erinnern, dass die Aggression Russlands als Reaktion auf Vorkommnisse mit der NATO-Erweiterung zu begreifen ist. Daher ist es höchst bedeutungsvoll, dass die EU-Kommission und der EU-Außenbeauftragte ihre Vorschläge mit Blick auf die NATO verstehen:

„[Ursula Von der Leyen:] «Diese Maßnahmen werden einen wirksamen europäischen Beitrag in der NATO gewährleisten.»"

"EU-Initiativen zur Förderung der Zusammenarbeit im Verteidigungsbereich tragen auch zu einer gerechteren transatlantischen Lastenteilung und zu einem wirksameren europäischen Beitrag innerhalb der NATO bei."

„Die vorgeschlagenen Maßnahmen werden die EU zu einem stärkeren internationalen Partner machen, auch innerhalb der NATO, die das Fundament der kollektiven Verteidigung ihrer Mitglieder bleibt."

Die EU-Verteidigung wird also als integraler Bestandteil der NATO-Verteidigung verstanden; diese „bleibt" das Fundament. Das kann aber nur bedeuten, dass die erstarkende Offensivpolitik der EU-Kommission und des EU-Außenbeauftragten Ausdruck davon ist, die erstarkte Offensivpolitik der US-Regierung zu übernehmen. Greift man auf, dass zunächst zumindest für die USA festzuhalten gewesen ist, dass sie keine Solidargesellschaft darstellt, was auf ihre liberalobrigkeitliche Gesellschaftsstruktur zurückzuführen ist, die insgesamt den Westen prägt, wenn auch je nach Land in unterschiedlichem Maße, so erweist sich die Verwendung des Begriffs „kollektive Verteidigung“ in Rücksicht auf die NATO als mehr als unangebracht. Sie erweist sich als Täuschung der Nicht-Eliten der westlichen Länder, deren Empörung von den Eliten vermieden werden muss.

Abschließend sei eine Überlegung angeführt, die der US-Ökonom Jeffrey Sachs in einem KURIER-Interview (4.9.2022) vorbringt:

„KURIER: Sehen sie die Rolle der USA so problematisch? - SACHS: Vietnam, Kambodscha, Afghanistan, Irak – die USA sind in den letzten 40 Jahren nie so aus einem Krieg herausgekommen, wie sie es angekündigt haben. Der Ukraine kann ein ähnliches Schicksal blühen wie all diesen Staaten. Ich glaube nicht mehr an die Sprücheklopferei von US-Generälen und auch nicht von US-Präsidenten. Die USA sind geradezu darauf spezialisiert, Länder wie das heutige Afghanistan zu produzieren. Es besteht die Gefahr, dass auch aus der Ukraine ein solches Afghanistan wird.“

Sollte sich bewahrheiten, was Sachs hier aussagt, so ist zu folgern: Die EU ist auch in besagtem Spezialistentum eine gelehrige Schülerin der USA; dann ist die Ukraine das erste Afghanistan der EU.

4.2 Die Ausformung des Solidaritätsgedankens in der EU

Zunächst soll der Frage nachgegangen werden, was EU-Kommissionspräsidentin von der Leyen unter Solidarität versteht. Das geschieht anhand eines Interviews mit dem KURIER (24.7.2022), das die Kommissionspräsidentin geführt hat, und der „Erklärung“ der Europäischen Kommission: „Einleitende Bemerkung von Präsidentin von der Leyen auf der gemeinsamen Pressekonferenz mit Präsident Michel und Präsident Macron im Anschluss an die Tagung des Europäischen Rates vom 23.-24. Juni 2022“. Dem Interview ist zu entnehmen, dass sich von der Leyen grundsätzlich als solidarisch denkender Mensch versteht:

„Denn es geht in der Ukraine um nichts Geringeres als den Erhalt der europäischen Friedensarchitektur. […] Solidarität hat ihren Preis, aber das Fehlen von Solidarität kostet noch viel mehr.“

Sodann wird dargelegt, wieso die Menschen der Ukraine Solidarität verdienen:

„Die Ukrainerinnen und Ukrainer kämpfen voller Mut und unter Einsatz ihres Lebens für ihr Land. Sie kämpfen damit auch für unsere europäischen Werte.“

In der „Erklärung“ wird diese Solidarität wie folgt dargestellt:

„Und ich denke, dass dies ein Schlüsselerlebnis und ein prägender Moment war: welche Entschlossenheit die Europäische Union an den Tag legen kann und wie schnell wir vorankommen können. In dieser Zeit [Ratsvorsitz Frankreichs] haben wir 7,5 Millionen Flüchtlinge aus der Ukraine aufgenommen 3 Millionen davon sind noch hier. Sie [Präsident Macron] und Ihr Team haben es als Ratsvorsitz ermöglicht, dass wir sehr schnell vorübergehenden Schutz, also Zugang zum Arbeitsmarkt, zum Bildungssystem und zum System der sozialen Sicherheit gewähren konnten.“

Das lässt erwarten, dass von der Leyen den Solidaritätsgedanken nicht auf die Menschen der Ukraine beschränkt, dass er ihr allgemein von Bedeutung ist – im Sinne der „europäischen Werte“. Und von der Leyen enttäuscht nicht. Im Interview ist zu lesen:

„Die Folgen der hohen Energiepreise bereiten uns Sorgen und natürlich beobachten wir mögliche Schwierigkeiten für einkommensschwächere Haushalte genau. Deswegen haben wir bereits Anfang Oktober - also lange vor Putins Krieg - ein ganzes Tableau von Ideen vorgestellt, mit denen Mitgliedsstaaten die Bürgerinnen und Bürger unterstützen können. [...] Einnahmen aus dem Emissionshandel können zum Beispiel dafür verwendet werden, Menschen mit zu niedrigem Einkommen bei der Begleichung ihrer Energierechnung zu unterstützen."

In der „Erklärung" ist festgehalten:

„Wir haben die disruptiven Maßnahmen Russlands im Gassektor gesehen. Und wir erleben Preissteigerungen nicht nur bei Energie, sondern auch bei Lebensmitteln und in anderen Bereichen der Wirtschaft. Deshalb haben wir erörtert, wie die wirtschaftlichen und sozialen Auswirkungen, insbesondere auf die schwächsten Gruppen unser Gesellschaft, abgemildert werden können."

Hieran müssen zunächst zwei Formulierungen auffallen: In der von Werten geprägten EU gibt es Menschen mit „zu niedrigem Einkommen" und deren prekäre Situation soll „abgemildert" werden. Überrascht schon der Umstand, dass es in der von Werten geprägt sein sollenden EU Menschen mit „zu niedrigem" Einkommen gibt, so verblüfft der Umstand, dass deren Situation l e d i g l i c h „a b g e m i l d e r t" werden soll, vollends. Mit sozialer Sicherheit, von der in Rücksicht auf die Menschen aus der Ukraine die Rede ist, hat das nur noch am Rande zu tun – wenn überhaupt.

Weiters muss an den Aussagen von der Leyens auffallen, dass die Preissteigerungen innerhalb der EU alleine auf Maßnahmen Russlands zurückgeführt werden. Das lässt sich bestreiten. Im KURIER (4.9.2022) ist ein Interview mit Wilfried Altzinger abgedruckt, in dem u. a. zu lesen ist:

„Wenn sie das jüngste Interview mit dem Spar-Vorstand Markus Kaser gehört haben, so spricht er dieses Problem klar an. Er hat sich offen darüber beschwert, dass jetzt im Zuge der Inflationsentwicklung, die sicher in erster Linie durch den Krieg und den Gaspreis entstanden ist, die großen Lebensmittelfirmen wie

Danone, Nestlé, Unilever und Co. offenbar eine Preispolitik betreiben, die alles andere als gerecht ist. Sie maximieren sozusagen als Trittbrettfahrer der Teuerung ihre Gewinne und schrauben für ihre Eigentümer mit Margen von 15 bis 20 Prozent der Shareholder Value hinauf. Die Rechnung hierfür bezahlen wir Konsumenten. Derartige Gewinnmargen hat es in Friedenszeiten nie gegeben. Über diesen Teil der Inflation wird aber nur sehr wenig gesprochen.

Auf die Frage, ob „dieser Teil der Inflation" „Teuerung aus Gier" bedeutet, antwortet Altzinger:

„Ja, das ist auch mit Sicherheit der Fall, wobei das natürlich je nach Branche unterschiedlich ist. Bei Energiekonzernen sind die Spielräume aktuell wohl am größten, aber auch in der Lebensmittelbranche oder in Märkten mit wenigen großen Anbietern wie in der Automobilindustrie, ist es offensichtlich dass die Unternehmen aufgrund der hohen Marktkonzentration großen Spielraum bei der Preisgestaltung haben. Und diese Preispolitik ist nicht ausschließlich kostengetrieben."

Bemerkenswert ist, dass Altzinger die aktuellen Probleme *nicht erst* mit dem Kriegsausbruch in der Ukraine beginnen lässt:

„Die Ungleichheit in unserer Gesellschaft, insbesondere in der Vermögensverteilung, hat unabhängig von der jetzigen Situation schon Ausmaße angenommen, die leider höchst bedenklich sind. Zur heutigen Einkommens- und Vermögenskonzentration kam es vor allem durch die Globalisierung der Weltwirtschaft. Weltweit wird heute 90 Prozent des Handels von multinationalen Konzernen betrieben, und auch die Konzentration in der Industrieproduktion ist extrem hoch. Die Weltwirtschaft wird dominiert von Oligopolen, d. h. in jeder Branche gibt es nur einige wenige Anbieter, die den Großteil des Marktes beherrschen und dementsprechend großen Preisgestaltungsspielraum haben."

Angesichts hiervon lohnt ein Blick in das Buch *Asoziale Marktwirtschaft* von Hans Weiss & Ernst Schmiederer[45]:

„Die Beratungsgesellschaft KPMG etwa pries ihre Dienste in einer kleinen Broschüre rechzeitig zur EU-Erweiterung im Frühjahr 2004 so an: «Die wirtschaftlichen Freiheiten, die im EU-Gründungsvertrag festgelegt wurden und aus den Urteilen des Europäischen Gerichtshofs hervorgehen, eröffnen neue Abzugs- und Steuerplanungsmöglichkeiten. Gerne unterstützen wir Sie bei der Optimierung der Steuerquote in ihrem Unternehmen [...]».“ (S.269)

In den beiden zuletzt gebrachten Zitaten wird also gesellschaftliche Ungleichheit in der EU mit Oligopolen und einem deren Wohl unterstützenden Steuersystem in Beziehung gebracht, also explizit n i c h t mit Russland. Von der Leyen stellt aber als Quelle allen Unheils nur Russland dar!

In dem Interview ist wieder, wie schon aus 4.1 bekannt, von dem „barbarischen Krieg“ Putins die Rede und seinem „Angriffskrieg“. Zudem enthält das Interview folgenden beachtenswerten Satz:

„Es gibt kein Verständnis für ein Regime, das das Völkerrecht und internationale Regel derart mit Füßen tritt [wie Putins Russland].“

Dieser Satz ist interessant, da er erneut eine Unstimmigkeit enthält. Hätte die EU tatsächlich kein Verständnis für wie zitiert vorgehende Regime, sie dürfte mit den USA keinesfalls kooperieren. Auf den Völkerrechtsbruch Obamas ist bereits hingewiesen worden und wer Gansers Buch *Imperium USA*[46] liest, dem wird einsichtig, dass Obama hiermit keinesfalls für US-Präsidenten Neuland betreten hat.

---

[45] Weiss, H. & E. Schmiederer 2005[3]: *Asoziale Marktwirtschaft* - Köln

[46] Siehe Fußnote 5

Aber hiervon lässt sich von der Leyen nicht irritieren. Unbeeindruckt hiervon trifft sie Abkommen mit den USA:

„Wir wollen ein Ende der Gasabhängigkeit von Russland, das ist Teil meines Abkommens mit US-Präsident Joe Biden.“ (zitiert aus: DIE GANZE WOCHE; Nr.35/22)

Erstaunlich ist an diesem Abkommen, dass es den US-Produzenten ermöglicht, für ihre Gasexporte nach Europa astronomische Gewinne zu erzielen, fernab jeglicher Marktlogik. Ein schöner Beleg dafür, was in den USA unter Solidarität verstanden wird.

Dieses Ende der Abhängigkeit von Russland wird auch in der „Erklärung“ thematisiert:

„Ein Beispiel für die erste Säule ist die Diversifizierung weg vom russischen Gas: Wir sehen, dass die LNG-Lieferungen der USA in die Europäische Union in diesem Jahr gegenüber dem Vorjahr um 75 % gestiegen sind. [...] die Lieferungen von norwegischem Pipeline-Gas sind um 15 % gestiegen; die Lieferungen aus Aserbaidschan um 90 %. Wir erleben also große Umwälzungen weg vom russischen Gas und hin zu anderen, vertrauenswürdigen Lieferanten.

Erstaunt wird man zur Kenntnis nehmen, Aserbaidschan als „vertrauenswürdigen Lieferanten“ vorgesetzt zu bekommen. Noch größer sollte das Erstaunen aber in Beziehung auf die USA sein. Jenes Land, das „Profit aus Gier“ seit einigen Jahrzehnten idolisiert, das, wie in 4.1 angemerkt, „spezialisiert ist auf die Schaffung von Ländern wie Afghanistan“, das also mit dem Brechen von Völkerrecht keine Probleme hat, wird als vertrauenswürdig dargestellt. Aber freilich: Vertrauen zwischen Partnern ist immer schön, und die EU hat sich nicht zuletzt in Verknüpfung mit der Ukraine-Krise zum Junior-Partner der USA entwickelt.

Aber dieses Vertrauen, das die EU der USA entgegenbringt, hat eine Kehrseite bzw. stellt sich die Frage, ob hier zu Recht von Vertrauen gesprochen wird: Das Vertrauen wird ja einem Land entgegengebracht, dessen Ausrichtung auf Solidarität begründet bezweifelt werden kann. Wird daher von der EU den USA Vertrauen entgegengebracht, so ist nicht notwendig zu erwarten, dass von den USA das Vertrauen erwidert wird. Von seiten der USA wird alleine kalkuliert werden, ob die Kooperation mit der EU den eigenen Interessen von Nutzen ist (siehe oben: „Abmachung mit Biden"). Hiervon kann aber nur dann die Rede sein, wenn die EU zumindest grundsätzlich selbige Vorstellungen von Solidarität hat wie die USA selbst; wenn die USA also darauf vertrauen können, von ihrem Partner in Beziehung darauf nicht überfordert zu werden, tatsächliche Solidarität zeigen zu müssen.

Dieserart will von der Leyen „vertrauen" freilich nicht verstanden wissen: Die USA werden als „vertrauenswürdig" dargestellt, da sie Teil des „Reichs des Guten" sind. Sie werden also als vertrauenswürdig dargestellt, eben da sie tatsächlich Affinität zu Solidarität besitzen sollen. = Die USA sind um die Menschen in Europa bemüht, über die Beachtung des Eigennutzens hinaus. Gerade das lässt sich aber substanziell bestreiten, sodass es schwer fallen muss, „vertrauen" im von von der Leyen gewünschten Sinn zu interpretieren. Viel näher liegt die Interpretation: Die EU stellt die USA als vertrauenswürdigen Partner dar, da sie selbst von eben jenem Zerrbild von Solidarität beseelt ist, das das Agieren der USA prägt. Nur aus diesem Grund herrscht Vertrauen.

Eben dieses Vertrauen in Verknüpfung mit der dementsprechenden Vorstellung von Solidarität wendet sich aber auch gegen die eigenen Gesellschaften, konkret deren Nicht-Eliten, wie sich für die USA bereits gezeigt hat und also auch für die EU anzunehmen ist. Angesichts hiervon ist folgende Aussage von der Leyens zu betrachten, in der Solidarität mit der eigenen Gesellschaft zum Ausdruck kommen soll: „Niemand soll in diesem Winter in Europa frieren". Die Solidarität mit der Ukraine fordert also innerhalb der EU zumindest keine substanziellen Opfer. Hierfür wird gesorgt. Der ehemalige deutsche Bundespräsident Joachim Gauck erkennt wohl eine gewisse Realitätsferne der Aussage von der Leyens und kleidet den Solidaritätsgedanken in die Worte: „Wir können auch einmal frieren für die Freiheit." (zitiert aus DIE GANZE WOCHE; Nr.35/22) Das „Wir" in dieser Aussage mutet eigentümlich an, da es Gauck selbst wohl nicht umfasst. Das zeigt: Wird sich um mehr Realitätsnähe bemüht, so wird der Solidaritätsbegriff schwammig. Das ist umso beachtenswerter, wenn bedacht wird, dass die Ukraine-Krise, die also doch von Teilen der europäischen Gesellschaft Opfer verlangt, womöglich im Namen von Eliten ausgelöst worden ist, die selbst gerade keine Opfer bringen müssen. Etwas geschickter formuliert daher der deutsche Vizekanzler Robert Habeck, wenn er lapidar feststellt: „Wer Putin schaden will, spart Energie." (ebd.) Das lässt auch den Satz „Wir müssen Russland ruinieren." (ebd.), zu dem die kriegsbegeisterte deutsche Außenministerin Annalena Baerbock gefunden hat, in einem weniger martialischen Licht erscheinen, weist aber in dieselbe Richtung[47].

Alle diese Aussagen sind im Lichte der Feststellung von der Leyens zu begreifen: „Wir wollen, dass die Ukraine diesen Krieg gewinnt [und] Solidarität hat ihren Preis." (ebd.) Wiederum ist es das „Wir", das irritiert. Um dieses Wir genauer

---

[47] Demgegenüber erheitern Politikeraussagen wie z. B. jene des Ministerpräsidenten von Baden-Württemberg, Winfried Kretschmer (Die Grünen), eher: „Man muss nicht dauernd duschen. Auch der Waschlappen ist eine brauchbare Erfindung." (zitiert aus DIE GANZE WOCHE; Nr.35/22)

bestimmen zu können, ist zunächst hervorzuheben, was sich aus den bisherigen Ausführungen zur EU ergibt: Zunächst legen diese Überlegungen den Gedanken nahe, dass die Entscheidungsträger in der EU keinesfalls an Solidarität interessiert sind, zumindest nicht mit den Nicht-Eliten der eigenen Gesellschaft. Wovon das Denken dieser Entscheidungsträger bestimmt ist, das ist die Weiterentwicklung des marktfundamentalistischen Denkens in der EU. Diese Weiterentwicklung ist es, die in dem hier interessierenden Fall Kosten verursacht und Opfer von jenen abverlangt, die gar nicht zu den Gewinnern von „Wir wollen diesen Krieg gewinnen“ gehören. Zudem ist in diesem Kontext zu beachten: Die Besorgtheit der EU um die Ukraine ist erst eingetreten, so lässt sich den zitierten Aussagen Verheugens entnehmen, seit die Ukraine als Druckmittel gegen Russland eingesetzt werden kann. Das lässt nur den Schluss zu, dass der Satz „Wir wollen, dass die Ukraine diesen Krieg gewinnt.“ eine verklausulierte Darbietung des Satzes ist: „Wir wollen Russland schädigen.“ Grundsätzlich kann man statt „schädigen“ auch „ruinieren“ einsetzen. Das gesamte Projekt „Ukraine-Krise“ der westlichen Entscheidungsträger hat so gesehen ein geopolitisches Fundament im Dienste der Befriedigung der Bedürfnisse der Eliten. Kurz gesagt: *Das Projekt „Ukraine-Krise“ dient der Erweiterung des unmittelbaren Einflussbereichs der westlichen Eliten.*

Die Ausführung dieses Projekts darf natürlich innerhalb der EU nicht zu Empörungen führen, wozu es aufgrund der von den Nicht-Eliten abverlangten Opfer genug Anlass gibt. Daher wird es im Kleide davon geboten, dass sich das Reich des Guten eines Opfers - der Ukraine – annimmt, was, kann dieses Bild in der Bevölkerung verankert werden, die Gefahr einer Empörung zumindest substanziell mindert. Das Kalkül, das hiermit zur Anwendung kommt, ist innerhalb der

EU durchaus nicht neu. Der Verdeutlichung hiervon dienen Ausführungen in dem Buch *Asoziale Marktwirtschaft* von Weiss und Schmiederer[48], konkret einem Interview, das die Autoren mit dem Oberbürgermeister Gelsenkirchens, Oliver Wittke, wenige Jahre nach dem Jahrhundertwechsel geführt haben.

Zunächst sei den Ausführungen Wittkes entnommen, wie man sich das Reich des Guten im Falle des EU-Landes Deutschland vorzustellen hat:

„Oberbürgermeister Wittke beschreibt anhand von nüchternen Zahlen [die von den Autoren ergänzt worden sind], wie die Steuerwende im Jahre 2000 über die Stadt [Gelsenkirchen] hereinbrach und zu einem Minus von 46 Prozent bei der Gewerbesteuer führte. Gewerbesteuereinnahmen:
1999: 95,9 Millionen Euro
2000: 65,1 Millionen Euro
2001: 40,8 Millionen Euro
2002: 37,0 Millionen Euro
Im Gegensatz dazu steigt die Dividendenausschüttung der Konzerne an Aktionäre steil an:
Dividendenausschüttung von E.ON:
1999: 628,0 Millionen Euro
2000: 954,0 Millionen Euro
2001: 1.100,0 Millionen Euro
2002: 1.142,0 Millionen Euro“ (S.143f.)

Schon diese wenigen Zahlen lassen greifbar werden, was es mit dem von den Protagonisten des Reichs des Guten strapazierten „Wir“ auf sich hat. Die sattsam bekannten Parolen, wonach „wir den Gürtel enger schnallen müssen“ usw. sind schlicht falsch. Richtig müsste es heißen. „Ihr, die Nicht-Eliten, müsst den Gürtel enger schnallen“.

[48] Siehe Fußnote 45

Sodann gibt Wittke ein Beispiel für Steuergerechtigkeit in Deutschland:

„Wir fragten den Oberbürgermeister von Gelsenkirchen, Oliver Wittke, was er davon hält, wenn Konzerne in Deutschland keine Steuern zahlen. Wittke: «Sie nützen einfach die Möglichkeiten, die ihnen die Politik einräumt. Wenn sie es nicht tun, bekommen sie Probleme mit ihren Aktionären oder Gesellschaftern und machen sich nach deutschem Aktienrecht sogar strafbar. Das deutsche Steuerrecht ist voller Ungereimtheiten. Wenn ein Konzern Firmenteile verkauft, dann kann er den Gewinn steuerfrei kassieren. Aber wenn ein Handwerksmeister am Ende eines erfüllten Berufslebens seinen Betrieb verkauft, ist er voll steuerpflichtig. Wo leibt da die Gleichheit, wo bleibt da die Steuergerechtigkeit?»“ (S.19)

Sodann ist lesenswert, was Wittke auf die Frage antwortet, ob dergleichen immer schon der Fall gewesen ist:

„Das hat sich durch zwei Dinge verändert: Zum einen durch die beschleunigte Globalisierung der Wirtschaft. Zum anderen ist es aber auch die Folge einer falschen Steuerpolitik, die seit 1998 in Berlin gemacht wird und fast ausschließlich große Kapitalgesellschaften begünstigt, während sie mittelständische Unternehmen und Personengesellschaften sträflich benachteiligt. Die Ursache liegt wahrscheinlich darin, dass die handelnden Personen alle durch Großunternehmen geprägt waren. Der damalige Staatssekretär im Finanzministerium, der für die Steuerpolitik zuständig war, Herr Zitzelsberger, war vorher Finanzvorstand bei Bayer. Der Bundeswirtschaftsminister, Herr Müller, 1998 frisch ins Amt gekommen, war vorher Vorstandmitglied in verschiedenen Gesellschaften des E.ON-Konzernes und des RWE-Konzernes – also auch großen Kapitalgesellschaften. Und der Bundeskanzler wir nicht umsonst Genosse der Bosse genannt.[49]“ (S.142)

[49] Weiss und Schmiederer führen hierzu aus: „Oberbürgermeister Oliver Wittke hatte bei seiner Bemerkung wohl E.ON und dessen Vorläufer- und Tochterfirmen vor Auge. E.ON ist erst im Jahre 2000 entstanden, aus dem Zusammenschluss von VEBA – […]

Das ist nicht zuletzt in Beziehung auf die Vorstellungen vom „Primat der Politik" und der „Impotenz des Geldes" (vgl. 2.1) bemerkenswert, die bereits in Rücksicht auf die US-Politik zurückzuweisen gewesen sind.

Hiermit ist die Einbringung jenes Argumentes hinreichend vorbereitet, auf das es insbesondere ankommen soll:

„Der Gelsenkirchener Oberbürgermeister Oliver Wittke versteht nicht, dass Deutschland und die EU die Verlagerung von Betrieben ins Ausland auch noch fördern. «Das ist verrückt! Ganz aktuell haben wir mit einer Reihe von Unternehmen zu kämpfen, die Produktionsteile oder sogar ganze Betriebe ins osteuropäische Ausland verlagern, nach Tschechien beispielsweise. Der Oberbürgermeister von Leipzig sagte mir neulich: Die Unternehmen, die vor zehn Jahren mit deutschen Subventionen aus Westdeutschland nach Leipzig übersiedelt sind, wechseln jetzt, nachdem die Bindungsfristen für die Investitionen abgelaufen sind, mit europäischem Fördergeld nach Osteuropa, in den Erweiterungsraum der europäischen Union.»" (S.24)

Was lässt diese Ostwanderung von Unternehmen hier insbesondere interessant sein? Konkreter gefragt: Was lässt die Unterstützung dieser Ostwanderung mit europäischem Fördergeld hier insbesondere interessant sein? Zunächst scheint „lediglich" vorzuliegen, dass eine wirtschaftsschwache Region von Deutschland bzw. der EU unterstützt wird. Genauer betrachtet lässt sich formulieren: Es wird eine Region unterstützt, die in das Reich des Guten aufgenommen worden ist, so wie zuvor schon – erste Etappe – das Gebiet der ehemaligen DDR (Beispiel: Leipzig). Im Sinne der Solidarität ein begrüßenswertes Unterfangen. Aber gerade hierin liegt der springende Punkt: Nichts spricht dafür,

---

und dem Energie- und Telekommunikationskonzern VIAG." (S.143)

dass Deutschland bzw. die EU solidarisch denkt

Auch die das eigentlich interessierende Argument vorbereitenden Stellungnahmen des Oberbürgermeisters Gelsenkirchens weisen darauf hin, dass hier eine Politik im Namen westlicher Eliten betrieben wird. In diesem Namen lässt sich auch die Förderung der Ostwanderung der Unternehmen verstehen, also als Ausdruck imperialistischer Ambitionen marktfundamentalistisch denkender Menschen. Dass hierbei von den nicht-elitären Teilen der westlichen Gesellschaften Opfer abverlangt werden, wird hierbei übergangen, bzw. maskiert, indem Solidarität mit dem Osten eingemahnt wird.

Dieses Zusammenspiel von Opferbereitschaft und Solidaritätsappell einerseits und Machterweiterung westlich-marktfundamentalistischen Denkens andererseits entspricht grundsätzlich den Vorgängen, die auch in Beziehung auf das Projekt „Ukraine-Krise“ zu beobachten sind. In beiden Fällen ist nicht nachvollziehbar, wie sie zumindest von schwacher Solidarität geprägt sein sollen.

Das ist auch in Rücksicht darauf zu verstehen, dass die EU umfassende Änderungen plant, nicht nur Änderungen des „Verteidigungs“sektors betreffend. Die Brisanz dieses Satzes kommt deutlicher zum Ausdruck, wenn man schreibt: Der Junior-Partner der sich in Richtung Oligarchie und Obrigkeitsgesellschaft bewegenden USA plant derartige Änderungen. In der „Erklärung“ ist zu lesen:

> „Wir wissen, dass aufgrund von COVID-19 die Schulden und Defizite in allen Mitgliedsstaaten stark gestiegen sind. Gleichzeitig ist der Investitionsbedarf für einen erfolgreichen Übergang zu einer grünen, digitalen und krisenfesten Gesellschaft und Wirtschaft der EU sehr groß.“

Diese Investitionen werden umgehend als „unabdingbar" dargestellt. Somit erhebt sich die Frage: In welche Richtung sollen die Änderungen gehen? Zur Beantwortung dieser Frage soll nochmals aus dem Interview mit Altzinger zitiert werden. In dem folgenden Zitat beschreibt er die Vermögensverteilung in dem EU-Land Österreich:

„Die unteren 50 Prozent der Haushalte haben de facto kein Vermögen. Sie leiden unter der Inflation besonders, weil sie auf so gut wie keine Ersparnisse zurückgreifen können. Die weiteren 40 Prozent der Haushalte haben nahezu ausschließlich Immobilienbesitz, [...] aber auch nur unzureichende Geldersparnisse. Die vermögendsten zehn Prozent besitzen dem gegenüber 60 Prozent des Gesamtvermögens. Dies ist vor allem Finanzvermögen und der Besitz von Unternehmen. Wobei das ganz oben noch einmal extrem konzentriert ist. In Österreich besitzen allein die hundert vermögendsten Familien mehr als zehn Prozent des Gesamtvermögens."

Zudem ist aus DIE GANZE WOCHE (Nr.32/22) anzuführen:

„«Die Gier der Öl- und Energiekonzerne ist grotesk. Es wird Zeit, dass die Regierungen weltweit die übermäßigen Gewinne dieser Unternehmen besteuern,», fordert UN-Generalsekretär António Guterres. Der 73jährige Portugiese kritisiert, dass die Ölkonzerne aus einer weltweiten Krise Kapital schlagen."

An diesen Zitaten fällt auf, dass von der Leyens Zukunftspläne für die EU zwar Änderungen in Richtung „grün, digital und krisenfest" anführen, n i c h t a b e r in Richtung „sozial". Grund genug wäre vorhanden, wie die Zitate zeigen. Umso bemerkenswerter ist, dass von der Leyen von den EU-Staaten Disziplin einfordert, trotz der „stark gestiegenen" Schulden und Defizite in allen Mitgliedsstaaten". Dieser Appell, trotz steigender Schulden und Defizite, Disziplin zu zeigen bei der Verwirklichung „unabdingbarer" Änderungen, wird also vorgetragen, ohne gleichzeitig substanziell das Problem zu thematisieren, in einer Gesellschaft zu leben, in der sich in Krisenzeiten zumindest Teile der Eliten bereichern und die Lasten den Nicht-Eliten auferlegt werden. Das ist eine Umverteilung von unten nach oben, die unbeachtet bleibt.

Das kann nur bedeuten, dass sich das marktfundamentalistische Denken im EU-Raum sehr sicher fühlen muss, dass es der Ansicht ist, den von den USA vorgegebenen Pfaden problemlos folgen zu können. Die Saat jahrelanger Aushöhlung der Solidarität ist innen- wie außenpolitisch aufgegangen. Im Namen der Staatshaushaltsdisziplin, an sich ein vernünftiges Vorhaben, werden Schritte gesetzt, die nicht im Dienste der Staatsmodernisierung gemeint sein können, da dieser Dienst das Bemühen um eine wohlgeordnete Gesellschaft umfasst, sondern ein Dienst an den Eliten sein müssen. In dieser Situation ist ein außenpolitischer Feind (Russland) zweifellos hilfreich, da er die Möglichkeit bietet, den Zusammenhalt in der eigenen Gesellschaft (EU) zu stärken: „Wir werden bedroht." In der Einleitung ist darauf hingewiesen worden, dass der Präsident der Ukraine, Wolodymyr Selenskyj, genau diesen Umstand befeuert hat: „Russland hat nicht bloß die Ostukraine im Sinn." Das stärkt zweifellos die Machtzentren in der „bedrohten" Gesellschaft, was es diesen leichter sein lässt, Maßnahmen voranzureiben, die, würde der Fokus nicht auf dem Feind liegen, eher kritischhinterfragt würden.

Daher lohnt es, genauer darauf zu achten, was von den Protagonisten der monopolkapitalistischen Marktgesellschaft, des Marktfundamentalismus behauptet wird, wenn sie sich die Maske „Solidarität und Bemühen um die wohlgeordnete Gesellschaft" aufsetzen, wenn sie von „Wir" sprechen usw. Anhand des EU-Landes Österreich lässt sich dies wie folgt verdeutlichen.

In DIE GANZE WOCHE (Nr.26/22) führt ÖVP-Finanzminister Magnus Brunner zunächst aus, dass die Regierung die

Sorgen vieler Menschen aufgrund der steigenden Kosten „sehr ernst“ nimmt. Sodann führt er die Maßnahmen an, die als Antwort hierauf von der Regierung gesetzt worden sind und schließt seine Ausführungen mit der Feststellung:

„Wir federn die Auswirkungen der Teuerung, so gut es geht, ab, aber globale Entwicklungen können wir nie zu 100 Prozent ausgleichen.“

In der gleichen Ausgabe von DIE GANZE WOCHE kommt auch die SPÖ-Bundesparteivor-sitzende Pamela Rendi-Wagner zu Wort:

„5.863 Euro. So viel bekommen Spitzeverdiener wie der Bundeskanzler, der Finanzminister oder auch ich als Klubobfrau bis 2026 aus dem Verteilungspaket von Türkis-Grün. Das ist viel Geld, auf das keine der genannten Personen angewiesen ist. Eine Pensionistin mit 1.200 Euro bekommt nur ein Viertel dieser Summe davon heraus. Soziale Treffsicherheit schaut anders aus.“

Diese Schlussfolgerung Rendi-Wagners lässt sich wohl nicht entkräften, was wiederum zu dem Schluss führt, dass „wir nehmen die Sorgen der Menschen ernst“ nicht so ernst gemeint sein kann.

Untermauern lässt sich dieser Umstand mittels zweier Berichte in HEUTE (21.6.2022 bzw. 24.6.2022):

„Bereits 1,4 Millionen Haushalte (das sind 2,7 Millionen Menschen bzw. 35 % aller Haushalte!) können laut einer Analyse des Fiskalrats ihre Ausgaben nicht mehr mit ihrem monatlichen Einkommen decken. Sie müssen den Gürtel enger schnallen oder, wenn verfügbar, auf den Notgroschen zurückgreifen. Was erschüttert: Vor den jüngsten Preiserhöhungen war das «nur» bei einer Million Haushalte (25 % bzw. 1,8 Millionen Menschen) der Fall. Auch die Mehrbelastung durch die explodierende Inflation haben die Experten des unabhängigen, in der Nationalbank angesiedelten Gremiums errechnet. Demnach müssen die Betroffenen wegen gestiegener Kosten heuer im Schnitt um bis zu 55 Euro im

Monat mehr hinblättern als zuvor, und zwar pro Person (auch Kinder).“

„Die massive Teuerung und der Ukraine-Krieg führen in Wien zu langen Schlangen bei Lebensmittelausgabestellen. Vor allem Alleinerziehende, Familien und Pensionisten sind auf günstige Produkte angewiesen, die Nachfrage ist enorm: Waren es 2021 noch 17 Tonnen Lebensmittel, die wöchentlich ausgegeben wurden, sind es nun bereit 24.“

Hieran ist insbesondere zu beachten, dass bereits vor den aktuellen Teuerungen 25 % der Haushalte in einer prekären Situation gewesen sind! Es ist schlicht falsch, zu behaupten, dass eine Gesellschaft, in der dies der Fall ist, eine solidarische Gesellschaft sein kann, auch nicht im Sinne der schwachen Solidarität. Diese Zitate verdeutlichen aber auch, dass es schlicht falsch ist, dass die bereits angemerkte „Teuerung aus Gier“ mit dem Ausbruch des Ukraine-Krieges gleichsam aus dem Nichts entstanden ist. Das Zitat aus dem Buch von Hans Weiss & Ernst Schmiederer zeigt hinlänglich, dass dem Ausleben dieser Gier bereits seit vielen Jahren der Boden aufbereitet worden ist, auch von der EU. Daher muss erstaunen, wenn der österreichische Finanzminister mit Bedauern feststellt, dass Österreich „globale“ Phänomene nicht restlos abfedern kann. Dieses Bedauern stellt Österreich „globalen“ Phänomenen gegenüber, wovon aber nicht die Rede sein kann, da Österreich Teil der EU ist, also Teil der Verursacher dieser Phänomene.

Beurteilt man die Aussagen Brunners in DIE GANZE WOCHE, so kommt man nicht umhin festzuhalten, dass sie einen eigenartigen Umgang mit der Realität aufweisen. Einerseits wird davon gesprochen, die Sorgen der Menschen ernst zu nehmen und daher Maßnahmen zur Linderung der besorgniserregenden Umstände zu setzen, aber andererseits wird die Quelle dieser Umstände dermaßen vernebelt geboten, dass jede, Stückwerk bleibende Hilfe – und mehr soll nicht möglich sein – bereits als Achtung verdienend dargestellt werden kann. Das entspricht insofern der Vorgehensweise auf EU-Ebene, als die eigentliche Quelle der Probleme, die Ausrichtung auf die Marktgesellschaft bzw. obrigkeitliche Gesellschaft einfach ausgeblendet wird. Die Richtigkeit dieser Aussage setzt natürlich voraus, dass sich zeigen lassen wird, sich nicht mit derartigen Vorstellungen von der Gesellschaft abfinden zu müssen.

Aber zumindest die Sinnhaftigkeit davon, sich ernsthaft mit der Möglichkeit dieses Nachweises auseinander setzen zu müssen, verdichtet sich zunehmend, da jegliche Betrachtung einer Argumentation im Sinne der in Frage zu stellenden Vorstellung von Gesellschaft zeigt, dass diese mit inneren Widersprüchen behaftet ist. Ein weiteres Beispiel hierfür liefert Finanzminister Brunner (Österreich) in einem KURIER-Interview (11.9.2022):

> „In diesen verrückten Zeiten an den Märkten kann man allerdings nie etwas ausschließen."

Das trifft nicht zu: Wir leben nicht in „verrückten" Zeiten an den Märkten. Wir leben in Zeiten, in denen Teile des marktgesellschaftlich verstandenen Marktes das in diesem liegende Potenzial zur Befriedigung der eigenen Hybris – „Profit aus Gier" – uneingeschränkt befriedigen können, Solidarität vollständig missachtend. Der Finanzminister missachtet diesen Umstand, was Anlass zu der Vermutung bietet, seine folgende Aussage als Empörungsprophylaxe verstehen zu müssen:

> „Die Idee [der österreichischen Regierung] ist, den Strompreis dort einzufrieren, wo er vor der Energiekrise war. Das sind die 10 Cent als Durchschnittswert und die 40 Cent als Obergrenze für ein Kontingent von 2.900 kWh. Wir senken die Preise für die Kunden und haben einen Anreiz zum Sparen."

Das besagt zweifellos, dass der Markt nicht uneingeschränkt sich selbst überlassen wird. Das besagt aber auch, und hierin liegt das Problem: Die eigentliche Quelle der Schwierigkeiten, was es nämlich mit dem Markt in einer Marktgesellschaft auf sich hat, welche Gefahren in ihm liegen, wird nicht zum Maßstab der Maßnahmen gemacht. Auch Brunners Hinweis auf die Bedeutung der Preissignale weist in die Richtung, dass die Eingriffe in den Markt aus Kalkül geschehen, also vor allem Empörungsprophylaxe sind und nicht Ausdruck solidarischen Denkens. Überspitzt formuliert: Sollen die ÖsterreicherInnen dafür dankbar sein, dass ihnen dieses Signal geboten wird[50]?

Ein weiteres Beispiel dafür, wie politische Aussagen, die Solidarität mit allen Gesellschaftsteilnehmern signalisieren sollen, einfacher als Maskierung der Problemquelle Markgesellschaft (= Protegierung der Eliten) zu interpretieren sind, bietet der Bundesministers für Arbeit und Wirtschaft Österreichs, Martin Kocher, in einem KURIER-Interview (21.8.2022):

„KURIER: Die Anti-Teuerungspakete der Regierung sind bei den Leuten offenbar nicht durchgerungen, denn die Umfragen der Regierung sind schlecht, […] – KOCHER: Da gibt es einen psychologischen Effekt: Ich sehe täglich im Supermarkt oder an der Tankstelle, wie sich die Preise erhöhen. Andererseits sehe ich nicht so klar, wo ich mehr am Konto habe, weil ich es mir nur einmal im Monat anschaue. Dennoch bin ich überzeugt, dass die

---

[50] Dieses Bild von den Preisen als sinnvollen Signalen erfreut sich weiter Verbreitung im marktgesellschaftlichen Denken. In DIE GANZE WOCHE (Nr.35/22) führt der Ökonom Thilo Schaefer vom Institut der Deutschen Wirtschaft aus, dass „Preissignale wichtig sind, um Verbraucher zum Sparen zu bewegen." Das ist Zynismus. Dieser liegt nicht darin, dass die Vorstellung von den Preissignalen eine Erfindung ist, sondern eine an sich zutreffende Vorstellung pervertiert wird.

Direkthilfen der bessere Weg sind als einige populistische Forderungen der Opposition. - KURIER: Aber in anderen Ländern funktionieren Preiseingriffe. – KOCHER: Mit einem Preisdeckel fördere ich jene mehr, die mehr verbrauchen. Die obersten zehn Prozent der Einkommensbezieher fahren fünf Mal so viel Auto wie die untersten 20 Prozent. Unsere direkten Hilfen stellen hingegen eine massive Förderung der Bezieher niedriger Einkommen dar."

Zur ersten Aussage Kochers ist festzuhalten, dass die Teuerungen, mit denen man im Supermarkt und an der Tankstelle konfrontiert wird, keinesfalls in der unterstellten Beziehung zu dem stehen, was man am Konto sehen kann. Hier einen „psychologischen Effekt" in Anspruch zu nehmen, ist daher ebenso unangebracht wie die Formulierung „verrückte Zeiten am Markt". Nicht weniger eigentümlich ist die Art der Zurückweisung von Preisregulationen: Regulationen - Deckelungen - des Benzinpreises, so Kocher, fördern vor allem die Reichen – „die obersten zehn Prozent" - bzw. diese mehr als die Armen. Daher sollen sie unterbleiben. Die Crux hieran: Die „obersten zehn Prozent" werden die Preissteigerung an der Tankstelle nur beiläufig registrieren. Die Deckelung des Benzinpreises kann nicht ernsthaft als Förderung dieser Menschen verstanden werden; da ihnen die Preissteigerung letztlich gleichgültig ist. Das Unterlassen der Deckelung ist daher keinesfalls als Akt der Solidarität mit den Armen zu begreifen. Das besagt: Kochers Argument soll den Schein erwecken, als würde Bemühen um die Armen, also Solidarität mit den Armen, vorliegen. Das führt zu der Frage: Wie glaubwürdig kann in dieser Situation die Aussage „massive Förderung der Bezieher niedriger Einkommen" sein? Wer tatsächlich solidarisch denkt, der bedarf keiner Tricks, um seine Maßnahmen zu rechtfertigen.

Überblickt man die gebrachten Ausführungen, so zeigt sich: Die politisch Verantwortlichen in der EU zeigen zumindest in ihrer Mehrheit ein Verständnis von Solidarität, das kaum mehr als den Namen mit tatsächlicher Solidarität gemeinsam hat. Die inneren Widersprüche in den Solidaritätsbekundungen und das unverkennbare Bemühen, die Grundpfeiler der Marktgesellschaft nicht problematisch erscheinen zu lassen, weisen darauf hin, dass die Gleichheit und Gleichwürdigkeit aller Menschen in der EU nicht zum Maßstab genommen werden. Maßstab ist das Menschenbild der Marktgesellschaft, der obrigkeitlichen Gesellschaft. Lässt sich zeigen, wie in dem vorliegenden Buch in Aussicht gestellt wird, dass dieser Maßstab der falsche Maßstab ist, zu keiner wohlgeordneten Gesellschaft führen lassend, so ist davon zu sprechen, dass gegenwärtig in der EU ein reduktionistisches Zerrbild von Solidarität im Namen der Protegierung der Eliten verwendet wird.

Trifft das zu, so trifft auch zu: Die in der EU geplanten Änderungen führen die EU in Richtung Amerikanisierung. = Die Entwicklung, die sich seit der Reagan-Administration in den USA zuträgt und eine offensivere Vorgehensweise der Eliten bedeutet, weg von Solidarität und Demokratie, greift auf Europa über. Die EU als Junior-Partner der USA.

In Rücksicht auf die Ukraine-Krise bzw. den Ukraine-Krieg bedeutet das: Diese Krise bzw. dieser Krieg ist nur eine der Bühnen, auf denen sich die Kristallisierung der neuen Gesellschaftsordnung gemäß der offensiv gewordenen Eliten zuträgt. Im ersten Kapitel ist Michel Reimon, Europasprecher der Grünen (Österreich), mit der Warnung zitiert worden, die Ukraine nicht sogleich und unvorbereitet in die EU einzugliedern, da sie hierdurch unmittelbar in den Machtbereich der westlichen Konzerne gerät, zu ihrem Schaden. Wie sich in den vorangegangenen Ausführungen gezeigt hat, ist das eine bei weitem zu kurz greifende Warnung. T a t s ä c h l i c h gewarnt werden muss vor dem Geflecht aus westlicher Politik und Wirtschaftseliten, dem sogenannten Reich des Guten.

4.3 Die beklemmend bizarre Welt des Rechts

Die EU versteht sich als Teil des Reichs des Guten bzw. als krasser Gegensatz zu dem Diktator Putin. Ausdruck hiervon ist auch, so wird argumentiert, dass man sich geltendem Recht verpflichtet fühlt, anders als Putin, dem das Völkerrecht usw. gleichgütig sind. Es lohnt, diese Darstellung zu hinterfragen.

Zum Einstieg in diese Thematik soll aus einem Artikel in DIE TAGESZEITUNG (taz) zitiert werden, der, ganz im Sinne der „Reich des Guten“-Propaganda abgefasst, stutzig machen muss. In seinem Artikel *Vorwürfe von Amnesty gegen die Ukraine – ein gefundenes Fressen* schreibt Dominic Johnson (4.8.2022):

„Amnesty International (AI) nimmt die Taktik der ukrainischen Armee gegen Russlands Angriffskrieg unter die Lupe und bemängelt, dass die ukrainischen Streitkräfte bei der Verteidigung von Städten auch aus Wohngebieten, aus zivilen Einrichtungen heraus operieren und damit Zivilisten dem russischen Beschuss aussetzen. Ihre differenzierten Befunde publiziert die Menschenrechtsorganisation unter dem Titel «Kampftaktik der ukrainischen Armee gefährdet Zivilpersonen». Das russische Staatsmedium RT macht daraus: «Amnesty International deckt Kiews Verstöße gegen Kriegsvölkerrecht auf», und Putin-Versteher jubeln: Selenski ist ein Kriegsverbrecher, hier ist der Beweis! Dass Russland die Ukraine angreift und nicht umgekehrt, und dass die Gefahr für ukrainische Zivilisten dadurch entsteht, dass Russland auf zivile Ziele schießt – das fällt unter den Tisch. Vorhersehbar war das, wie im aufgeheizten Klima um den Krieg in der Ukraine für Differenzierung kein Platz ist. Eine erfahrene Menschenrechtsorganisation wie AI sollte das wissen. Sie müsste antizipieren können, wie die öffentliche Rezeption ihrer Berichte ausfällt. Und sie müsste in der Lage sein, ihre Erkenntnisse so zu publizieren, dass sie nicht in Moskau eine Täter-Opfer-Umkehr ermöglichen und damit in Kiew Empörung provozieren.“

Die Vorgehensweise der ukrainischen Armee bzw. der Ukraine darf also nicht hinterfragt werden. Dergleichen kann man, um die Worte des Autors zu verwenden, „unter den Tisch fallen lassen". Differenzierte Betrachtungen sind unangebracht. Das überrascht, impliziert es doch, auf einem Auge blind sein zu sollen. „Wieso dieser Aufruf, gilt es etwas zu verbergen?" kann man sich fragen. Zudem ist zu beachten: Hiermit bedient sich der Autor einer Vorgehensweise – „unter den Tisch fallen lassen" -, die er zugleich AI vorwirft. Aber dieser Vorwurf ist, soweit sich zeigt, gerade nicht berechtigt. „Dass Russland die Ukraine angreift und nicht umgekehrt" schreibt Johnson. Das ist zwar nicht falsch, aber die Wahrheit gibt es trotzdem nicht wieder. Johnson erweist sich hier als trickreich: Er greift einen Teil heraus und gibt ihn als die ganze Wahrheit aus. Er „lässt unter den Tisch allen", dass die Aktion Russlands eine Reaktion auf marktgesellschaftliche Aktionen ist. Er bedient sich also eines Taschenspielertricks, um das Bild von den Marktgesellschaften als dem Reich des Guten aufrecht halten zu können. Was hat demgegenüber AI gemacht? Es hat sich dieses Taschenspielertricks nicht bedient.

Anders gewendet: Überlegungen zur Rolle der Marktgesellschaft als differenzierenden Unsinn zurückzuweisen kann nur bedeuten: Hiervon soll nicht gesprochen werden, da anders as dazugehörende Opfer-Täter-Bild nicht aufrecht gehalten werden kann. Es würde sich als Märchenkonstrukt entpuppen. Das meint: Johnsons Opfer-Täter-Bild überzeugt nur, wenn zahlreiche differenzierende Darstellungen „unter den Tisch fallen" gelassen werden.

Das hat, um diesen Punkt nicht unerwähnt zu lassen, nichts mit „Putin-Versteher" zu tun. Es geht hier – wie im ganzen Buch – nicht darum, Putin zu verstehen, sondern zu zeigen, dass die Marktgesellschaften bzw. USA, EU und NATO nicht das Reich des Guten sind.

Angesichts hiervon ist hervorzuheben, was anhand des gebrachten Beispiels in das Blickfeld gerückt sein soll. Die marktgesellschaftliche Argumentation bzw. Propaganda hat kein Problem damit, das Recht zu bagatellisieren – die Vorgehensweise der ukrainischen Armee ist uninteressant -, wenn hieraus ein Gewinn für die eigene Vorgehensweise gezogen werden kann. Das muss, ist man in der Lage, die marktgesellschaftliche Propaganda kritisch zu hinterfragen, irritieren. Daher stellt sich grundsätzlich die Frage nach dem Rechtsverständnis der Protagonisten der Marktgesellschaft.

Zur Beantwortung dieser Frage soll zunächst auf die öffentliche Anhörung des Auswärtigen Ausschusses des Deutschen Bundestages am 6. Februar 2023 geblickt werden. Das Thema der Anhörung: „Strafverfolgung und Beendigung von Straflosigkeit angesichts des russischen Angriffskriegs gegen die Ukraine"

Christian Walter hat in seiner Stellungnahme die im Mittelpunkt der Anhörung stehende Problematik wie folgt dargelegt[51]:

> „Aus dem Voranstehenden ergibt sich die von Bundesministerin Baerbock in ihrer Rede in Den Haag [Jänner 2023] angesprochene Lücke im Völkerstrafrecht. Sie ist verfahrensrechtlicher und nicht materieller Natur, führt aber dazu, dass gegenwärtig kein Strafverfahren gegen die russische Staatsführung wegen des Verbrechens der Aggression durchgeführt werden kann."

Die Unterstützer der Ukraine – um im marktgesellschaftlichen Bild zu bleiben – haben also ein Problem, das sich aus einer „Lücke im Völkerstrafrecht" ergibt. Aus

[51] Alle Zitate zu dieser Anhörung aus www.bundestag.de

verfahrensrechtlichen Gründen können sie ad hoc nicht strafrechtlich gegen die russische Staatsführung vorgehen. Hiermit wird ausgesagt, dass man nicht bereit ist, geltendes Recht missachten zu wollen. Das ist natürlich aller Ehren wert, aber die Crux hieran liegt bereits im Titel der Anhörung, da dieser undifferenziert vom „Angriffskrieg" Russlands spricht. Hierdurch steht die Beachtung geltenden Rechts sofort auf tönern Füßen, da sich folgende Frage aufdrängt: Welche Vorstellungen vom „Verbrechen der Aggression" bringt jemand mit, der dieserart undifferenziert vom Angriffskrieg Russlands spricht? Anders formuliert: Werden hier Vorstellung mitgebracht, die nicht frei von ideologischen Vorgaben sind, sodass die Rechtstreue eine Unterwanderung erfährt?

Die Stellungnahme von Claus Kreß lässt diesbezüglich tief blicken. Er beginnt seine Ausführungen mit einem Zitat aus besagter Rede der Außenministerin Deutschlands in Den Haag:

> „Es war Russlands ruchloser Überfall auf die Ukraine, der überhaupt erst zu den furchtbaren Verbrechen geführt hat, die uns seit Monaten verfolgen, die uns ins Mark gehen, und die […] weiterhin begangen werden […], solange diese Aggression andauert. Deswegen ist es so fatal, dass nun die Grenzen. der Zuständigkeit des internationalen Strafgerichtshofes für das Verbrechen der Aggression sichtbar werden. Genau beim Urverbrechen greift die Accountability zu kurz."

Kreß kommentiert diese Stellungnahme wie folgt: „Diese Worte sind trefflich". Das ist falsch. Kreß lässt „unter den Tisch fallen", dass, um nur ein Ereignis in Erinnerung zu rufen, 2014 der ukrainische Präsident Wiktor Janukowytsch und Ministerpräsident Nikolai Asarow aufgrund substanzieller Mithilfe der CIA gestürzt worden sind. Was zu den „furchtbaren Verbrechen geführt hat", wird von Kreß also falsch angegeben, in Übereinstimung mit einer kriegsbegeisterten Politikerin.

Angesichts hiervon ist folgende Aussage Kreß' zu betrachten:

„Denn Deutschland konnte in den letzten 25 Jahren beim Einsatz gegen das Verbrechen der Aggression auch deshalb zu einer der im positiven Sinn treibenden Kraft werden, weil die jeweilige Bundesregierung dabei stets auf eine breite Unterstützung im Bundestag bauen konnte."

Diese Aussage ist interessant, da in den genannten Zeitraum z. B. folgende Ereignisse fallen:

„2001 Die USA rufen den sogenannten «Krieg gegen den Terror» aus und bombardieren Afghanistan und Pakistan in einem illegalen Angriffskrieg ohne UNO-Mandat.

2003 Der Irak wird von US-Präsident George Bush junior und dem britischen Premierminister Tony Blair in einem illegalen Krieg angegriffen.

2011 Libyen wir von Präsident Obama in einem illegalen Angriffskrieg bombardiert." (Ganser; siehe Fußnote 5; S.345)

Keine einzige dieser Aktionen hat die deutsche Bundesregierung und den Bundestag ihre Rolle als „treibende Kraft" gegen „das Verbrechen der Aggression" wahrnehmen lassen. Die Rolle der „treibenden Kraft" im Kampf gegen Aggression ist erst jetzt zur Entfaltung gelangt, im Sog der Kooperation mit den USA. Also im Sog eines sukzessive stärker werdenden marktgesellschaftlichen Denkens, dessen Eliten und primären Nutznießer in der Wirtschaft zu suchen sind. Die federführende Politik ist von diesem Denken infiltriert worden. Und das Recht? Es kann zumindest nicht frei von Infiltration sein, da sich anders die Ausführungen Kreß' nicht verstehen lassen. Sein Verständnis von „Verbrechen der Aggression" orientiert sich uneingeschränkt an den ideologischen Vorgaben.

Angesichts hiervon soll die Stellungnahme von Frank Hoffmeister interessieren. Zunächst verweist er darauf, dass gemäß dem Territorialitätsprinzip der Generalstaatsanwalt der Ukraine „primär zuständig [ist], um die auf ukrainischem Boden begangnen Verbrechen zu verfolgen.“ Im Anschluss hieran erfährt man:

> „So hat die EU-Kommission im Frühjahr 2022 das Projekt Pravo Justice angepasst. War es zuvor auf die allgemeine Justizreform ausgerichtet, so unterstützt es nun speziell auch die Arbeit des Generalstaatsanwalts zur Verfolgung von Kriegsverbrechen technisch und finanziell. Insgesamt bis zu 7.5 Mio. Euro stellt die EU somit bereit, um bei der Beweiserhebung und -sicherung zu helfen. Am 13. April 2022 hat der Rat der EU außerdem das Mandat der EU Advisory Mission for Civilian Security Sector Reform angepasst. Diese EU-Operation wird von Spezialisten aus den Mitgliedstaaten unterstützt, die vor Ort direkt mit der Generalstaatsanwaltschaft der Ukraine zusammenarbeiten.“

Eigentlich interessant ist, was hierauf folgt:

> „Hinzu tritt die Hilfe aus dem Vereinigten Königreich und den USA. Um die Leistungen dieser drei Akteure zu koordinieren, existiert seit dem 25. Mai 2022 die Atrocity Crimes Advisory Group (ACA). Eine Beratergruppe mit amerikanischen, britischen und europäischen Staatsanwälten mit Erfahrungen auf dem Gebiet der Strafverfolgung von Kriegsverbrechen arbeitet direkt dem ukrainischen Generalstaatsanwalt zu. Außerdem gibt es unter dem Dach der ACA sog. Mobile Justic Teams, in der internationale und ukrainische Staatsanwälte auf Bitte des ukrainischen Staatsanwalts zusammen konkrete Fälle bearbeiten.“

Was kann an der ACA auffallen, obschon es Hoffmeister gerade nicht zum Thema macht? Der Umstand, dass in dieser Gruppe europäische und englische Staatsanwälte mit amerikanischen Staatsanwälten zusammenarbeiten. Das besagt: Jene Staatsanwälte arbeiten mit Staatsanwälten aus dem Land zusammen, das, marktgesellschaftlichen Überlegungen folgend, von entscheidender Bedeutung für die Ausbildung der in der Ukraine gegebenen Situation ist. Das ist bizarr.

Konstruktionen wie ACA müssen als Ausdruck eines Rechtsverständnisses begriffen werden, dessen Fundament marktgesellschaftliches Machtstreben ist. Wer sich derartiger Konstruktionen bedient, der tut natürlich gut daran, ein differenzierendes Denken „unter den Tisch fallen zu lassen". Die Gesetzestreue ist letztlich Maske. Die Maske des gesetzestreuen Akteurs ist aber viel zu brüchig, als dass sie differenzierendes Denken aushalten könnte. Immerhin muss sie aber den Einruck erwecken können, als würde die Gesetzestreue ernsthaft verfolgt. Die hier interessierende Anhörung ist ein Beispiel hierfür.

Angesichts hiervon ist nun aufzugreifen, dass das Europäische Parlament die Initiative der Regierung der Ukraine aufgegriffen hat, ein internationales Sondertribunal zum „russischen Angriffskrieg" zu starten. Hoffmeister hält hierzu in seiner Stellungnahme fest:

„Der Europäische Rat forderte die Europäische Kommission und den Hohen Vertreter für die gemeinsame Außenpolitik auf, diesbezüglich Optionen zu erarbeiten. Diese haben vorgetragen, dass es möglich sei, ein internationales Tribunal zu schaffen oder die Ukraine dabei zu unterstützen selbst ein Sondertribunal zu errichten, ohne sich selbst politisch festzulegen. Allen europäischen Dokumenten ist gemeinsam, dass sie den Grundsatz der Verfolgungsnotwendigkeit bejahen, die genauen Modalitäten eines derartigen Sondertribunals aber offen lassen."

Um die Beendigung dieser Inkonsequenz ist insbesondere Deutschland bemüht, was Hoffmeister in folgende Worte kleidet:

„Laut einer Rede der Bundesministerin Baerbock in Den Haag vom Januar 2023 schlägt sie eine doppelte Strategie vor: zum einen sollen die Ermittlungsmöglichkeiten des Internationalen

Strafgerichtshofs im Bereich des Verbrechens der Aggression erweitert werden; solange das aber nicht geschehe (dafür bedarf es einer weiteren Änderung des Romstatus), könnte Deutschland die Ukraine dabei unterstützen, ein ukrainisches Sondertribunal mit internationalen Elementen zu schaffen (sog. Hybrid-Tribunal).“

Diesem Hybrid-Tribunal gilt nun Hoffmeisters ganzes Interesse. Zunächst hält er fest: „Aus hiesiger Sicht ist der Vorschlag gut durchdacht.“ Der Grund hierfür ist, dass ein internationales Sondertribunal, das vom UN-Sicherheitsrat vorgeschlagen werden könnte, am Veto Russlands nach Art. 27 Abs. 3 UN-Charta scheitern würde. "Ob die UN-Generalversammlung im Bereich des internationalen Friedens und der Sicherheit den Sicherheitsrat ersetzen kann, ist zudem zweifelhaft.“ Explizit wird angeführt, dass das Sondertribunal für Sierra Leone kaum als Präzedenzfall herangezogen werden kann:

„Denn dieses beruht auf einem Vertrag, den der UN-Generalsekretär mit der Regierung von Sierra Leone im Namen der UN abgeschlossen hat, nachdem der UN-Sicherheitsrat (und gerade nicht die Generalversammlung) dies politisch gebilligt hat.“

Sodann kommt Hoffmeister auf die Achillesferse des Hybrid-Tribunals zu sprechen:

„Freilich kann derzeit nicht abgeschätzt werden, ob der deutsche Vorschlag zur Schaffung eines hybriden Gerichts für die Ukraine und andere Partner akzeptabel ist. Eine große Frage, die hier im Raum steht, bezieht sich auf die mögliche Immunität russischer Amtsträger.“

Von derartigen Analysen sind alle Stellungnahmen im Rahmen der Öffentlichen Anhörung des Auswärtigen Ausschusses des Deutschen Bundestages geprägt. Der Eindruck, den sie hinerlassen, ist eindeutig Hier sind Menschen bemüht, im Sinne geltenden Rechts ein Verbrechen ahnden zu können. Aber dieser Eindruck muss täuschen, wie sich in Beziehung auf ACA gezeigt hat. Hier wird eine Maske aufgesetzt, der man nur vertrauen kann, wenn missachtet wird, was alles zuvor „unter den Tisch hat fallen müssen“, um dieser Maske Plausibilität zuordnen zu können.

Umso beklemmender muss wirken, was Kreß in seiner Stellungnahme ausführt:

„Sie [Ministerin Baerbock] hat ganz zu Recht gesagt, dass es Deutschland mit seiner Geschichte gut anstehe, die Dinge an dieser Stelle voranzutreiben [gemeint ist die Überwindung besagter Inkonsequenz].“

Die Unlogik hiervon ist nur schwer zu überbieten.

Die Offensive, in die die Bundesregierung Deutschlands mit dem Vorlegen des Hybrid-Modells gegangen ist, umfasst aber noch einen zweiten rechtlichen Aspekt. Man hat es nicht bei dem Bemühen belassen, Russland zu kriminalisieren, was die Entkriminalisierung der marktgesellschaftlichen Position inkludiert. Man hat auch den Boden dafür geschaffen, die Kritik an dem hiermit gezeichneten Bild im eigenen Land unter Strafe stellen zu können. Im Zentrum hiervon steht die Erweiterung des § 130 StGB um Artikel 5. Diese Erweiterung und der Abs. 1 Nummer 1, auf den sich im fünften Absatz explizit bezogen wird, lauten:

„§ 130 Volksverhetzung

(1) Wer in einer Weise, die geeignet ist, den öffentlichen Frieden zu stören,

1. gegen eine nationale, rassische, religiöse oder durch ihre ethnische Herkunft bestimmte Gruppe, gegen Teile der Bevölkerung oder gegen einen Einzelnen wegen dessen Zugehörigkeit zu einer vorbezeichneten Gruppe oder zu einem Teil der Bevölkerung zum Hass aufstachelt, zu Gewalt – oder Willkürmaßnahmen auffordert oder […] wird mit Freiheitsstrafen von drei Monaten bis zu fünf Jahren bestraft.

(5) Mit Freiheitsstrafe bis zu drei Jahren oder mit Geldstrafe wird bestraft, wer eine Handlung der in den §§ 6 bis 12 des

Völkerstrafgesetzbuches bezeichneten Art gegen eine der in Absatz 1 Nummer 1 bezeichneten Personenmehrheiten oder gegen einen Einzelnen wegen dessen Zugehörigkeit zu einer dieser Personenmehrheiten öffentlich oder in einer Versammlung in einer Weise billigt, leugnet oder gröblich verharmlost, die geeignet ist, zu Hass oder Gewalt gegen eine solche Person oder Personenmehrheit aufzustacheln und den öffentlichen Frieden zu stören.“

Dem ersten Anschein nach scheint Artikel 5 kein Problem darstellen zu können – ganz im Gegenteil. Der Rechtsanwalt Gerhard Strate zitiert in seinem Artikel *Kriminalisierung des politischen Gegners* (in: CICERO MAGAZIN FÜR POLITISCHE KULTUR 31. 10.2022) folgenden Satz aus dem Redebeitrag der Abgeordneten Canan Bayram (Grüne) knapp vor der Abstimmung über die Gesetzesänderung: „Sie [gemeint ist die AfD] wollen Menschen zu Hass und Gewalt aufstacheln. Damit machen wir jetzt Schluss.“ Das wird man sich gefallen lassen. Lea Schulze schreibt in *Aufregung um verschärften Volksverhetzungsparagraphen* (TAGESSPIEGEL; 27.10.2022):

> „Der Jurist Thomas Fischer, früherer Vorsitzender Richter am 2. Strafsenat des Bundesgerichtshofs, versteht die Aufregung um die Änderung des Gesetzes nicht. Die große Aufmerksamkeit sei seines Erachtens darauf zurückzuführen, dass nun eine Parallele zu Ukrainekrieg gezogen werden – zu Unrecht, wie er meint.“

Der frühere Richter des Bundesgerichtshof suggeriert hiermit, was auch die Abgeordnete Bayram zum Ausdruck bringt: Die Gesetzesänderung betrifft alleine die Ermöglichung davon, umfangreicher gegen Volksverhetzung vorgehen zu können, was unstrittig legitim sein muss. Mit der Ukraine-Krise habe die Gesetzesänderung nichts zu tun. Schulze verweist in ihrem Artikel darauf, dass die Bundesregierung Deutschlands die Änderung explizit in diesem Sinne verstanden wissen will. Strate hält in diesem Zusammenhang fest:

„Die Bundesregierung gibt sich bei allem völlig ahnungslos. So twitterte das Bundesjustizministerium am 24. Oktober scheinbar blauäugig: «Die europäische Kommission hat gegen Deutschland ein Vertragsverletzungsverfahren eingeleitet. Zur Klarstellung der geltenden Rechtslage wurde deshalb das StGB in § 130 um Artikel 5 ergänzt.»"

Wieso also konnte die Gesetzesänderung für Aufregung sorgen? Basiert diese Aufregung auf einem völligen Nichtverstehen der Änderung?

Zunächst sollen jene Antworten hierauf gegeben werden, zu denen Strate und Schulze gefunden haben. Jener verweist zunächst darauf, dass die Feststellung, wonach es strafbar ist „Kriegsverbrehen zu billigen, leugnen oder gröblich verharmlosen" in eine „gefährlich schwammige" Formulierung gekleidet ist. Sodann führt er aus:

„Die formale Aburteilung eines Kriegsverbrechens nach dem Völkerstrafgesetzbuch ist nicht Bedingung für eine Verurteilung nach § 130 StGb. Es obliegt somit einer toxischen Mischung aus öffentlicher Meinung und der persönlichen Auffassung von Staatsanwälten und Richtern, welches Kriegsverbrechen sie als erwiesen erachten. [...] Auch Historiker und Verfasser von Geschichtsbüchern könnten sich plötzlich als Dorn im Auge des Gesetzes wiederfinden."

Lea Schulze hält fest:

„Aber wann ist eine Tat dazu geeignet, zu Hass oder Gewalt aufzustacheln und den öffentlichen Frieden zu stören? Und wer ist geeignet, über diesen unbestimmten Rechtsbegriff zu urteilen? Steht es Richter:innen jetzt zu, Völkermorde und Kriegsverbrechen als solche einzuordnen? Das sollte es zumindest nicht, meint Elisa Hoven, Strafrechtsprofessorin an der Universität Leipzig. Die neue Regelung bestrafe das Leugnen oder Verharmlosen etwa von Kriegsverbrechen, die noch von keinem Gericht als solche festgestellt wurden, bemängelt sie die Änderung im Gespräch mit dem Tagesspiegel. «Wie soll ein Amtsgericht in Franken etwas leisten, das selbst für den Internationalen Gerichtshof eine

Herausforderung darstellt.» Eine kritische Auseinandersetzung über Kriegsverbrechen in schwelenden Konflikten stünde künftig außerdem unter dem Damoklesschwert strafrechtlicher Verfolgung."

Das Aufregung rechtfertigende Problem besteht also in der toxischen Mischung, von der Strate spricht. Diese bringt mit sich, dass „eine kritische Auseinandersetzung über Kriegsverbrechen in schwelenden Konflikten künftig unter dem Damoklesschwert straf-rechtlicher Verfolgung stünde" (Schulze) bzw. „Historiker und Verfasser von Ge-schichtsbüchern könnten sich plötzlich als Dorn im Auge des Gesetzes wiederfinden" (Strate).

Für den konkreten Fall des Ukraine-Krieges ergibt sich hieraus: Der Bundeskanzler Deutschlands Olaf Scholz hat in seiner Fernsehansprache[52] zum Jahrestag der bedingungslosen Kapitulation der deutschen Wehrmacht zu folgenden Sätzen gefunden:

> „Wir verteidigen Recht und Freiheit – an der Seite der Angegriffenen. Wir unterstützen die Ukraine im Kampf gegen den Aggressor. Das nicht zu tun, hieße zu kapitulieren vor blanker Gewalt – und den Aggressor stärken."

An diesen Sätzen ist eigentlich alles falsch. Aber sie bezeichnen das Substrat besagter toxischen Mischung, auf die die Menschen Deutschlands eingeschworen werden sollen. „Wir" kommen n i c h t im Namen der Freiheit, müsste es heißen. Wem Solidarität fremd ist, der ist hierzu nicht in der Lage. „Wir kommen im Namen des Rechts"? Die vorangegangene Betrachtung der Öffentlichen Anhörung des auswärtigen Ausschusses des Deutschen Bundestages hat gezeigt, dass das Recht, das Scholz hier in Anspruch nimmt,

---

[52] www.bundesregierung.de (8. Mai 2022): Fernsehansprache des Bundeskanzlers der Bundesrepublik Deutschland am Jahrestag des Endes des Zweiten Weltkrieges in Europa (PDF)

kein ideologisch indifferentes Recht sein kann. Es ist Ausdruck ideologischer Überzeugungen. Zu diesen Überzeugungen gehört, von sich als Aggressor abzulenken, sich die Maske des Reichs des Guten aufzusetzen.

Angesichts hiervon sei an den Beginn von § 130 Absatz 1 erinnert: „Wer in einer Weise, die geeignet ist, den öffentlichen Frieden zu stören, […]“. Welcher Friede ist hier gemeint? Der Friede einer Solidargesellschaft? Das ist auszuschließen. Es ist der Friede einer Marktgesellschaft. Konkret sind es die Eliten dieser Gesellschaft, die „in Frieden“ ihren Ambitionen nachkommen wollen. Der neu eingefügte Absatz 5 ist zweifellos als Werkzeug zu verstehen, gegebenenfalls im Namen des Rechts gegen jene vorgehen zu können, die diesen Frieden stören. Sie stören, so wird suggeriert, da Kriegsverbrechen, konkret russische Verbrechen, verharmlost werden, und die eigene Position als Verteidiger von Recht und Freiheit hinterfragt wird. Das muss irritieren. Daher ist auch die Behauptung, Absatz 5 stünde in keiner Beziehung zu Ukraine-Krieg zurückzuweisen.

5 Die Marktgesellschaft ist nicht das Reich des Guten!

Wiederholt ist in den vorangegangenen Ausführungen darauf hinzuweisen gewesen, dass ein endgültiges Urteil ohne philosophische Ausführungen nicht möglich ist. Das gilt insbesondere in Rücksicht auf folgende Umstände: Erstens: Lässt sich die EU, NATO, USA usw. – kurz: der marktgesellschaftliche Westen – tatsächlich als Reich des Guten verstehen? Zweitens: Ist zwar davon zu sprechen, dass die EU und die USA keine Solidargesellschaften sind, aber ist es nicht naiv, eine solche zu verlangen? Also etwas zu verlangen, das über das Maß an Kooperation hinausreicht, wie es im Konkurrenzkapitalismus an und für sich angelegt ist? Ist nämlich diese Frage zu verneinen, so ist sehr wohl denkbar, dass die erste Frage zu bejahen ist. Hierauf aufbauend kann vorstellbar werden, das Vorgehen der NATO im ehemaligen Osteuropa – inklusive den Provokationen Russlands - als ein legitimes Verhalten verstehen zu müssen, trotz der Schrecken des Ukraine-Krieges.

Die aufgeworfenen Fragen, so soll gezeigt werden, lassen sich mit den Mitteln der Ökonomie, Soziologie, Geschichtswissenschaft usw. nicht beantworten. Die gebrachten Ausführungen könnten noch so sehr erweitert werden, zu Antworten würde nicht vorgedrungen. Was es erlaubt, die Fragen zu beantworten, das ist die Philosophie bzw. eine bestimmte philosophische Position. Natürlich muss diese Behauptung erst gerechtfertigt werden. Somit steht die Arbeit an, diese konkrete philosophische Position zu skizzieren und ihre substanzielle Bedeutung darzulegen. Hierzu ist innerhalb des Buches ein zweiter Anfang zu nehmen, da der Gehalt dieser Position nicht – gleichsam im Vorübergehen - in ein paar Sätzen darstellbar ist.

Endlich ist zu beachten, dass die philosophische Betrachtung die gebrachten Ausführungen zur Geschichte, Ökonomie usw. natürlich nicht obsolet werden lässt. Diese sollen nicht ad acta gelegt werden, sondern aufgrund der philosophischen Überlegungen verstanden werden können. Im Schlusskapitel sollen daher beide Bereiche zusammengeführt werden, was erst die Antwort darauf ergeben wird, ob das in der Einleitung so genannte alte Bild „Russland ist der Aggressor und die Ukraine das Opfer" zutreffend ist, oder das hier entwickelte Bild von dem Westen als dem Aggressor zu wählen ist.

5.1 Eine Kritik an den „westlichen" Kritikern des westlichen Wertesystems

In den vorangegangenen Ausführungen ist substanziell von Büchern und anderen Schriftstücken Gebrauch gemacht worden, die man als unentbehrlich bezeichnen kann, wenn man um einen kritischen Blick auf die westliche Gesellschaft bemüht ist bzw. um die Abkehr von der hiermit bezeichneten Gesellschaftsordnung. Hierüber kann kein Zweifel bestehen. Und doch fordern diese Werke zur Kritik heraus. Der Grund hierfür liegt darin, dass sie einen entscheidenden Aspekt der zu führenden Argumentation unbeachtet lassen. Mehr noch: In dem hiermit bezeichneten Punkt wird eine Einstellung übernommen, die alleine für genau jene Art und Weise zu denken Sinn macht, die kritisiert wird. Gerade in diesem Punkt dürfte also keine Übereinstimmung vorliegen, will man zur Darstellung einer tatsächlich wohlgeordneten Gesellschaft vordringen.

Natürlich kann auch diese „Kritik an den Kritikern" an der vorliegenden Stelle, also vor den philosophischen Überlegungen, nur behauptet werden. Begründet kann sie noch nicht werden, ebensowenig wie die Kritik am Marktfundamentalismus, dem westlichen Wertesystem usw. Aber wiederum können Eigentümlichkeiten der angeführten Kritiker festgehalten werden, die davon zu sprechen erlauben, dass eine Kritik an den Kritikern überlegenswert ist.

Um darstellen zu können, wovon hiermit die Rede ist, soll anhand von Gansers *Imperium USA*, Pikettys *Das Kapital im 21. Jahrhundert* und Saez und Zucmans *Triumph der Ungerechtigkeit* gezeigt werden, dass diese Bücher, bei all ihrer Unentbehrlichkeit(!), genau an der Stelle ihre Kraft verlieren, an der sie versuchen, die in sich stimmige Denkweise des liberal-obrigkeitlichen Monopolkapitalismus als etwas zu erweisen, das eines tragfähigen, rechtfertigbaren Fundamentes entbehrt und daher überkommen werden muss.

Der Anfang hiervon soll mit der Betrachtung folgender Aussage Gansers[53] gemacht werden:

„Wird es im 21. Jahrhundert gelingen, eine gerechtere Welt aufzubauen? Dies ist zumindest denkbar, und viele engagierte Menschen setzen sich für dieses Ziel ein. Die Menschen gestalten das Miteinander selbst, gemäß ihrem Bewußtsein. «Die Grundbedürfnisse aller Menschen der Erde nach Nahrung, Wasser, Obdach und Kleidung könnten befriedigt werden, wenn nicht das irrwitzige, habgierige Verlangen nach mehr, die Gier des Ego, für ein solches Ungleichgewicht bei der Verteilung der Ressourcen sorgen würde», erklärt der in Kanada wohnhafte deutsche Bestsellerautor Eckhart Tolle. Für den Frieden in der Welt sei

[53] Siehe Fußnote 5

unabdingbar, dass durch Achtsamkeit die Identifikation des Menschen mit dem eigenen Ego und der Gier überwunden wird[54].“ (S.57)

So zu argumentieren ist Ausdruck völliger Hilflosigkeit. Dass die Gier zu überwinden ist, ist, hält man sich von marktfundamentalistischem Denken fern, eine Selbstverständlichkeit. Hiermit ist aber erst das Problem bezeichnet bzw. dargelegt, was erreicht werden soll, aber nicht schon bezeichnet, wie hierzu zu finden ist. Um zur Lösung des Problems vordringen zu können, muss zunächst erklärt werden, was genau mit dem Begriff „Gier“ gemeint ist, sodass verständlich wird, was es bedeutet, dass Menschen sich von der Gier leiten lassen können.

Hieran ist zu beachten, dass eine triviale Kritik, die davon spricht, dass Gier schlecht ist, da sie sich gegen die Beachtung des Wohls der Gemeinschaft wendet, impliziert, dass die Beachtung des Gemeinwohls einem Menschen ein Wert sein soll, da die Kritik andernfalls keinen Sinn ergibt. Liegt hierin, so lässt sich somit fragen, dass es zum So-Sein des Menschen gehört, diesen Wert zu kultivieren? Das wiederumführt zu der Frage: Sind die Protagonisten des Marktfundamentalismus allesamt Masochisten, die nicht in der Lage sind einen für sie wichtigen Wert zu kultivieren? Weitere derartige Fragen ließen sich, wie leicht einsehbar ist, in Unzahl finden. Die Arbeit hieran hätte aber den Schönheitsfehler, dass sie nicht weiter führt.

Lediglich in einer einzigen Hinsicht, sind diese Fragen doch von Bedeutung: Sie weisen nämlich darauf hin, dass in den bisherigen Ausführungen von den Menschen die Rede gewesen ist, ohne dass sich Rechenschaft darüber abgelegt worden ist, was konkret unter diesem Begriff zu verstehen ist, was es also mit dem So-Sein der Menschen auf sich hat.

---

[54] Tolle, E. 2005 – *Eine neue Erde* – Arkana; S.57

Was soll es bedeuten, so ist zu fragen, dass es Menschen gibt, die auf die Realisierung einer wohlgeordneten, solidarischen Gesellschaft drängen, während andere Menschen das Gegenteil hiervon im Sinne haben? Anders gewendet. Was hat es mit So-Sein der Menschen auf sich, dass ein derart fundamentaler Unterschied möglich ist?

Was man hierzu in den kritischen Werken zu lesen bekommt, irritiert eher, als dass es weiter hilft: Die Menschen gestalten ihr Zusammenleben „gemäß ihrem Bewußtsein". Eben dieses Bewusstein muss es aber sein, das auch von einem „habgierigen Verlangen" beherrscht werden kann. Was soll es somit sein, das die „Achtsamkeit", die im Schlusssatz eingefordert wird, zu ihrem Recht kommen lässt, die Gier unterdrückend? Außer dem Bewußtsein wird hierfür nichts angeboten und diese kann auch, so wird ausgesagt, Affinität zu „habgierigem Verlangen" besitzen. Hier fehlt offenbar etwas in der Argumentation, das sie davor bewahrt, in die somit gegebene Sackgasse zu führen. Dieser Umstand kommt im Schlusssatz noch einmal einprägsam zum Vorschein: Die „Identifikation des Menschen mit dem eigenen Ego" rundweg zurückzuweisen, so der Inhalt dieses Satzes, kann keinen Sinn ergeben. Natürlich muss diese Identifikation vorliegen. Sie muss aber derart ausgeprägt sein, dass der Solidaritätsgedanke nicht unterwandert wird. Was in Rücksicht hierauf bei Ganser und Tolle offenbar fehlt, ist die Möglichkeit zwischen einer zutreffenden Ausgestaltung von Identifikation und einer von der Ausrichtung auf Gier verzerrten Ausprägung unterscheiden zu können. Gansers Argumentation besitzt nicht die Kraft, zu dieser Differenzierung vorzudringen. Es mangelt ihr an Inhalten, um dem eigenen Engagement gerecht werden zu können; um z. B. den Begriff „Menschheitsfamilie", auf den sich Ganser fortgesetzt bezieht, tatsächlich mit Inhalt ausfüllen zu können.

Angesichts hiervon soll nun aus Pikettys *Das Kapital im 21. Jahrhundert*[55] zitiert werden:

„Derart unverhältnismäßige Vermögensungleichheiten, auch das lässt sich aus der Geschichte lernen, haben mit dem Geist des Unternehmertums nichts mehr zu tun, und sie sind dem Wachstum alles andere als zuträglich. Sie haben, anders gesagt, keinerlei Gemeinnutzen, um den schönen Begriff aus dem ersten Artikel der Erklärung der Menschen- und Bürgerrechte[56] zu zitieren, mit dem wir dieses Buch eröffnet haben." (S.787)

Vermögensungleichheiten werden also nicht an und für sich zurückgewiesen, wohl aber „unverhältnismäßige" Ungleichheiten. Diese Differenzierung lässt sich zweifellos diskutieren, worauf zurückzukommen sein wird. Aber bereits in der von Piketty gegebenen Gestaltung ist das von ihm anvisierte Ziel ein sehr ambitioniertes Ziel, wie sich aus den bisherigen Ausführungen ergibt. Ein Mittel zur Erreichung dieses Zieles sieht Piketty in der gesetzlichen Installation progressiver Kapitalsteuern. Die Anwendung dieses Mittels ist aber mit einem veritablen Problem verknüpft:

„Die Schwierigkeit dieser Lösung liegt darin, dass die progressive Kapitalsteuer ein sehr hohes Maß an internationaler Koordination und regionaler politischer Integration erfordert. Sie liegt nicht in Reichweite der Nationalstaaten, in deren Grenzen frühere soziale Kompromisse ausgehandelt wurden." (S.787)

An dieser Argumentation ist der Begriff „internationale Koordination" entscheidend. Dieser Begriff darf nicht als rein positiv konnotiert verstanden werden, worauf auch Piketty verweist, da er die Bildung eines einzigen riesigen Marktes bedeutet, was sehr wohl den Ambitionen jener

---

[55] Siehe Fußnote 43

[56] Erklärung der Menschen- und Bürgerrechte, 1789. Artikel 1: „[...] Gesellschaftliche Unterschiede dürfen nur im allgemeinen Nutzen begründet sein."

entgegenkommen kann, die auf unverhältnismäßige Vermögensungleichheiten abzielen. Daher muss die internationale Koordination ihrerseits unterstützt werden, um Stütze für die Installation progressiver Kapitalsteuern sein zu können. Die hiermit eingeforderte „Stütze der Stütze" sieht Piketty in der Demokratie:

> „Dieses Risiko besteht, aber mir scheint, es gibt keine andere Möglichkeit den Kapitalismus wieder unter Kontrolle zu bringen als die, alles auf die Demokratie zu setzen – und das kann in Europa nur heißen: auf eine Demokratie im europäischen Maßstab." (S.788)

Mit der Nennung der Demokratie ist Piketty aus der Ökonomie herausgetreten. Er hat etwas angeführt, das regulativ auf den Markt einwirken soll, wiewohl nicht um ihn in seiner Bedeutung einzuengen, sondern um zum „Geist des Unternehmertums" zurückfinden zu können, um diesem also gerecht zu werden. In der in den vorangegangenen Kapiteln gewählten Schreibweise ausgedrückt: Um den Monopolkapitalismus wieder in den Konkurrenzkapitalismus zurückzuführen.

Aber wie in Beziehung auf Ganser, so ist auch in Rücksicht auf Piketty festzuhalten: Was letztlich angeboten wird, das ist vor allem Ausdruck von Hilflosigkeit. Hier stellt sich nämlich die Frage: Was soll mit der Anführung von Demokratie gewonnen sein? Sämtliche angemerkten Vorkommnisse, die zu monopolkapitalistischen bzw. oligarchischen Gesellschaftsstrukturen geführt haben, sind auf dem Boden der Demokratie ausgebildet worden[57]. Das impliziert natürlich nicht, dass die Demokratie abzulehnen ist. Aber es signalisiert, dass das Demokratieverständnis in kapitalistischen Gesellschaften defizitär sein muss: Es fehlt etwas.

---

[57] Das gilt auch für die im zweiten Kapitel betrachtete Machtübernahme der NSDAP!

Woran es mangelt, das muss damit zusammenhängen, dass gemäß dem Primat der Wirtschaft in kapitalistischen Gesellschaften im Sinne der Aufklärung der Demokratie eben doch nicht die Bedeutung beigemessen wird, die sie Regulativ im von Piketty intentionierten Sinn sein lässt. Das muss somit aber bereits für aufgeklärte konkurrenzkapitalistische Gesellschaften gelten, da es diese sind, in denen sich jenes zutragen kann, was zu monopolkapitalistisch / oligarchischen Strukturen führt. Das erlaubt folgende Feststellung: Das Problem beginnt nicht mit der Kontrolle eines nicht mehr dem Unternehmergeist entsprechenden Monopolkapitalismus, sondern es beginnt mit dem richtigen Verstehen von Kapitalismus (Unternehmergeist), seiner Bedeutung und der Bedeutung seiner Regulation.

Sehr genau ist hieran zu beachten: Nirgendwo hat sich in den bisherigen Ausführungen gezeigt, dass der Konkurrenzkapitalismus an und für sich abzulehnen ist. Umso mehr scheint dies aber auf den Konkurrenzkapitalismus im Sinne der Aufklärung zuzutreffen, der den Keim zur Ausbildung des Monopolkapitalismus in sich trägt. Daher auch ist davon zu sprechen gewesen, dass die schwache Solidarität, wie sie mit dem Konkurrenzkapitalismus verknüpfbar ist, im Falle des Konkurrenzkapitalismus im Sinne der Aufklärung Züge einer Empörungsprophylaxe annimmt, was die Ausrichtung auf die schwache Solidarität unterwandert und letztlich nicht in Richtung der Ausbildung echter Solidarität weist.

Angesichts hiervon ist hervorzuheben: In Beziehung auf Ganser und Piketty ist also festzuhalten, dass „etwas fehlt“. In beiden Fällen hat dieser Umstand zur Konsequenz, dass, was aufgeboten wird, um den Marktfundamentalismus durchbrechen zu können, letztlich keine Kraft entfalten kann. Der Grund hierfür kann darin liegen, so ist ausgeführt werden, dass sich die Kritiker bei der Anführung dessen, das aus dem Marktfundamentalismus herausführen soll, eines Denkmusters bedienen, dessen sich auch das von ihnen kritisierte Denken bedient. Somit „fehlt" es also an der konsequenten Emanzipation von dem kritisierten Denken.

Bei besagtem Denkmuster könnte es sich um die moderne Aufklärung handeln, deren Siegszug in unmittelbarer Verflechtung mit jenem der aufkommenden Industrialisierung zu begreifen ist. Zumindest ist die Aufklärung von den Protagonisten der aufkommenden Marktgesellschaft sogleich in Anspruch genommen bzw. instrumentalisiert worden. Sie haben in der Aufklärung etwas gefunden, das sie ein Menschen- und Gesellschaftsbild formen ließ, das die Vorstellung von der Omnipotenz des Marktes als unbestreitbares, rationales Fundament erscheinen ließ. Dergleichen in Händen halten zu können, war ihnen hinreichende Beglaubigung der Aufklärung. Betrachtet man Gansers und Pikettys Ausführungen im Lichte hiervon so kann man sich des Eindrucks nicht erwähren, dass sie diesen Umstand zu hinterfragen nicht einmal andenken. Es wird kein ernsthafter Versuch unternommen, ein Menschen- und Gesellschaftsbild aufzubauen, dessen „Rechtfertigung" nicht darin besteht, dass es der Erreichung der Ziele welcher Eliten auch immer entgegenkommt.

Angesichts hiervon ist zu beachten, was die Essenz der modernen Aufklärung ausmacht: Die alleinige Anerkennung des innerweltlichen Blicks. Es soll nur sein können, was sich diesem Blick erschließt. Jegliche Vorstellung, dass hiermit ein Reduktionismus provoziert wird, da dieser Blick kein rechtfertigbares Fundament ergibt, wird als anachronistischer Unsinn diskreditiert. Diese Stigmatisierung betrifft vor allem den Idealismus!

Hiermit wird der Vorstellung von der Omnipotenz des Marktes Tür und Tor geöffnet. Die Essenz der modernen

Aufklärung legt ja nahe, dass, soll die Marktwirtschaft, wie sie sich im innerweltlichen Blick zeigt, prinzipiell von Bedeutung sein für die wohlgeordnete Gesellschaft, regulative Eingriffe in sie kontraproduktiv sein müssen. Der Grund hierfür ist: Besagte Bedeutung resultiert daraus, dass die Marktwirtschaft jenes ist, an deren Mechanismen es sich zu orientieren gilt. Konstruktive regulative Eingriffe könnten daher nur aus einer Position konzipiert sein, die nicht wieder dem innerweltlichen Blick zuzuordnen ist, aber gerade das wird als Unmöglichkeit zurückgewiesen.

Für die Kritik an der marktgesellschaftlichen Vorstellung von der Omnipotenz des Marktes folgt hieraus: Ist das Denken von der Einsicht in innere Widersprüchlichkeiten der „Rechtfertigung“ der Vorstellung vom omnipotenten Markt geprägt, so muss die Kritik grundsätzlich an der Ausrichtung auf die aufgeklärte Moderne ansetzen. Dann muss man sich die Frage vorlegen, ob die Diskreditierung des idealistischen Denkens, wie sie von den Protagonisten der Marktgesellschaft betrieben worden ist und wird, tatsächlich zu übernehmen ist. Es gilt also zu überlegen, ob nicht gerade das idealistische Denken jene Differenz zur Ebene des innerweltlichen Blicks erbringt, die nötig ist, um aus ihr heraus die Ebene der Marktregulation installieren zu können; um also das „es fehlt etwas“ überwinden zu können.

Kurz gesagt: Eine Kritik am westlichen Wertesystem, am aufgeklärten Kapitalismus, die zur Thematisierung der differenzierten Betrachtung nicht bereit ist, die also alleine den innerweltlichen Blick anerkennt, agiert im Sinne dessen, was kritisiert wird. Sie legt von vornherein die Waffen nieder.

Wovon hiermit die Rede ist, das soll nun in Auseinandersetzung mit dem Buch *Der Triumph der Ungerechtigkeit* von

Saez und Zucman[58] verdichtet werden. „Was ist der ideale Steuersatz für Reiche?“ (S.172) fragen die Autoren. Als „guten Ausgangspunkt“ für die Beantwortung dieser Frage weisen sie John Rawls Theorie von der Gerechtigkeit als Fairneß aus:

„Nach Rawls sind soziale und ökonomische Ungleichheiten dann akzeptabel, wenn sie den Lebensstandard der schwächsten Mitglieder der Gesellschaft erhöhen.“ (S.172)

Die Lektion, die sie Rawls’ Theorie entnehmen, lautet:

„Auf die Steuerpolitik bezogen lautet der Vorschlag also, dass wir uns nicht mit den monetären Interessen der Reichen befassen, sondern uns allein darum kümmern sollten, wie sich deren Besteuerung auf den Rest der Bevölkerung auswirkt. Das Ziel sollte nicht darin bestehen, dass «die Reichen ihren gerechten Anteil zahlen» (ohnehin ein etwas nebulöser Gedanke), sondern darin, dafür zu sorgen, dass die am schlechtesten Gestellten vom großen Reichtum einiger weniger profitieren.“ (S.172)

Das bedeutet: Die kapitalistische Gesellschaft wird dann dem „Geist des Unternehmertums“ – um mit Piketty zu sprechen – gerecht, wenn die sich auf jeden Fall einstellenden Unterschiede derart sind, dass die „am schlechtesten gestellten“ Menschen hiervon profitieren, da diese Unterschiede das gesellschaftliche Niveau insgesamt soweit anheben, dass auch die „am schlechtesten gestellten“ Menschen ein annehmbares Leben führen können. Die Fokussierung hierauf soll zudem von der „etwas nebulösen“ Suche nach einer „gerechten Besteuerung“ der Reichen / Reichsten absehen lassen.

Zumindest zunächst verbleiben Saez und Zucman somit innerhalb der Ökonomie, um die von Rawls anvisierte „Gerechtigkeit als Fairneß“ erzielen zu können. Im Sinne ökonomisch fundierter Überlegungen halten sie nämlich fest:

[58] Siehe Fußnote 35

Wenn die Erhöhung des Spitzensteuersatzes die Staatseinnahmen reduziert, also jene Einnahmen, die den „am schlechtsten Gestellten" zugute kommen, muss dieser reduziert werden. Erhöht werden muss er aber, wenn die Erhöhung zusätzliche Einnahmen generiert. Die Quintessenz hiervon lautet: „Der optimale Steuersatz für die Reichen ist schlicht der, der die maximalen Einnahmen generiert." (S.172)

Hieran fügen sie an: „Und es ergibt intuitiv Sinn: Jeder kann zustimmen, dass ein zusätzlicher Dollar für einen armen Menschen viel wertvoller ist als für Bill Gates." Diesem Satz wird man natürlich zustimmen und doch irritiert er: Tatsächlich kann diesem Satz jeder zustimmen, so wie dem zuvor zitierten Verweis Pikettys auf die Demokratie. Aber dieser Verweis hat sich als zu schwach erwiesen. Selbige Situation scheint auch im Falle des nun zitierten Satzes vorzuliegen. Saez und Zucman bieten hiermit einen Satz auf, den sie zumindest bisher nur ökonomisch untermauert haben. Aber der Satz selbst ist kein ökonomischer Satz. Kann die gebrachte Untermauerung somit überhaupt auf jenes abzielen, was der Satz eigentlich zum Ausdruck bringen soll? Die Achtung vor dem Schicksal der nicht den Eliten angehörenden Menschen. Erst diese Achtung lässt aber den Dollar für einen armen Menschen wertvoller als für Bill Gates erscheinen. Aus der Ökonomie ist dieser Wert nicht hergeleitet worden und nicht herleitbar[59].

---

[59] Saez und Zucman verweisen an anderer Stelle in ihrem Buch selbst auf die Wertneutralität der Märkte:
„Märkte sind die mächtigste bisher erfundene Institution zur Befriedigung der unzähligen menschlichen Wünsche und die effizienteste Methode, um unterschiedliche Produkte bereit zu stellen, die auf die sich wandelnden Bedürfnisse von Milliarden von Individuen reagieren. Dieselben Märkte, die uns immer schnellere Mobiltelefone und immer besser schmeckende Frühstücksflocken

Die Frage lautet somit nicht, ob jeder Mensch besagtem Satz zustimmen *kann*, sondern was es ist, das Menschen dazu *veranlasst*, ihm zuzustimmen. Anders gewendet: Natürlich wird jeder Mensch besagtem Satz zustimmen, aber viele Menschen vor allem deshalb, da er, für sich genommen, rein gar nichts darüber aussagt, wie seinem Inhalt Geltung zu verschaffen ist. In Rücksicht hierauf lässt der Satz ein sehr weites Feld unterschiedlichster Interpretationen zu, auch solcher, die sich mit der Intention von Saez und Zucman nicht vertragen. Der schlagendste Beweis hierfür ist Saez und Zucmans Buch, das überhaupt nicht hätte geschrieben werden brauchen, wäre die Situation eine andere. Im Hintergrund kündigt sich hier bereits an, worauf es ankommen soll: Es fehlt an dem entsprechenden Menschenbild.

In diesem Sinne gilt, dass es Menschen gibt, die den interessierenden Satz, ohne ihm zu widersprechen, als *belanglosen* Satz zurückweisen. Der Satz sei belanglos, da die sich überlassene Marktwirtschaft ohnedies darauf achtet, dass jeder bekommt, was ihm zusteht. Wozu also eigens den Satz formulieren? Das bedeutet: *Der Satz führt nicht aus dem Marktfundamentalismus heraus, ebensowenig wie die Demokratie.*

Natürlich belassen es Saez und Zucman nicht bei besagtem Satz. Aber gerade ihr Versuch, auszuarbeiten, was mit dem Satz zum Ausdruck gebracht sein soll, dass nämlich von der Vorstellung, der Markt regelt auch die sozialen Belange im Sinne von Gerechtigkeit, Abstand zu nehmen ist, führt sie in die Defensive. Die Argumentation verliert sukzessive an

---

liefern, können, ohne mit der Wimper zu zucken, auch Dienstleistungen ohne oder mit negativem gesellschaftlichen Wert liefern – Dienstleistungen, die einen Teil der Gesellschaft bereichern und einen andern oder sogar uns alle kollektiv ärmer werden lassen. Der Steuervermeidungsmarkt ist ein Beispiel dafür.“ (S.85)

Kraft. In diesem Zusammenhang ist zu beachten, dass die im Sinne der Zurückweisung besagten Satzes argumentierenden Menschen eine in sich stimmige Wirtschaftstheorie vertreten. Saez und Zucman weisen ausführlich auf das hieraus für die Anerkennung besagten Satzes entstehende Problem hin:

„Wie der CO_2-Ausstoß auch bürdet extremer Reichtum in den Händen weniger dem Rest von uns eine negative Externalität auf. Der Zweck der Besteuerung von CO_2-Austsoß besteht nicht darin, Einnahmen zu erzielen, sondern darin, die Emission zu reduzieren. Und das Gleiche gilt für hohe Steuersätze auf die allerhöchsten Einkommen. [...] Aus rein logischer Sicht kann dieses Argument – die Standardbegründung für den Abbau der Ungleichheit, die durch freie Marktwirtschaften entstehen – auch in die andere Richtung funktionieren. Vielleicht sind die durch extremen Reichtum und riesige Einkommen verursachten Externalitäten ja auch positiv. Vielleicht steuern die Ultrareichen mehr zur Gesellschaft bei als das, was sie privat verdienen. Womöglich profitieren wir alle davon, dass Bill Gates heute Milliarden verdient, und wären alle schlechter dran, wenn diese Milliarden der Steuer zum Opfer fallen würden. Schließlich würde das zum Beispiel weniger Mittel für die Bill & Melinda Gates Foundation bedeuten, die ihre Mittel nach Ansicht einiger Beobachter besser einsetzt als der Staat. Dies ist eine Variation der berühmten Trickle-down-Theorie, nach der das Vermögen der Reichen letztlich zum Rest der Gesellschaft durchsickert.“ (S.204f.)

Hierauf aufbauend führen Saez und Zucman aus, dass kein Beleg dafür vorgelegt werden kann, wonach das „Einkommen der Reichen zur Arbeiterschicht durchgesickert ist“: „Vielmehr ist die Arbeiterschicht vom Wirtschaftswachstum abgeschnitten worden.“ (S.210) Das bedeutet aber n i c h t s c h o n, so die Autoren zu Recht weiter, dass hiermit ein „Beweis“ dafür vorgelegt wird, dass die Trickle-down-Theorie grundsätzlich falsch ist. „Rein logisch gesehen, ist es möglich, dass die Arbeiterschicht noch schlechter abgeschnitten hätte, wenn die Steuerpolitik die Reichen nicht begünstigt hätte." (S.211) Angesichts hiervon finden die Autoren zu bemerkenswerten Sätzen:

„Statistiken über das Einkommenswachstum nach Perzentilen sind äußerst nützlich, können aber für sich betrachtet keine endgültigen Antworten über die Vor- und Nachteile politischer Maßnahmen geben. […] Jedenfalls liefert ein Blick auf den Einkommensanstieg in den Jahrzehnten nach dem Zweiten Weltkrieg keine Bestätigung für die Trickle-down-Theorie." (S.211)

Das ist zu wenig; das ist Ausdruck davon, in die Defensive geraten zu sein. Gerade an der vorliegenden Stelle sollte diese aber nicht auftreten. Dem Satz, dass „ein Dollar für einen armen Menschen wertvoller ist als für einen reichen Menschen", lässt sich nun nämlich kaum noch Gewicht verleihen. Dieses hat ja seine Wurzel darin, die Marktwirtschaft als der Regulation bedürfend zu erweisen, aber dieser Umstand ist somit gerade nicht erwiesen worden. So gesehen müssen sich Saez und Zucman auf einen Appell zurückziehen. Auf einen Appell, der von jenen, an die er gerichtet ist, zweifellos nicht erhört wird.

Der Grund dafür, wieso sich Saez und Zucman auf einen Appell zurückziehen müssen, ist explizit darzulegen: Am Beginn hiervon sollen zwei Sätze aus ihrem Buch zitiert werden, die, für sich genommen, zunächst wenig spektakulär aussehen:

„Diese [Veränderung der Lebenserwartung] ist einfacher zu messen als das Einkommen. In vielerlei Hinsicht ist sie zudem informativer als die bisher diskutierten eher materialistischen Vorstellungen des Wohlergehens. Die meisten Menschen legen mehr Wert darauf, ein langes, gesundes Leben zu führen, als auf alles andere." (S.219)

Das bedeutet: Saez und Zucman besitzen sehr wohl Sensibilität dafür, es nicht trivial bei „materialistischen" Werten belassen zu dürfen. Vielleicht speist sich hieraus auch ihre Hoffnung darauf, dass ihr Appell erhört wird, da Menschen ihr Wohlergehen nicht nur nach materialistischen Werten bemessen. Im Lichte hiervon kann zudem ihr Schritt verstanden werden, im Heraustreten aus der Ökonomie auf das Werk eines Philosophen – John Rawls – zuzugreifen. Gerade hiermit beginnt aber das Problem.

Rawls Theorie von der Gerechtigkeit als Fairneß erbringt nicht, was sich Saez und Zucman von ihr erwarten. An anderem Ort[60] versuche ich darzulegen, dass diese Theorie zwar darum bemüht ist, zu einer Betrachtungsebene in Differenz zur empirischen Ebene – der „materialistischen Ebene“ - zu finden, um, was dieserart festgehalten wird, als Fundament für die insgesamt zu erbringende Betrachtung verwenden zu können. Es wird also versucht, das „es fehlt etwas“ aufzulösen. Aber dieser Schritt gelingt nicht. Letztlich muss sich Rawls seinerseits auf eine appellative Argumentation zurückziehen, um sein Argument, wonach Vermögensunterschiede gerechtfertigt sind, wenn sie den armen Menschen dienlich sind, gegenüber der Trickle-down-Theorie abgrenzen zu können.

Allgemeiner formuliert: Rawls' Begriff von der Gerechtigkeit ist ebenso „nebulös“ wie jener von Saez und Zucman. Zur Verdeutlichung hiervon soll nochmals folgender Satz aus ihrem Buch zitiert werden:

„Das Ziel sollte nicht darin bestehen, dass «die Reichen ihren gerechten Anteil zahlen» (ohnehin ein etwas nebulöser Gedanke), sondern darin, dafür zu sorgen, dass die am schlechtesten Gestellten vom großen Reichtum einiger weniger profitieren.“ (S.172, Hervorhebung hinzugefügt)

Wieso wird „gerechter Anteil“ als „nebulöser Gedanke“ begriffen? Anders gefragt: Wieso wird „gerecht“ als nebulös begriffen, im Unterschied zu „profitieren“? Kann nicht angegeben werden, was „gerecht“ ist, so kann auch nicht

---

[60] Senz, W.: *Freiheit- verlorene Freiheit* (in Endarbeitung)

angegeben werden, in welcher Situation jemand auf gerechte Weise „profitiert". Ein hierauf aufbauender Appell darf nicht darauf hoffen, befolgt zu werden.

Ein naheliegender Gedanke ist, dass sich Saez und Zucman auf „profitieren" zurückziehen, da sie aus ihrer Perspektive „gerecht" nicht erreichen können. Das kann aber nur daran liegen, dass der Schritt heraus aus der Betrachtung „materialistischer Werte" misslungen ist; in dieser Ebene läßt sich „gerecht" tatsächlich nicht begründen, wie zu zeigen sein wird. Hieran ist anzuschließen, was bereits in Rücksicht auf Pikettys Bezugname auf die Demokratie und Gansers Bezugnahme auf die Achtsamkeit bezüglich der Zurückweisung der „Identifikation des Menschen mit dem eigenen Ego und der Gier" auszuführen gewesen ist: Alle diese Inhalte sind für sich genommen natürlich aufzugreifen, aber gehaltvoll kann dies nur auf der Basis davon geschehen, dass konkrete Vorstellungen zum Ich – seinem So-Sein – vorliegen, das sich hierfür ebenso entscheiden kann wie hiergegen: Es muss also verstanden werden, was es mit dieser Entscheidung auf sich hat.

Aber gerade an diesen Vorstellungen mangelt es in den betrachteten Büchern vollständig. Der Grund hierfür liegt darin, dass in diesen Büchern gemäß der Tradition der aufgeklärten Moderne argumentiert wird, der gemäß die Natur, die Gesellschaft, das Ich usw. alleine „natürlich" bedacht werden dürfen = alleinige Fokussierung auf die weltliche Ebene / den innerweltlichen Blick. Was zuvor noch von der Metaphysik und im Idealismus aus einer Seinsebene heraus erklärt worden ist, die in Differenz zur weltlichen Ebene ist, das ist – trivial formuliert – „vom Himmel in die Welt" geholt worden (vgl. oben), angeblich um sich nicht der Verwendung von Phantasievorstellung schuldig zu machen.

Zunächst kann noch nicht entschieden werden, ob die Ausblendung der metaphysischen / idealistischen Betrachtungsweise, wie sie die aufgeklärte Moderne betreibt, zu Recht auftritt. Auffallen muss aber: Tritt sie nicht zu Recht auf, so bereiten sich all jene, die sie unkritisch übernehmen, ein Problem, wenn sie zugleich eine Kritik an der aufgeklärten marktfundamentalistischen Gesellschaft üben wollen. Ihre unzureichende Kritikfähigkeit hat sie dann ja dazu verleitet, etwas – die alleinige Ausrichtung auf die weltliche Ebene - zu übernehmen, das jenes nicht thematisieren lässt – z. B. Gerechtigkeit -, dessen sie zur Fundierung ihrer Kritik bedürfen. Das lässt einsichtig werden, wieso man sich mit Appellen bescheidet.

Somit erhebt sich die Frage: Ist in der aufgeklärten Moderne „das Kind mit dem Bade ausgeschüttet" worden? Die Ausbildung wissenschaftlicher Methoden zur Analyse der Welt kann freilich nicht zur Diskussion stehen. Zur Frage muss aber stehen: Ist die Metaphysik / der Idealismus tatsächlich nur Ausdruck davon, dass man es in Rücksicht auf die Analyse der weltlichen Ebene noch nicht besser verstanden hat? Besser als gegenwärtig hat man es sicherlich nicht verstanden. Aber es besteht die Möglichkeit, dass man folgenden Umstand besser verstanden hat: Mit dem rein innerweltlichen Blick ist kein Auskommen zu finden. Daher hat man, was man über die Welt schon wusste, nicht durch Konstruktionen ergänzt, die ihrerseits innerweltliche Inhalte bedeuten, sondern durch solche, die in Differenz hierzu sind. Lässt sich dies rechtfertigen, so ist die moderne Aufklärung in folgendem Licht zu sehen: Mit den neu aufgetretenen Möglichkeiten der Erforschung der weltlichen Ebene hat man – „das Kind mit dem Bade ausschüttend" – die metaphysischen / idealistischen

Konstruktionen vollständig abgebaut, obschon sie insofern hätten stehen bleiben müssen, als sie zum Ausdruck bringen, dass mit der weltlichen Betrachtung nicht das Auskommen zu finden ist; man hat also der weltlichen Betrachtung etwas aufgebürdet, was sie nicht leisten kann.

Das kann Ausdruck eines unterlaufenen Irrtums sein, aber es kann auch Ausdruck eines Kalküls sein. Die in diesem Abschnitt gebrachten Überlegungen lassen letzteres zumindest nicht ausschließen: Die Ausführungen des Marktfundamentalismus – z. B. in Gestalt der Trickle-down-Theorie – können als im Sinne einer rein innerweltlichen Betrachtung konzipiert verstanden werden. Das Primat der Wirtschaft wird dahingehend ausgelegt, dass regulierende Eingriffe in die Wirtschaft strikt abzulehnen sind. Es gibt keine Werte, die nicht durch den rein weltlichen Marktmechanismus erzielt werden können. Das Kalkül, aus dem heraus all diese Überlegungen angestellt und verbreitet werden, besteht darin, das Dasein bestimmter gesellschaftlicher Eliten zu rechtfertigen.

Gerade das möchten Ganser, Piketty und Saez & Zucman offensichtlich kritisieren. Aber hierbei geraten sie in die Defensive. Sie können nicht erklären, wieso sich ein Mensch gegen den Reduktionismus, den sie zu Recht zurückweisen, entscheiden soll. Mehr noch: Sie können nicht erklären – und unternehmen auch keine Anstrengungen, zu einer Erklärung vorzudringen -, was es bedeutet, dass sich ein Mensch für oder gegen Werte entscheidet, die nicht der rein weltlichen Ebene angehören. Der Grund hierfür ist, dass sie den Menschen ganz im Sinne der modernen Aufklärung rein innerweltlich verstehen. Hiermit ist aber folgender Widerspruch gegeben: Von diesem rein weltlich verstandenen Menschen wird verlangt, dass er Werte annimmt, die sich, so hat es zumindest zunächst den Anschein, gerade nicht rein weltlich verstehen lassen. Das ergibt keinen Sinn. Solange aus diesem Dilemma nicht herausgefunden wird, ist nicht zu hoffen, über unbeachtet bleiben müssende Appelle hinaus gelangen zu können.

Im folgenden Abschnitt wird eine philosophische Position vorgestellt, die zumindest grundsätzlich aus diesem Dilemma herausfinden lässt, gerade da sie konsequent ernst nimmt, mit dem rein innerweltlichen Blick nicht das Auslangen finden zu können. Vorweg sei betont: Obschon diese Position zurückweist, das Fundament des Bedenkens in der weltlichen Betrachtung suchen zu dürfen, wird sie keinesfalls vertreten, neben der weltliche Ebene eine weitere Ebene bzw. die eigentliche Ebene annehmen zu müssen. Fragen wie „Wo soll diese Ebene denn liegen?“, die eigentlich nur Ausdruck völligen Missverstehens der Metaphysik und des Idealismus sind, werden sich daher erübrigen.

5.2 Philosophische Überlegungen

In diesem Abschnitt soll eine philosophische Position vorgestellt werden, die auf gehaltvolle Weise das in 5.1 dargelegte Problem „es fehlt etwas“ lösen lässt. Hierzu wird auf die Dialektik Platons und Hegels zugegriffen[61]. Diesen

[61] Die folgende Argumentation ist im Geiste der Dialektik Platons und Hegels konzipiert, ohne sich explizit der – plump formuliert – dialektischen Methode zu bedienen (zu Recht verweist Hegel darauf, dass Dialektik keine Methode ist!). Der Grund hierfür liegt darin, dass eine explizit dialektische Argumentation umfangreicher einleitender Ausführungen bedürfte, die den Rahmen

Philosophen wird sich also nicht aus musealem Interesse bzw. aus Respekt vor der Wucht ihrer Philosophien zugewandt, sondern aus der Überzeugung, alleine aus der Entfaltung ihrer Dialektik zu einer profunden Vorstellung von Gesellschaft finden zu können. Diese Eingliederung in die dialektische Tradition muss all jene überraschen – vor den Kopf stoßen -, die meinen, zumindest grundsätzlich an den Früchten der modernen Aufklärung festhalten zu müssen, also Ausrichtung auf Rationalität, Verzicht auf den Zugriff auf Phantasieprodukte (z. B. Ideenlehre) usw. Zumindest jene, die an der Errichtung einer wohlgeordneten Gesellschaft im Namen der Beachtung der Gleichwertigkeit der Menschen interessiert sind, sollten aber überlegen, ob dieserart tatsächlich aus dem in 5.1 dargelegten Dilemma herausgefunden werden kann, als Bedingung dafür, das abgesteckte Ziel erreichen zu können. Wenn also im kritischen Umgang mit der Moderne nicht bloß Kosmetik betrieben werden soll, was der Fall ist, wenn fortgesetzt versucht wird, sich an die aufgeklärte Moderne zu klammern.

Wer zumindest ein wenig mit Philosophie vertraut ist, kann zu der Meinung gelangen, dass die Inanspruchnahme der Dialektik zwar in Betracht gezogen werden mag, wiewohl sich hieraus nicht notwendig der Ausgriff auf Platon und Hegel ergibt. Haben nicht z. B. Karl Marx und Friedrich Engels gezeigt, gleichgültig was man von ihren Ergebnissen hält, dass sich Dialektik auch unabhängig von Platon und Hegel aufwenden lässt, den Kontakt zur aufgeklärten Moderne haltend? Das wird zurückzuweisen sein. Dialektik wird explizit als Begriffsdialektik im Sinne Hegels verstanden werden. Anders gewendet: Dialektik wird sich nur als Begriffsdialektik gerecht, auf die keiner der soeben genannten

---

dieses Buches bei weitem sprengen würden (vgl. Senz, W. *Philosophia perennis* – in Endarbeitung).

Autoren auch nur irgendwie abzielt. Daher verbleiben sie im Rahmen einer Kosmetik bedeutenden Kritik an der Moderne.

Mir ist sehr wohl bewusst, dass der Verweis auf die Begriffsdialektik geeignet ist, sämtliches Interesse an den folgenden Ausführungen sogleich zu untergraben. Was anderes als die Diskreditierung der Empirie soll Begriffsdialektik, das (angeblich) fruchtlose Jonglieren mit Worten, bedeuten können? Wie soll sich von einer derartigen Vorgehensweise jenes Argument erwarten lassen, das aus dem aufgezeigten Dilemma herausführt? Angesichts hiervon muss ich nun meinerseits appellieren: Wer akzeptiert, dass die gängige Kritik am westlichen Welt- und Gesellschaftsbild mit einem Dilemma behaftet ist, der sollte die Chance ergreifen, sich mit einem Denken vertraut zu machen, das in Aussicht stellt, auf einem bisher nicht beschrittenen Weg aus dem Dilemma herausführen zu können. Dass dieser Weg zunächst fremd ist und befremdet, bedeutet nicht schon, dass er ein Irrweg ist.

Somit erhebt sich die Frage: Welches Argument soll es sein, dessen Missachtung die modernen Wissenschaften und Philosophien daran hindert, zu einer substanziellen Kritik an der Moderne vorzudringen – so überhaupt das entsprechende Engagement vorliegt -, als Basis dafür, eine tatsächlich rechtfertigbare Vorstellung von Gesellschaft zu entwickeln?

- I. -

Zum Credo der aufgeklärten Moderne gehört die Vorstellung, den Menschen, die Gesellschaft, die Welt insgesamt als etwas verstehen zu müssen, das sich grundsätzlich vollständig in der Ebene der Sinneswahrnehmungen erfassen lässt. Das bedeutet zwar nicht, dass alles, was ist, mittels den Sinnesorganen wahrgenommen werden kann, so ist z. B. die sinnliche Wahrnehmung von Elementarteilchen auszuschließen, aber was sich dem unmittelbaren sinnlichen Zugang verschließt, das kann durch vernünftiges Nachdenken wissenschaftlich erschlossen werden, *ausgehend* von sinnlich Wahrgenommenem. Insofern wird die Ebene der sinnlichen Wahrnehmungen nicht grundsätzlich verlassen, da gilt: es wird zu nichts vorgedrungen, das eine andere Beglaubigung als den Verweis auf sinnlich Wahrgenommenes hat.

Diese Konstruktion erscheint insofern plausibel, als folgender Satz unstrittig ist: Jeder Mensch bedient sich, ohne sich hierfür entschieden zu haben, der Sinneswahrnehmungen, deren Inhalte für die Orientierung in der Welt unerlässlich sind. Ebenso unstrittig ist, dass diese Art der Orientierung den Menschen auferlegt, über die Welt lernen zu müssen. Nicht, dass die Menschen in der Geschichte jemals bar *jeglichen* Wissens gewesen wären, da sich in einer solchen Situation nicht einmal eine vernünftige Frage über die Welt stellen ließe, so ist doch festzuhalten, dass zu einem tatsächlichen *Verstehen* der Welt erst vorgedrungen werden musste. Auf diesem Wege konnten und mussten all jene Vorstellungen überwunden werden, die aufgrund der anfänglichen Mangelhaftigkeit der Kenntnisse besagen, dass zur Erklärung der Welt auf etwas zugegriffen werden müsse, das außerhalb dieser ist.

Diese noch mangelhaften Kenntnisse sollen dazu verleitetet haben, um eines Fundamentes für die Überlegungen habhaft zu werden, etwas zu akzeptieren, das seine Rechtfertigung nur aus naiver Plausibilität bezieht! Akzeptiert worden ist nämlich ein anthropozentrisches Götterbild. Den

Ausgangspunkt hierfür stellt das eigene Streben und Bemühen dar, das natürlich bekannt gewesen ist, und wofür primär ein Fundament gesucht worden ist. Von hier aus ist hypostasiert worden. Es wurde ein Wesen „erdacht", von dem sich der Mensch als Abbild begreifen konnte, und das, als sein „Urbild", im Unterschied zum Abbild nicht wieder mit dessen Problemen behaftet ist. Anders könnte, was „erdacht" worden ist, nicht zum Fundament des Hinterfragens eignen.

Indem sich der Mensch dieserart als „Abbild" verstanden hat, konnte er sich in der Sicherheit wiegen, sich grundsätzlich in der Welt orientieren zu können, solange er die Ausrichtung auf das Urbild aufrecht erhält. Das mutet zunächst sicherlich naiv an, was aber noch gar nicht bedeutet, dass diese Vorstellung falsch sein muss. Der eigentliche Irrtum dieser Vorstellung scheint sich aus der Ausklammerung der Beachtung der weltlichen Ebene zu ergeben, jener Ebene also, über die man noch unzureichend informiert gewesen ist und über die gelernt werden sollte. Das beinhaltet: Diese Ausrichtung auf das Urbild mag zwar psychologisch nachvollziehbar sein, aber sie leistet gerade nichts für das tatsächlich hilfreiche Lernen über die Welt der Abbilder; diese wird ja überstiegen. Insofern erscheint diese Vorstellung, ist man ihr grundsätzlich (unreflektiert?) abgeneigt, mehr trickreich als hilfreich.

Dergleichen Vorstellungen, so wichtig sie zu Beginn der Menschheit zweifellos gewesen sind, haben daher, so scheint sich hieraus zu ergeben, zu Recht ausgedient. Die diesbezüglichen Ausführungen der Moderne nehmen sich tatsächlich zunächst durchaus plausibel aus, sodass es nicht unverständlich ist, dass ihre Ausarbeitung und Rechtfertigung mit großem Elan unternommen worden ist und wird.

- II. -

Und doch enthält die Moderne ein Element, das sie als nicht rechtfertigbar ausweist. Eigentlich hätte dieses Element im Versuch, die Moderne auszugestalten, auffallen müssen. Tatsächlich ist es auch aufgefallen, aber nicht als etwas, das die Konstruktion „Moderne" in sich zusammenbrechen lässt, sondern als etwas, das es sogleich zu maskieren gilt. Das Verdienst, dieses Element im Geiste der Neuzeit erkannt zu haben, kommt (verkürzt dargestellt) David Hume zu. Ihm kommt aber auch das „Verdienst" zu, die Bedeutung dieses Argumentes sogleich maskiert zu haben. Wovon ist hier die Rede?

Hume hat dargelegt, dass die Sinneswahrnehmungen ausschließlich kontingent gültige Informationen über die Welt bieten, was gleichbedeutend damit ist, dass alles, was in den Sinneswahrnehmungen dem wahrnehmenden Menschen entgegentritt, zu Hinterfragendes ist. Dieser Umstand, dass die Sinneswahrnehmungen nur zu Hinterfragendes zeigen, hat zur Formulierung des logischen Induktionsproblems geführt, das besagt: Alleine mit kontingent gültigen Inhalten lässt sich, muss zugleich Wissenskonservierung geleistet werden, was der Fall ist, zu keinen allgemein gültigen (also nicht wieder kontingent gültigen) Aussagen finden. Auf irgendeine Weise müssen diese aber erzielt werden, soll das Hinterfragen nicht im Sand verlaufen. = Kann ich mein Hinterfragen auf nichts beziehen, was selbst nicht hinterfragt werden braucht, so kann ich aus meinem Hinterfragen nicht herausfinden.

Dieses Problem liegt also vor, da die Sinneswahrnehmungen eben nur zu Hinterfragendes bieten, sodass, bediene ich mich nur der Sinneswahrnehmungen, lediglich von einem zu Hinterfragenden zu einem anderen zu Hinterfragenden vorgedrungen werden kann: „in alle Ewigkeit".

Betrachtet man das logische Induktionsproblem unvoreingenommen, so wird man zu dem Schluss kommen: Die Ebene der Sinneswahrnehmung kann nicht den unmittelbaren Zugang zum Sein (der Welt) darstellen, da sie nicht auf sich alleine gestellt am Werke sein kann; sie bedarf etwas, das dieses „in alle Ewigkeit" abwendet; etwas also, das nicht ebenfalls den Umgang mit kontingenten Inhalten bedeutet, aber trotzdem das Sein (die Welt) bezeichnet. Hieran ist zu beachten: Hiermit wird keinesfalls bestritten, dass die Sinneswahrnehmungen Teil des Zugangs zum Sein sind; sehr wohl wird aber bestritten, dass sie unmittelbarer Zugang zum Sein sind.

Hume ist nicht zu diesem Schluss gekommen. Er war Empirist und somit sein Denken davon durchdrungen, dass die Sinneswahrnehmungen den unmittelbaren Zugang zum Sein bedeuten. „Durchdrungen" bedeutet hier aber auch, dass er von der Vorstellung, die Sinneswahrnehmungen sind unmittelbarer Zugang zum Sein, so sehr eingenommen gewesen ist, dass er sich mit einer Rechtfertigung hiervon hat arrangieren können, die sich schon bei etwas genauerer Betrachtung als haltlos erweist. Seine „Lösung" des logischen Induktionsproblems sieht wie folgt aus: Grundsätzlich ist zwischen Vernunft- und Tatsachenwahrheiten zu unterscheiden. Zu jenen gehören die Sätze der Geometrie, Algebra und Arithmetik; also ausschließlich Sätze, die sich nicht unmittelbar auf das Sein beziehen! Die sich unmittelbar auf das Sein beziehenden Sätze – somit auch alle der Naturwissenschaften – gehören den Tatsachenwahrheiten an. Diese Sätze können keine Notwendigkeit für sich in Anspruch nehmen; sie bringen lediglich Glauben (belief) zum Ausdruck: „Ich glaube, dass die Sonne morgen wieder aufgehen wird." Der Grund hierfür, so Hume, liegt darin, dass diese Sätze Ursache-Wirkung-Beziehungen zum Ausdruck bringen und die Ursachen von den Wirkungen vollständig verschieden sind; diese lassen sich nicht aus jenen herleiten. Daher sind die Menschen alleine auf Gewöhnung und Übung angewiesen, also auf wiederholtes Beobachten (auch von Experimenten). Aber das soll genügen, um zu Sätzen von hoher Wahrscheinlichkeit finden zu können, wenn auch nicht zu notwendig gültigen Sätzen. Insofern ist Hume konsequenter Skeptiker, das logische Induktionsproblem konsequent ernst nehmend.

Aber er hält diese Konsequenz nicht durch. In seiner Schrift *Untersuchung über den menschlichen Verstand* hält Hume unmißverständlich fest, dass er die Annahme angeborener Begriffe und Prinzipien ablehnt: Alle Bewusstseinsinhalte stammen aus den Sinneswahrnehmungen. Beachtet man nun, dass alle Bewusstseinsinhalte aus den Sinneswahrnehmungen stammen sollen, wobei es aber vieler, zeitraubender Beobachtungen bedarf, um doch nur Wahrscheinlichkeiten erzielen zu können, so liegt nahe, dass am Beginn der Menschheit kein Wissen vorgelegen sein kann, das den Menschen lange genug zu überleben erlaubte, um in die Situation zumindest hinreichend wahrscheinlicher Vorstellungen gelangen zu können, also zu einem tragfähigen Fundament des Hinterfragens[62].

Hume erkennt dieses Problem sehr wohl und ist daher um Ergänzung seiner Beobachtungsreihen bemüht. Sehr richtig

[62] Hier scheint die Evolutionslehre der aufgeklärten Moderne einen Ausweg zu bieten: Die Menschheit hat gar nicht bei dem Wissenstand „Null" begonnen. Sie hat gleichsam auf einem ratiomorphen Wissensschatz aufbauen können (vgl. z. B. die Schriften zur Evolutionären Erkenntnistheorie). Aber dieser Ausweg basiert auf einem Zirkelschluss (vgl. Senz, W.: Zur Bedeutung der Wirtschaft – Frankfurt a. M. et al.).

erkennt er, dass es ihm unmöglich ist, sich auf die Annahme der Konstanz der Natur zurückzuziehen, hierin also die gewünschte Ergänzung haben zu können: Wie sollte von dieser auf rein empirischem Wege, also mittels der problematischen Beobachtungsreihen, Wissen erlangt worden sein? Was er aber als Ergänzung aufbietet, das ist mit der bisher von ihm gezeigten Konsequenz unvereinbar. Johannes Hirschberger hält hierzu fest[63]:

„Hume will so etwas wie eine Gravitation der Bewußtseinsinhalte aufstellen. Er nimmt au Newton, zwar ohne Namensnennung, aber doch unzweideutig Bezug (Ess. II, 11 = UmV. [= *Untersuchung über den menschlichen Verstand*] 14), und gerade diese Bezugnahme ist ungemein bezeichnend für seine erkenntnistheoretische Einstellung: wie die Bewegungen der Himmelskörper einzig von der Anziehungskraft ihrer körperlichen Massen abhängen, so müssen die Vorstellungsbewegungen, meint er, auch auf ein ähnliches Gesetz zurückgeführt werden können, auf ein Gesetz ihrer psychischen Masse, wenn man so sagen darf. Letzterer Ausdruck steht nicht bei ihm, aber das ist es, was er meint, so daß wir kurz sagen können: was bei Newton die Gravitation ist, ist bei Hume die Assoziation. Es ist das psychische Grundgesetz schlechthin.“ (S.227f.)

Dank diesem Grundgesetz der „psychischen Anziehungskraft“ sollen sich also die wiederholten Beobachtungen nicht „im Sand“ verlieren: Das Denken und Hinterfragen ist zwar strikt skeptizistisch zu verstehen, aber das bedeutet nicht, dass es des Fundamentes entbehrt. Dieser Optimismus ist unbegründet: Hume bedient sich hier einer Anleihe an der Naturwissenschaft, die er gar nicht in Anspruch nehmen dürfte, da er ja um Darstellung dessen bemüht ist, das auch deren Rechtfertigung ist. Die Theorie Newtons kann der Position Humes nicht weiter helfen, sondern diese müsste jener

[63] Hirschberger, J. 1981[11]: *Geschichte der Philosophie* – Band II: *Neuzeit und Gegenwart*, - Freiburg, Basel & Wien

weiter helfen können, da sie ungeachtet aller Verwendung empirischer Daten erstellt worden ist. Anders gewendet: Die Bezugnahme auf Anziehungskraft kann nicht gerechtfertigt sein, da sie sich nicht von einer solchen auf die Konstanz der Natur unterscheidet - und diese ist von Hume zu Recht zurückgewiesen worden.

Diese Inkonsequenz Humes ist im von der Aufklärung geprägten Denken Programm geworden. Zunächst, noch beeindruckt von dem Skeptizismus Humes, hat sich die Diskussion vor allem darum gedreht, ob angesichts des Induktionsproblems davon gesprochen werden kann, dass die menschlichen Erkenntnisse die Welt abbilden? Immanuel Kant hat sich in seiner *Kritik der reinen Vernunft* gegen diese Möglichkeit ausgesprochen. Seine diesbezüglich entscheidende Aussage vom unerkennbaren *Ding an sich* hat auch außerhalb der Philosophie einige Berühmtheit erlangt. Grundsätzlich ist zu Kant auszusagen, dass er nicht der dialektischen Tradition angehört, wiewohl er umfangreich Affinität zu dieser aufweist. Die dialektische Tradition bedarf des Begriffes *Ding an sich* nicht, aber sie insistiert darauf, dass, worauf Hume hingewiesen hat und von Kant aufgegriffen worden ist, in aller Konsequenz ernst zu nehmen ist. Daher stimmt sie mit diesem darin überein, dass die Welt, wie sie sich in den Sinneswahrnehmungen zeigt, nicht das Sein an und für sich ist, obschon auch nichts, das hiermit in keiner Beziehung steht – was hierunter zu verstehen ist, wird noch zu zeigen sein. Auf jeden Fall erkennt die dialektische Tradition – soweit sie zeitlich im Anschluss an Kant auftritt (insbesondere Hegel) – an, dass Kants *Kritik der reinen Vernunft* einen immensen Beitrag zur Ausformulierung des logischen Induktionsproblems darstellt. Konkret einen solchen, von dem zu erwarten gewesen wäre, dass er in der Entwicklung der Ausgestaltung des von der Aufklärung getragenen Denkens nicht ignoriert wird.

Zwar stellt Kants Philosophie durchaus keine rein aufgeklärte Position dar, zumindest nicht im modernen Sinn, sodass es noch nachvollziehbar ist, wenn von der Moderne jene Elemente in Kants Philosophie abgebaut worden sind, die im voraufgeklärten Denken verhaftet sind. Aber die Moderne ist bei weitem hierüber hinausgegangen. Sie hat nicht nur Kants *Ding an sich* verabschiedet, sondern auch jegliche Vorsicht im Umgang mit den Sinneswahrnehmungen, die aufgrund des Induktionsproblems nötig ist, und Kant zur Annahme von *Ding an sich* veranlasst hat. Sie hat, um das von Hirschberger geprägte Bild zu benutzen, Humes' Aussage von der Gravitation der Erkenntnisse in den Mittelpunkt gestellt, in der Meinung, wovon hiermit die Rede ist, dahingehend weiter entwickeln zu können, dass man problemlos hiervon reden kann, die bei Hume gegebene Inkonsequenz abbauend. Die Crux hieran ist: Eine Totgeburt („gravitierende Assoziation") kann zu nichts weiter entwickelt werden. - Wieso man das nicht erkannt hat und was es bedeutet, dass diese Entscheidung durchaus nicht auf einem Irrtum basiert, der natürlich immer auftreten kann, wird noch zu zeigen sein.

In diesem Zusammenhang darf nicht unbeachtet bleiben, dass diese Vorgehensweise innerhalb der Moderne keineswegs alleine das marktgesellschaftliche, wirtschaftsliberal-obrigkeitliche Denken charakterisiert, das sich ihrer umfangreich bedient (gerade hierauf wird noch umfangreich zurückzukommen sein). Das marxistische Denken ist hiervon ebenso geprägt; sehr zu seinem Schaden. Lenin hat ein dickes Buch geschrieben[64], in dem er den Empiriokritizismus Ernst Machs und Richard Avenarius' auf seine Weise schroff zurückweist bzw. die marxistisch-materialistische

[64] Lenin, W.I. 1973[12] [1909]: *Materialismus und Empiriokritizismus* - Berlin

Erkenntnistheorie als die einzig zutreffende Erkenntnistheorie darzustellen versucht. Die Zurückweisung des Empiriokritizismus kann kein Problem darstellen. Die Art und Weise aber, wie Lenin hierbei vorgeht verblüfft doch: Um an sein Ziel zu gelangen, muss er auch – im Anschluss an Marx und Engels – Kants *Ding an sich* zurückweisen. Das „gelingt" Lenin, ohne auch nur einmal auch nur anzudeuten, wieso Kant von diesem Ding spricht. So gesehen hätte Kant seine *Kritik der reinen Vernunft* überhaupt nicht zu schreiben gebraucht. Die Ansicht der im Marxismus vertretenen Wiederspiegelungslehre, dass die Erkenntnisse die Welt darstellen, wird auf eine Weise als gerechtfertigt dargestellt, die das grundsätzliche Problem erst gar nicht zur Kenntnis nimmt. Zumindest hierin stimmen das marxistische und das marktgesellschaftliche Denken überein.

- III. -

Angesichts hiervon ist konkret festzuhalten: Unstrittig ist, dass die Sinneswahrnehmungen einen Zugang zur Welt bedeuten, einen unverzichtbaren Zugang zur Welt. Die zu beantwortende Frage ist, welche Art von Zugang sie darstellen. Aufgrund der bisherigen Ausführungen stehen zwei Möglichkeiten zur Auswahl: (1.) Die Sinneswahrnehmungen bedeuten den *unmittelbaren* Zugang zur Welt; (2.) sie bedeuten den *mittelbaren* Zugang zur Welt.

Die aufgeklärte Moderne vertritt die Meinung, dass die Sinneswahrnehmungen den *unmittelbaren* Zugang zum Sein darstellen. Zudem wird anerkannt, ganz in der Tradition Humes, dass den Sinneswahrnehmungen etwas zur Seite gestellt werden muss („Ergänzung"), da sie nicht auf sich alleine gestellt bleiben können. Hieran ist entscheidend: Was auch immer man zusätzlich zu den Sinneswahrnehmungen aufwenden mag – z. B. Mathematik –, das strukturiert lediglich jene Vorstellung von der Welt, wie sie in den Sinneswahrnehmungen grundgelegt ist. = Mit der Erweiterung werden keine weiteren Inhalte zum Sein (Seienden) eingebracht, derart, dass die Sinneswahrnehmungen nicht mehr der unmittelbare Zugang zum Sein sind. Es werden lediglich Sätze hinzugenommen, die aus formalen Vernunftgründen akzeptabel sind und erlauben, die Daten (Informationen) des einzigen unmittelbaren Zugangs zum Sein – also der Sinneswahrnehmungen – so anzuwenden, dass das logische Induktionsproblem aufhört, von Bedeutung zu sein. Hiebei wird betont, dass die Aussage, wonach die hinzugezogenen Sätze akzeptabel sind, keine Unterstellung bedeutet, die das gesamte Verfahren zum Trick werden lässt, da sich gezeigt hat, dass sich auf dem hiermit eingeschlagenen Welt zu einem anwendbaren, in sich stimmigen Weltbild hat finden lassen.

Zum Problem kann diese Feststellung nur werden, wenn das Vorhaben, die Weltbetrachtung alleine aus den Sinneswahrnehmungen heraus verstehen zu wollen, falsch ist, da dieserart eben nicht der unmittelbare Zugang zum Sein bezeichnet ist, selbiger also ausgeblendet wird. Wenn also die alleinige Ausrichtung auf die Sinneswahrnehmungen eine unzulässige Reduktion bedeutet, reduktionistisch ist. Die hierzu alternative Vorstellung im Sinne (u. a.) der dialektischen Tradition - die Sinneswahrnehmungen bezeichnen den mittelbaren Zugang zum Sein - insistiert genau hierauf.

Tatsächlich beinhalten die bisherigen Ausführungen ein Argument, das es eigentlich ausschließt, aus Gewohnheit diese Alternative zu verwerfen. Dieses Argument sieht wie folgt aus: Wie angemerkt, hat Hume, um seinen Skeptizismus nicht „im Sand verlaufen“ lassen zu müssen, zu einer „Gravitation“ der Erkenntnisse greifen müssen. Dieses Argument muss sich, soll es irgendetwas besagen, an der Gravitation Newtons und somit dessen Naturanalyse orientieren. Somit aber hat Humes ein denkbar untaugliches Argument angeführt, denn: Wie soll es rechtfertigbar sein, sich eines Argumentes der Naturforschung zu bedienen, wenn deren Fundament erst dargelegt werden soll? Das ist ein Zirkelschluss. Hieran hat sich Humes nicht gestört und die moderne, aufgeklärte Wissenschaft ist hiermit auf folgende, originelle Weise umgegangen: Naiv, wenn auch implizit, von Gravitation zu sprechen, hat sie freilich abgelegt. Stattdessen hat sie vor allem auf Mathematik gesetzt, hiermit erzielend, dass sich offenbar nicht mehr an der Natur orientiert wird, um die Natur zu erklären. Der Zirkel ist zerschlagen. Aus der Perspektive der dialektischen Tradition ist die Freude hierüber freilich unangebracht, da „übersehen“ wird: Genauso wie der Skeptizismus nicht angeben kann, wieso sich das Gravitations-Argument für die Erklärung der Erkenntnisgewinnung anwenden lässt, kann die moderne, aufgeklärte Wissenschaft nicht erklären können, wieso sich die formalen Sätze der Mathematik zur hinreichenden Erweiterung der Verwendung der Sinneswahrnehmungen eignen sollen. = Als rein formalem Aussagensystem kommt der Mathematik keine Kompetenz im Umgang mit dem Problem zu: Ist die Vorstellung, die Sinneswahrnehmungen bedeuten den unmittelbaren Zugang zum Sein, reduktionistisch oder nicht? Genau dieses Problem muss aber vorweg geklärt sein, um die Bedeutung der Mathematik festlegen zu können. Da die Moderne hiervon nichts wissen will, muss sie ohne gerechtfertigtem Fundament bleiben.

Das muss weitreichende Konsequenzen für das Verstehen vom Menschen und der Gesellschaft haben. Die aufgeklärte Moderne insistiert darauf, dass der Mensch aus der empirischen Analyse heraus zu verstehen ist, dass hieraus also kein Reduktionismus erwächst. Wie aber soll hiervon angesichts des logischen Induktionsproblems die Rede sein können? Wie soll rechtfertigbar begründet worden sein, dass die alleinige Orientierung am Menschen, wie er sich in den Sinneswahrnehmungen zeigt, ein vollumfängliches Bild des Menschen erbringt? Hierzu bedarf es auf jeden Fall eines Argumentes, mittels dem das So-Sein des Menschen festgehalten ist, derart, dass, was hiermit ausgesagt wird, eine notwendige bzw. tatsächlich rechtfertigbare Aussage bedeutet.

Die Moderne weist in diesem Zusammenhang ein substanzielles Defizit auf: Gemäß ihrem Denken bezeichnen nur die Sinneswahrnehmungen das Sein, und diese lassen, wie sie selbst attestiert, auf sich alleine gestellt, zu keinen notwendigen Aussagen finden; notwendig wiederum sind die Aussagen der Mathematik, auf die sich gestützt wird und auf die sich gestützt werden können soll. Aber diese, so ist hinzuzufügen, bezeichnen nicht das Sein (auch wenn dies aus der Not heraus immer wieder zu zeigen versucht worden ist). Hieraus folgt aus der soeben gebrachten Überlegung zur Bedeutung der Mathematik: Die nötige notwendige Aussage zum seienden Wesen *Mensch* kann dieserart nicht erbracht werden; aus dem Dilemma, das Hume provoziert hat, ist *nicht* herausgefunden worden! Aber diesem Umstand gegenüber versteht sich die aufgeklärte, moderne Wissenschaft bzw. Gesellschaft ebenso erfolgreich zu verschließen wie zuvor Hume.

Ein Beweis dafür, dass das aufgeklärte, moderne Denken zu einem irrigen Ergebnis gekommen ist, ist hiermit freilich noch nicht erbracht. Immer noch ist denkbar, wenn auch höchst unwahrscheinlich, dass zwar das richtige Ergebnis geboten wird, obschon es auf falschem Wege erzielt worden ist. Auf jeden Fall ist aber gezeigt worden, dass das Induktionsproblem genauer zu betrachten ist bzw. ein konsequenter Umgang mit den sich hieraus ergebenden Inhalten einzufordern ist. Nur dieserart lässt sich gehaltvoll aus dem von Hume provozierten Zirkelschluss herausfinden, hin zu einem tatsächlichen Verständnis von Mensch und Gesellschaft.

Nicht unbemerkt soll bleiben, dass es sich hierbei eigentlich um eine Selbstverständlichkeit handelt, sodass das Bemühen der aufgeklärten Moderne überraschen muss, sich gegenüber der Anerkennung hiervon zu verweigern. In diesem Zusammenhang ist ferner zu beachten, dass zumindest die grundlegenden Überlegungen im Sinne der somit einzufordernden konsequenten Beachtung des logischen Induktionsproblems (abseits von Anziehungskraft und Mathematik) - und somit im Sinne der dialektischen Tradition – nicht einmal kompliziert sind. Sie sind sogar ausgesprochen einfach. Und trotzdem will „man" nichts hiervon wissen. Was es mit dieser Eigentümlichkeit auf sich hat, das wird noch umfangreich darzustellen sein.

- IV. -

Die eingeforderte konsequente Beachtung des logischen Induktionsproblems ergibt sich daraus, folgenden, bereits angetroffenen Satz, uneingeschränkt ernst zu nehmen: Die Sinneswahrnehmungen bieten ausschließlich kontingent gültige Inhalte. Das besagt: Die Welt, wie sie in der Ebene der Sinneswahrnehmungen auftritt, ist eine vollständig zu hinterfragende Welt. Bei alleiniger Anwendung der sich aus den Sinneswahrnehmungen ergebenden Inhalte kann also aus dem Hinterfragen nicht herausgefunden werden. Mehr noch: Es kann nicht einmal mit dem Hinterfragen begonnen werden. Habe ich nämlich kein Wissen, da mir alles zu Hinterfragendes ist, wie soll ich etwas begrifflich fixieren können, das mir hinterfragenswert ist?

Offensichtlich ist das nicht die Situation, in der die Menschen sind, denn fraglos wird hinterfragt. Würde nicht hinterfragt, das logische Induktionsproblem wäre niemals formuliert worden; es bezieht sich ja auf das richtige Verstehen von Hinterfragen. Somit muss es ein Wissen geben, das das Hinterfragen ermöglicht. Das moderne, aufgeklärte Denken erkennt das durchaus an, wiewohl auf unzutreffende Weise. Es leitet hieraus sogleich ab, (idealiter) die Mathematik als nötige Erweiterung der Sinneswahrnehmungen angeben zu können oder sonst wie die konsequente Beachtung des Induktionsproblems ausblenden zu dürfen.

Ist man darum bemüht, abseits derartiger Wege auf jenem der konsequenten Beachtung des Induktionsproblems zu bleiben, so ist zunächst genauer zu betrachten, was es heißt, dass die Ebene der Sinneswahrnehmungen nur kontingent gültige Inhalte formulieren lässt. Keinesfalls kann hiermit ausgesagt sein, dass jede Sinneswahrnehmung, wie sie im Hier und Jetzt getätigt wird, etwas zeigt, das tatsächlich nur im Hier und Jetzt gültig ist. Eine derartige Wahrnehmung wäre völlig sinnlos. Was hier und jetzt wahrgenommen wird, wäre bereits im nächsten Jetzt vollständig uninteressant. Wozu ist also wahrgenommen worden?

Hieraus folgt, dass nicht jede Wahrnehmung eines Gegenstandes einen in jeder Hinsicht einmaligen Gegenstand zur Vergegenwärtigung bringen kann. Zwischen Gegenständen aufeinanderfolgender Wahrnehmungen müssen daher

Übereinstimungen gegeben sein, als Voraussetzung dafür, verschiedene Wahrnehmungsinhalte als selbiges bezeichnend identifizieren zu können. Entscheidend ist nun, dass nicht davon ausgegangen werden kann, dass nur bedeutungsvolle Übereinstimmungen vorliegen, sodass die Identifikation kein Problem darstellt und das logische Induktionsproblem sich auflöst. Die Annahme, dass nur bedeutungsvolle Übereinstimmungen vorliegen, könnte aus alleiniger Verwendung der Inhalte der Sinneswahrnehmungen nicht abgeleitet werden, sodass sie zu akzeptieren bedeutet, in die Schwerkraft-Falle (Humes) geraten zu sein, also einen inkonsequenten Umgang mit dem logischen Induktionsproblem zu bieten.

Zugleich ist zu beachten, dass das Vorliegen bedeutungsvoller Übereinstimmungen die Bedingung der Möglichkeit zur Begriffsbildung besagt. Gegenstände, auch wenn sie nicht in allen Details übereinstimmen, können mit einem sie umfassenden Begriff belegt werden. Diese Begriffsbildung und somit die Sinnhaftigkeit der Wahrnehmung erhält ihre Bedeutung daraus, dass Übereinstimmungen festgelegt werden, die dem Wahrnehmen als Teil des Sich-Orientierens in der Welt hilfreich sind, also bedeutungsvoll sind.

Hiervon kann aber nur die Rede sein, wenn mir die festgelegten Begriffe helfen, die Bezogenheit der mich umgebenden Dinge aufeinander und auf mich selbst im hinterfragenden Nachdenken vorstellen zu können. Wenn sie mir also zu prognostizieren erlauben, als Basis für mein in die Zukunft gerichtetes Verhalten. Der Grund hierfür, um dies explizit auszuführen, ist der, dass ein Wahrnehmen, das Dinge zeigt, die nicht miteinander in einem wirkursächlichen Zusammenhang stehen, ebenso sinnlos ist wie ein Wahrnehmen von Dingen, die nur im Hier und Jetzt gegeben sind. Anders formuliert: Dinge, die zwar nicht bloß im Hier und Jetzt als ein Eines identifiziert werden können, dieses Hier und Jetzt aber lediglich dahingehend überschreiten, dass sie in einer völlig chaotischen Beziehung zueinander und mir gegenüber als dem wahrnehmenden Subjekt sind, brauche ich nicht wahrzunehmen, da sie mir bzw. meinem Bemüht-sein-um-mich gleichgültig sein müssen.

- V. -

Bis hierher kann das moderne, aufgeklärte Denken, egal ob im Kleide wirtschaftsliberalen-obrigkeitlichen oder marxistischen Denkens, zustimmen. Sie kann sogar die Frage aufwerfen: Wozu der Aufwand, das haben wir ja ohnehin schon dargelegt? Tatsächlich ist die Gefahr groß, an dieser Stelle nicht auf den Weg der aufgeklärten Moderne zu geraten, sodass zu verdeutlichen ist, wovon hier n i c h t die Rede ist. Im Mittelpunkt des Interesses steht hierbei der Begriff „bedeutungsvoll". Um willen hiervon soll zunächst aus Lenins *Materialismus und Empiriokritizismus*[65] zitiert sein:

„Wir haben gesehen, daß Marx 1845, Engels 1888 und 1892[66] das Kriterium der Praxis in die Grundlage der materialistischen Erkenntnistheorie einführen. Von der Praxis isoliert die Frage stellen, «ob dem menschlichen Denken gegenständliche» (d. h. objektive) «Wahrheit zukomme», ist Scholastik, sagt Marx in der

---

[65] Siehe Fußnote 63

[66] Marx, K. 1845: *Thesen über Feuerbach* – in: Karl Marx / Friedrich Engels 1969: Werke, Bd. 3, - Berlin, S.5-7; Engels, F. 1888: *Ludwig Feuerbach und der Ausgang der klassischen deutschen Philosophie* – in: wie zuvor: 1962: Bd. 21, S.259-307; Engels, F. 1892: *Die Entwicklung des Sozialismus von der Utopie zur Wissenschaft* [Einleitung zur englischen Ausgabe] – in: wie zuvor: 1963: Bd.22, S.287-311.

zweiten These über Feuerbach. Die schlagendste Widerlegung des Kantschen und Humeschen Agnostizismus wie aller anderen philosophischen Schrullen ist die Praxis, wiederholt Engels. «Die Erfolge unsrer Handlungen liefern den Beweis für die Übereinstimung unsrer Wahrnehmungen mit der gegenständlichen» (objektiven) «Natur der wahrgenommenen Dinge», erwidert Engels den Agnostikern." (S.132f.)

Der Schlüsselbegriff in diesem Zitat ist *Praxis*. Es wird ausgesagt, dass der praktische Erfolg signalisiert, die Umwelt erkannt bzw. verstanden zu haben, als Bedingung dafür, dass ein Mensch – die Gesellschaft – sich in Rücksicht auf die Befriedigung seiner – ihrer - Bedürfnisse gerecht wird. Der Praxisbezug legt also fest, was „bedeutungsvoll" ist. Hieran ist zu beachten: Der Mensch wird als ein Wesen verstanden, das vollständig bedacht ist, wenn seine Bedürfnisse mit der weltlichen Ebene – der Ebene, wie sie in den Sinneswahrnehmungen auftritt – in Zusammenhang gebracht werden. Auch dieser Satz ist der aufgeklärten Moderne insgesamt selbstverständlich[67].

Angesichts hiervon ist an die zuvor angesprochene Gefahr zu erinnern (auf die Wege der aufgeklärten Moderne abzugleiten) und die Frage aufzuwerfen: Bedeutet nicht auch die bisher gebrachte Argumentation im Namen der

[67] Es wird noch zu zeigen sein, dass sich diese Angelegenheit letztlich so einfach nicht verhält. Obschon das moderne aufgeklärte Denken darauf insistiert, ein rational vorgehendes Unterfangen zu sein, huldigt es in letzter Konsequenz der Hybris, deren Befriedigung aber nur Eliten zugestanden wird. Wer sich zu den Eliten rechnen kann, der versteht sich als „über" den gesetzlichen Banden der weltlichen Ebene zu sein. So sehr auch die Moderne darauf insistiert, ein säkularisiertes Weltbild zu vertreten, sie wird das metaphysische Erbe nicht los. Sie kann sich dieses Erbes auch nicht entledigen, wie zu zeigen sein wird, aber sie kann es pervertieren.

dialektischen Tradition die Fokussierung auf die Praxis? Die Inhalte zur konsequenten Beachtung des logischen Induktionsproblems, der genaueren Bedeutung von „kontingenten Bedeutung" der Inhalte der Sinneswahrnehmungen usw. scheinen nahe zu legen, diese Frage bejahen zu müssen. Aber das trifft nicht zu.

Das wird offensichtlich, wenn folgende Überlegung angestellt wird: Im Lichte des konsequenten Umgangs mit dem logischen Induktionsproblem zeigt sich die Summe der möglichen Sinneswahrnehmungen als eine Ebene des Zugangs zum Sein, deren Inhalte begrifflich fixiert und das in ihr herrschende Wirkgefüge analysiert werden kann. Wie ausgeführt, wäre diese Ebene andernfalls vollständig gleichgültig. Hieran ist hervorzuheben: Da alles, was in dieser Ebene entgegentritt, zu Hinterfragendes ist, muss auch für die potenziell festlegbaren Aussagen zu dem Wirkgefüge gelten, dass sie zu Hinterfragendes sind. Hierin liegt: Diese Ebene ist insofern unendlich, als sie ein Hinterfragen ad infinitum zulässt, konkret ein solches, das zu keinem Fundament führt, also zu etwas, das nicht mehr zu Hinterfragendes ist. Eben deshalb ist diese Ebene zugleich aber eine begrenzte Ebene. Da es nämlich ein notwendiges, Fundament seiendes Wissen geben muss, anders könnte nicht einmal eine Frage gestellt werden (vgl. oben), ist diese Ebene, eben aufgrund ihrer Unendlichkeit gegenüber diesem Wissen abgegrenzt. Hieran ist sogleich hervorzuheben: Diese Abgegrenztheit kann nicht Getrenntheit bedeuten, da die Ebene der Sinneswahrnehmungen in diesem Fall sinnlos wäre, was nicht vernünftig gedacht werden kann.

Hiermit ist ausgesagt: Die Ebene der Sinneswahrnehmungen kann nicht den unmittelbaren Zugang zum Sein darstellen. Sie muss aber als mittelbarer Zugang verstanden werden, da ihr trotz allem Bedeutung zukommt. Was konkret unter mittelbar zu verstehen ist, muss sich erst erweisen. Zunächst gilt es zu eruieren, was unter dem unmittelbaren Zugang zum Sein zu verstehen ist. Sogleich ist evident: Dieser Zugang muss in Differenz - nicht Getrenntheit! - zum mittelbaren Zugang „Sinneswahrnehmungen“ sein, da anders nicht zwischen beiden Zugängen unterschieden werden könnte. Für den unmittelbaren Zugang zum Sein können die Sinneswahrnehmungen somit keine Rolle spielen: diese sind in Differenz zu ihm. Hiermit alleine ist die Frage, was unter dem Begriff „unmittelbarer Zugang“ zu verstehen ist, freilich nicht beantwortet. Hierzu bedarf es der Nennung davon, was ihn auszeichnet.

Der Arbeit hieran muss aber die nun mögliche Abklärung davon vorausgehen, was es mit der angesprochenen Möglichkeit einer Orientierung an der Praxis auf sich hat: Diese Orientierung kann bei konsequenter Beachtung des logischen Induktionsproblems nicht vorliegen, zumindest wenn Praxis strikt gemäß der aufgeklärten Moderne verstanden wird. Dieser Praxis-Begriff ergibt sich aus der ausschließlichen Fokussierung auf die Ebene des mittelbaren Zugangs zum Sein. In diesem Sinne wird das Ich, also der Mensch, darauf reduziert, in dieser Ebene vollumfänglich vergegenwärtigt zu sein. Das muss somit auch für die Bedürfnisse des Menschen gelten und sein Um-sich-bemüht-sein. Das meint: Der Mensch ist in seinem Um-sich-bemüht-sein, seiner Bedürfnisbefriedigung, erfolgreich, wenn er im praktischen Umgang mit den Mechanismen, wie sie im mittelbaren Zugang zum Sein auftreten, diesen gemäß vorgeht, sie also zu verstehen gelernt hat (was durchaus auch im Sinne des Skeptizismus gemeint sein kann). Gerade diese Vorstellung weist das Denken gemäß dem konsequenten Umgang mit dem logischen Induktionsproblem als reduktionistisch zurück. Die Bedürfnisbefriedigung, das gelingende Um-sich-bemüht-sein muss aus einem Verständnis von Ich bzw. Mensch heraus erfolgen, das dieses bzw. diesen in Differenz zu dessen Auftreten im mittelbaren Zugang zum Sein zeigt; erst im Rahmen hiervon zeigt sich, was Ich bzw. Mensch tatsächlich ist. Dass hierbei die Praxis-Orientierung, wie sie auf der Ebene des mittelbaren Zugangs auftritt, nicht wieder von Bedeutung sein kann, ergibt sich bereits aus der Verwendung von Differenz. Diese Feststellung verdeutlicht natürlich die zuvor angesprochene Bedeutung davon, über den unmittelbaren Zugang zum Sein hinreichend informiert sein zu müssen.

- VI. -

Die Darstellung hiervon ist wie folgt zu beginnen: Die bisherigen Ausführungen sind von Überlegungen, also gedanklichen Operationen, zur Bedeutung der Sinneswahrnehmungen getragen. Somit sind sie von Überlegungen über etwas getragen, zu dem man uranfänglich fähig ist; niemand braucht sich dafür entscheiden, mit den Sinnen wahrzunehmen. Daher scheint es nur logisch, die Sinneswahrnehmungen mit dem Fundament des Hinterfragens in Verbindung zu bringen. Es ist ja festgehalten worden, dass ein notwendiges Wissen „uranfänglich" vorliegen muss – und die Sinneswahrnehmungen liegen eben „uranfänglich" vor. So plausibel sich diese Aussage auch ausnimmt, zutreffend ist sie nicht, wie sich gezeigt hat[68]. Wie also ist hiermit umzugehen?

[68] In diesem Zusammenhang ist es wichtig, folgenden Umstand zu beachten: Den modernen Naturwissenschaften, insbesondere der Quantenphysik, ist es gelungen, die Dinglichkeit der sinnlich wahrnehmbaren Welt auf etwas zurückzuführen, das als dessen Fundament angesehen werden kann. Hiermit ist – überspitzt formuliert – ein materialistisches Denken ohne Materie entwickelt worden, wenn unter dieser die Gesamtheit kleinster Bausteine (Atome) verstanden wird. Das beinhaltet, dass zu der Dinglichkeit und der dinglichen Begrenztheit, wie sie den Inhalten der sinnlich wahrnehmbaren Welt zukommt, in Differenz getreten worden ist. Genau das fordert auch die Begriffsdialektik ein (Stichwort: Lösung des logischen Induktionsproblems). Aber die modernen Naturwissenschaften haben dieses Ziel ohne jegliche Inanspruchnahme der Begriffsdialektik erreicht. Ist also doch anzunehmen, dass auf die Begriffsdialektik verzichtet werden kann? Diese Frage ist zu verneinen, da zu beachten ist: Die modernen Naturwissenschaften können, da sie ungeachtet des logischen Induktionsproblems nach dem Fundament der sinnlich wahrnehmbaren Dinglichkeit gesucht haben, ihren Bestrebungen nichts zugrunde gelegt haben, das als Einsicht in das So-Sein dinglicher Begrenztheit verstanden werden kann. Was sie ihrer Arbeit zugrunde gelegt haben, ist das Zerrbild der Inhalte des mittelbaren Zugangs zum Sein im Sinne der reduktionistischen Lösung der fundamentalen Aufgabe. Gemäß der Logik der Zweieinheitlichkeits-Argumentation muss auch auf diesem Wege das Fundament der Materie darstellbar sein, explizit in Verknüpfung damit, in Differenz zu dinglicher Begrenztheit treten zu können. Dieser Umstand hat sich ja als Bedingung dafür erwiesen, dass die reduktionistische Lösung der fundamentalen Aufgabe überhaupt als Alternative zur zutreffenden Lösung auftreten kann. Das besagt freilich nicht, dass aus der Perspektive der Begriffsdialektik die Quantenphysik insgesamt zurückzuweisen ist. Sehr wohl aber, dass nachzusehen ist, inwiefern sie zu

Zunächst ist zu beachten, dass von Überlegungen – gedanklichen Operationen – über die Sinneswahrnehmungen die Rede ist. Das eröffnet, den Fokus auf die Gedanken - das Operieren mit Begriffen – zu legen, also auf jenes Medium, in dem die Sinneswahrnehmungen reflektiert werden. Übereilt darf dieser Schritt aber nicht in Angriff genommen werden. Was, so ist daher zu fragen, konnte bisher konkret festgehalten werden? Bisher ist festgehalten worden, dass die Ebene der Sinneswahrnehmungen nicht den unmittelbaren Zugang zum Sein bezeichnen kann. Zudem ist festgehalten worden, dass auch in dieser Ebene der Umgang mit Begriffen eine wesentliche Rolle spielt. Weiters ist zu beachten: In der Ebene der Sinneswahrnehmungen tritt das diese Wahrnehmungen leistende Subjekt entgegen. Was hiermit entgegentritt sei als weltliches Ich bezeichnet. Somit gilt im Sinne der bisherigen Ausführungen: Das weltliche Ich ist Ausdruck des mittelbaren Zugangs zum Sein. Aufgrund der ebenfalls bereits festgestellten Begrenztheit der Ebene der Sinneswahrnehmungen gegenüber dem unmittelbaren Zugang zum Sein bzw. dem Fundament des Hinterfragens kann es keine Möglichkeit dafür geben, die Vorstellung von diesem Ich unmittelbar mit dem Fundament des Hinterfragens zu verflechten. Das Fundament muss, wie dargelegt, in Differenz hierzu gesucht werden. Wie ebenfalls bereits dargelegt, bedeutet Differenz aber nicht Getrenntheit. Anders gewendet: Das weltliche Ich kann nicht an und für sich Anderes als dasjenige sein, wonach gesucht wird.

Diese Aufarbeitung der bisherigen Ergebnisse weist den weiteren Überlegungen den Weg: Was hat es mit dieser Differenz auf sich; auf welches Fundament ist hiermit verwiesen und auf welches Ich in Differenz zum weltlichen Ich?

---

modifizieren ist, um als tragfähige Lehre zur weltlichen Ebene (in Differenz zur personalen Ebene) anerkannt werden zu können.

Der erste Schritt der Beantwortung dieser Frage soll klären, welche Bedeutung den Sinneswahrnehmungen und welche der Begrifflichkeit für das Verstehen der Differenz und von jenem zukommt, das in Differenz zur Ebene der Sinneswahrnehmungen / des weltlichen Ichs ist.

Um die zu fordernde Beziehung zwischen den in Differenz seienden Ebenen / Ichs verstehen zu können, müssen Überlegungen zu den Sinneswahrnehmungen denkbar ungeeignet sein. Diese sind ja auf den mittelbaren Zugang beschränkt. Anders verhält es sich im Falle der begrifflichen Operationen, auf die zuvor verwiesen worden ist. Zweifellos kann das Denken, die Verwendung von Begriffen, wie es in Beziehung auf das weltliche Ich auftritt, nicht an und für sich, gleichsam über die Differenz hinweg, in die Ebene des unmittelbaren Zugangs projiziert werden. = An und für sich kann es im unmittelbaren Zugang nicht auftreten. Sehr wohl besteht aber die Möglichkeit, den Umgang mit Begriffen als das den unmittelbaren Zugang prägende Element verstehen zu können, konkret indem die Differenz in das begriffliche Denken integriert wird; indem also zwei Ebenen von begrifflichem Denken unterschieden werden. Zunächst hat das für sich, neben den Sinneswahrnehmungen und der Begrifflichkeit kein Drittes annehmen zu müssen, das ausschließlich dem unmittelbaren Zugang angehört. Hiermit würde lediglich provoziert, die Differenz Getrenntheit werden zu lassen, da der unmittelbare Zugang hierdurch an und für sich Anderes als der mittelbare Zugang würde. – Nicht unerwähnt darf bleiben: Auch Orakel von der Art verbieten sich, dass man sich auf welche Intuitionen, unbegriffliches Wissen und so weiter auch immer zurückzieht, da es explizit darum geht, das Fundament zum um sich bemühten Hinterfragen finden zu müssen, womit die Ausrichtung auf Begrifflichkeit von vornherein gegeben ist.

Was aber ist konkret mit der Aussage gemeint, dass die Differenz in das Bedenken zu „integrieren" ist? Zur Beantwortung dieser Frage ist zunächst zu betonen, dass die von den Sinneswahrnehmungen geprägte Ebene, also der mittelbare Zugang zum Sein, niemals auf sich alleine gestellt am Werke sein kann. Er kann seine Aufgabe, von der noch nicht einsichtig sein kann, worum es sich hierbei handelt, nur in Verknüpfung mit dem unmittelbaren Zugang erfüllen. Alleine dieser ist es, der das Fundament beibringt, was verhindert, dass das Hinterfragen „im Sande verläuft"[69]. Dieser muss es somit auch sein, der jenes uranfängliche Wissen beinhaltet, von dem gesagt worden ist, dass es notwendig da sein muss, um überhaupt eine Frage stellen zu können.

Wovon hiermit die Rede ist, das ist also im Lichte davon zu begreifen, dass das Ich als hinterfragendes Ich zu verstehen ist, als ein Ich, das auf den Umgang mit Begriffen und begrifflichen Operationen angelegt ist. Hieraus erhellt: Das Problem in Rücksicht auf den mittelbaren Zugang zum Sein ist mit der Formulierung, dass er auf Sinneswahrnehmungen aufbaut, unscharf angegeben, da hierin der Verweis auf Hinterfragen fehlt. Es bedarf der Schärfung: Das Problem ergibt sich daraus, dass im mittelbaren Zugang lediglich kontingent gültige Aussagen verwendet werden, was sich aus der unmittelbaren Verflechtung der Begrifflichkeit dieses Zugangs mit den Sinneswahrnehmungen ergibt. Hieraus folgt: Ist das Ich grundsätzlich als hinterfragendes Ich zu verstehen und die Sinneswahrnehmungen auf die Ebene des mittelbaren Zugangs zum Sein einzugrenzen, so ergibt sich, dass der unmittelbare Zugang zum Sein reine

[69] Eben diese Sonderstellung („alleine diese ist es") muss also dahingehend erklärt werden, dass von Differenz die Rede sein kann, Andersheit ausschließend!

Begrifflichkeit sein muss. „Reine Begrifflichkeit“ bedeutet hierbei, dass die Begrifflichkeit nicht mehr mit den Sinneswahrnehmungen verflochten ist, was gemäß der Logik des Differenz-Argumentes zu fordern ist. Hierin liegt zudem, dass beide Ebenen einander nicht Anderes sind, also in Getrenntheit zueinander sind, eben da sie beide Begrifflichkeit – begriffliches Operieren – bedeuten[70].

All das ergibt sich, um auch hieran zu erinnern, aus der konsequenten Beachtung des logischen Induktionsproblems! Was sich hiermit ergeben hat, das ist unschwer als die Wurzel der Begriffsdialektik zu erkennen, die bei den Protagonisten der Moderne lediglich entweder ein (mitleidiges) Lächeln oder zutiefst empfundene Ablehnung auslöst. Tatsächlich kann die bisherige Nennung der „reinen Begrifflichkeit“ noch nicht überzeugen, da sie noch gar nicht entfaltet worden ist. „Welche Begriff sollen gemeint sein?“, wird man fragen. Sie wird also irritieren. Aber Irritation kann kein Hindernisgrund dafür sein, sich näher mit etwas zu beschäftigen, das begründet hergeleitet worden ist.

---

[70] Die Notwendigkeit davon, die Differenz in das begriffliche Denken hineintragen zu müssen, zeigt sich auch wie folgt: Gemäß dem Differenz-Argument ist auszuschließen, dass der unmittelbare Zugang notwendige Begrifflichkeit umfasst, der mittelbare Zugang aber in keinerlei Beziehung hierzu ist. Eine derartige Verschiedenheit beider Zugänge würde lediglich bedeuten, dass der mittelbare Zugang letztlich bedeutungslos ist, da alleine mit dem unmittelbaren Zugang das Auslangen gefunden werden kann. Hiervon kann aber auf vernünftige Weise nicht gesprochen werden. Es geht nicht darum, den mittelbaren Zugang zum Sein zu beseitigen, sondern um das Verstehen davon, was dieser Zugang bedeutet.

- VII. -

Und doch scheint in der gegebenen Darstellung der Bedeutung der Begrifflichkeit ein Dilemma (Aporie?) vorzuliegen. Die Wurzel hievon liegt darin, dass fortgesetzt von zwei Zugängen zum Sein die Rede ist, die nicht in Getrenntheit zueinander sein sollen. Einer dieser beiden Zugänge, der mittelbare Zugang zum Sein ist aber vollständig abhängig vom unmittelbaren Zugang zum Sein. Da alleine der unmittelbare Zugang zum Sein die notwendige Begrifflichkeit umfasst, kann er eigentlich nicht bloß Fundament des Hinterfragens sein, sondern die Vergegenwärtigung des Seins insgesamt. Sämtliche Begriffe des mittelbaren Zugangs zum Sein sollen ja derart sein, dass sie erst aus ihrer Projektion auf Inhalte des unmittelbaren Zugangs zum Sein fundiert werden können, also dem Hinterfragen in alle Ewigkeit entzogen werden können. Zudem liegt der Verdacht nahe, dass der mittelbare Zugang zum Sein doch unterwandert wird, wenn auch vielleicht auf mehr oder weniger geschickte Art.

Tatsächlich kann hiervon nicht die Rede sein. Um verdeutlichen zu können, wieso hiervon nicht die Rede sein kann bzw. was es damit auf sich hat, von zwei Zugängen zum Sein sprechen zu müssen, ist es notwendig, darzulegen, dass die Formulierung „zwei Zugänge“ eine irreführen könnende Verkürzung bedeutet.

Die folgende Überlegung steht am Beginn der Darlegung davon, worauf hiermit verwiesen sein soll: Der unmittelbare Zugang zum Sein ist eigenständig. Ist das Bedenken in Verknüpfung mit den Sinneswahrnehmungen des mittelbaren Zugangs in Differenz zum unmittelbaren Zugang, so ist es natürlich nicht in Getrenntheit zur Eigenständigkeit, sondern repräsentiert diese auf differenzielle Weise. Lässt sich ein Argument angeben, das diese differenzielle Eigenständigkeit bestätigt?

Die Antwort hierauf ist einfach, da sie in den bisherigen Ausführungen gleichsam fortgesetzt gebracht worden ist, in Gestalt der Anführung des reduktionistischen modernen, aufgeklärten Denkens. Wodurch zeichnet sich dieses Denken aus? Dadurch, dass es aufgrund seines inkonsequenten Umgangs mit dem logischen Induktionsproblem den mittelbaren Zugang zum Sein zum unmittelbaren Zugang zum Sein erklärt. Es verzichtet also auf die Thematisierung der Begrifflichkeiten des unmittelbaren Zugangs, ist aber in der Lage, diesen Reduktionismus maskieren zu können, zumindest so weit, dass zu einer in sich stimmigen und daher akzeptabel erscheinenden Lösung gefunden wird. Es wird also so getan, als wäre der mittelbare Zugang zum Sein an und für sich eigenständig. Hiervon könnte nicht die Rede sein, würde der mittelbare Zugang in Getrenntheit zu Eigenständigkeit sein, würde er dieser also vollständig entbehren. Dem Vorgehen des reduktionistischen Denkens muss somit die Bedingung der Möglichkeit geboten sein, den Eindruck zu erwecken, als wäre der mittelbare Zugang eigenständig. Somit gilt für den mittelbaren Zugang zum Sein: An und für sich eigenständig ist er nicht, sehr wohl aber differenziell eigenständig.

Was bedeutet das in Rücksicht auf die Aussage, dass zwei Zugänge zum Sein vorliegen? Aus der differenziellen Eigenständigkeit des mittelbaren Zugangs ergibt sich, dass er eindeutig gegenüber dem unmittelbaren Zugang abgrenzbar ist, als ein Zugang zum Sein. Insofern ist also tatsächlich von zwei Zugängen zum Sein zu sprechen, einem eigenständigen und einem differenziell eigenständigen Zugang. Wesentlich ist nun, dass sich beide Zugänge auf dasselbe beziehen: Sie sind beide Zugänge zum Sein.

Konkret sind sie in dem Sinne Zugänge zu dem Sein, dass sich nicht der eine Zugang auf einen Teil des Seins bezieht und der andere Zugang auf den anderen Teil des Seins. Beide beziehen sich allgemein auf das Sein, der eine auf unmittelbare und der andere auf mittelbare Weise. Insofern ist von *einem* Zugang zum Sein zu sprechen.

Somit erhebt sich die Frage: Liegen letztlich zwei Zugänge vor oder ein Zugang? Zur Beantwortung der Frage ist aufzugreifen, dass der unmittelbare Zugang zum Sein den eigentlichen Zugang zum Sein bezeichnen muss. Demgemäß ist von einem Zugang zu sprechen. Diesem einen Zugang kann nichts gleichwertiges zur Seite gestellt werden, da der mittelbare Zugang zum Sein, der alleine hierfür in Frage käme, uranfänglich von dem unmittelbaren Zugang abhängig ist und aus dieser Situation nicht heraustreten kann. Er kann sich nicht aus einem differenziell eigenständigen in einen eigenständigen Zugang verwandeln.

Das lässt sich auch wie folgt formulieren: Kann der mittelbare Zugang dem unmittelbaren Zugang nicht zur Seite gestellt werden, so kann er diesem auch nicht äußerlich sein. So muss er diesem eingefaltet sein, obschon als differenziell eigenständiger Zustand. Dieser Umstand, dass nur ein Zugang vorliegt, dem ein differenziell eigenständiger zweiter Zugang einwohnt, soll als *Zweieinheitlichkeit* bezeichnet werden: *Der eine Zugang „unmittelbarer Zugang zum Sein" ist also zweieinheitlich, da ihm ein differenziell eigenständiger Zugang, der mittelbare Zugang zum Sein, einwohnt.* In diesem Sinne sind beide Zugänge in *zweieinheitlicher Differenz* zueinander. Hiermit ist ausgesagt, dass beide einander weder Anderes sind noch Identität vorliegt. Angesichts hiervon ist zu folgendem Satz zu finden: Der mittelbare Zugang berichtet von nichts anderem als der unmittelbare Zugang. *Aber keiner seiner Inhalte* bezeichnet das Sein an und für sich, alle seine Inhalte sind Repräsentation der Seins an und für sich im Sinne der Differenz.

In Rücksicht auf das begriffliche Denken ist hiermit ausgesagt: Der unmittelbare Zugang zum Sein ist – zunächst noch vage formuliert! – rein begriffliches Operieren; der mittelbare Zugang ist dahingehend Repräsentation hiervon, dass die Begrifflichkeit nicht rein gegeben ist, sondern in einer Form, die Begrifflichkeit in Verknüpfung mit Sinneswahrnehmungen zeigt.

Somit lautet die Frage: Was hat es mit dieser Zweieinheitlichkeit auf sich, was ist ihre Bedeutung? Diese Frage ist auch im Lichte folgender, möglicherweise in der bisherigen Argumentation auftretenden Schwachstelle aufzugreifen: Wenn der unmittelbare Zugang zum Sein an und für sich eigenständig ist, wieso bedarf es dann eines nicht an und für sich eigenständigen Zugangs? Anders formuliert: Wenn es eines solchen Zugangs bedarf, wieso ist dann nicht die Rede davon, dass beide Zugänge differenziell eigenständig sind?

Zur Beantwortung dieser Fragen werden vor allem zwei Themenkomplexe zu betrachten sein. Der erste Komplex bezieht sich auf die Notwendigkeit der Fokussierung auf das Ich. Der zweite Komplex bezieht sich darauf, dass offensichtlich nicht zum Bedenken im Sinne des mittelbaren Zugangs zum Sein vorzudringen ist, sehr wohl aber zur Begrifflichkeit des unmittelbaren Zugangs zum Sein, was zumindest zunächst – untertrieben formuliert – eigentümlich anmuten muss, da ja behauptet worden ist: Diese Begrifflichkeit muss von Anfang an gegeben sein.

Zum ersten Themenkomplex ist festzuhalten: In den bisherigen Ausführungen ist bereits vom weltlichen Ich die Rede gewesen. Hierbei handelt es sich um das Ich, wie es im mittelbaren Zugang zum Sein auftritt. Zu diesem Ich ist festzuhalten, dass es nicht das Ich an und für sich bezeichnen kann, einfach da nichts, das sich in diesem Zugang zum Sein zeigt, Seiendes an und für sich bezeichnet; das weltliche Ich muss als Repräsentation von Ich verstanden werden, wie es an und für sich ist und im unmittelbaren Zugang entgegentritt. Um diese Aussage hinreichend verstehen zu können, ist folgende Frage zu beantworten: Trifft es zu, dass alles, was sich im mittelbaren Zugang zeigt, als Repräsentation von etwas im unmittelbaren Zugang zu verstehen ist?

Wie dargelegt, bedeutet der mittelbare Zugang zum Sein einen dieses Sein nicht an und für sich bezeichnenden Zugang. Somit kann, was er zeigt, keine Fiktionen bedeuten, da hiermit ausgesagt wäre, dass der unmittelbare Zugang das Sein bezeichnet, der mittelbare Zugang aber Fiktionen, womit sich beide nicht in zweieinheitlicher Differenz zueinander befinden würden, sondern schlicht in Getrenntheit; sie wären einander Anderes. Zugleich ist zu beachten, dass zur Zweieinheitlichkeit des Zugangs zum Sein aus der konsequenten Beachtung des logischen Induktionsproblems gefunden worden ist, dem gemäß alles, was sich im mittelbaren Zugang zeigt, zu Hinterfragendes ist.

Das beinhaltet: Hinterfragendes ist das Ich, soweit sich bereits zeigt, da sich der mittelbare Zugang durch die Verflechtung von Begrifflichkeit und Sinneswahrnehmungen (Hier, Jetzt usw.) auszeichnet. Hierzu ist in Differenz zu treten, hin zur reinen Begrifflichkeit des unmittelbaren Zugangs zum Sein. Diese reine Begrifflichkeit kann zunächst aber nur das Ich thematisieren, wie es das Subjekt der Begriffe aufwendenden gedanklichen Operationen ist; also das Ich in zweieinheitlicher Differenz zum weltlichen Ich. Diese Fokussierung auf das Ich muss auftreten, da zunächst keine weiteren Inhalte gegeben sein können.

Das meint: Indem das Hinterfragen zur weltlichen Ebene in Differenz tritt, kann es aus dieser Ebene weiter nichts mitnehmen als die Thematisierung seines Ichs, da ihm nur dieses, wie es im mittelbaren Zugang auftritt, zwar auch zu Hinterfragendes ist, zugleich aber im Sinne der konsequenten Beachtung des logischen Induktionsproblems über sich hinausweist, worin eine Art von Notwendigkeit liegt, die das weltliche Ich als da sein müssende Repräsentation von etwas des unmittelbaren Zugangs zeigt. Dieses Über-sich-hinausweisen meint: Das Ich des mittelbaren Zugangs, von dem hier die Rede ist, wird als „mein Ich“ verstanden, und das dies bedenkende Ich im Sinne des unmittelbaren Zugangs wird in diesem Hinterfragen des Umstandes einsichtig, dass dieses „mein weltliches Ich“ nicht jenes Hinterfragen leisten kann, das die Forderung nach konsequentem Umgang erhebt. Somit muss es als Repräsentation verstanden werden, konkret von mir, insofern ich das Ich des unmittelbaren Zugangs bin. Eben diese Verknüpfung kann aber nur für das Ich möglich sein, da sie sich auf das Bedenken der Gesamtsituation bezieht.

Somit gilt: Indem in Differenz zur Ebene des mittelbaren Zugangs zum Sein bzw. zur weltlichen Ebene getreten wird, wird zuerst der Satz „Ich bin“ vergegenwärtigt. Mit der Thematisierung dieses Satzes hebt die Vergegenwärtigung der Inhalte des unmittelbaren Zugangs zum Sein gemäß der reinen Begrifflichkeit an. Alle Inhalte dieses Zugangs müssen mittels der begriffsdialektischen Entfaltung dieses Satzes eruiert werden.

Zunächst interessiert hieran nur folgender Umstand: Gemäß der gebrachten Fokussierung auf das Ich ist zunächst das Ich des unmittelbaren Zugangs und seine zweieinheitliche Repräsentation „weltliches Ich" zu betrachten. Hierbei fällt auf, dass das weltliche Ich aufgrund seiner Begrenztheit nur als eingebettet in eine Vielheit miteinander wirkursächlich verbundener Dinge gedacht werden kann, was insgesamt als „Welt" bezeichnet werden kann; hierauf ist bereits hinzuweisen gewesen. Dass auf der Ebene des mittelbaren Zugangs von „Welt" zu reden ist, ergibt sich, wie sich gezeigt hat, alleine daraus, dass diese Ebene in Differenz zur reinen Begrifflichkeit des unmittelbaren Zugangs ist, derart, dass die Begrifflichkeit in Verflechtung mit Sinnlichkeit auftritt.

Das Ich des unmittelbaren Zugangs zum Sein kann aber nicht wieder als begrenzt im Sinne des weltlichen Ichs verstanden werden, wie sich aus dem Umgang mit dem logischen Induktionsproblem ergibt. Das hat zur Konsequenz: Die Welt, wie sie im mittelbaren Zugang zum Sein auftritt, kann kein Sein an und für sich haben, da sie sich alleine aus dem So-Sein des Hinterfragens des Ich an und für sich ergibt. Zweierlei ist hieran insbesondere zu beachten: 1. Dass der Welt kein Sein an und für sich zukommt, besagt nicht, dass sie Fiktion ist, ohne jegliche Beziehung zum Sein. Der Grund hierfür ist: Da das Ich gemäß „Ich bin" sein So-Sein zweieinheitlich vergegenwärtigt, muss auch das weltliche Ich mit Sein verknüpft sein, obschon es nicht an und für sich ist. Ist aber hiervon zu sprechen, so auch davon, dass die Welt auf eben diese Weise mit Sein verknüpft sein muss, da das weltliche Ich integraler Teil der Welt ist.

Zweitens ist hervorzuheben, die eingangs zu diesem Abschnitt gestellte Frage beantwortend: Das weltliche Ich ist als Repräsentation von Ich gemäß „Ich bin" zu verstehen, aber die Welt bzw. irgendein Begrenztes dieser Welt, so es nicht als ein Ich verstanden werden muss[71], kann nicht als Repräsentation verstanden werden[72]. Der Grund hierfür ist: Das weltliche Ich ergibt sich unmittelbar aus der Zweieinheitlichkeit des Vergegenwärtigens, die Welt aber nur in dem Sinne mittelbar hieraus, als die zweieinheitliche Repräsentation von Ich ein begrenztes Ich ergibt, das gegenüber anderem Begrenzten begrenzt sein muss, was eben Welt ergibt[73].

Was aber in der Ebene des mittelbaren Zugangs zum Sein repräsentiert sein muss, das ist jenes, was sich aus der dialektischen Entfaltung von „Ich bin“ ergibt.

---

[71] Hiermit ist nicht nur auf die Mitmenschen abgezielt, sondern auf alle Lebewesen; vgl. Senz, W. 2002: *Der inhärente moralische Wert nichtmenschlicher Lebewesen* – Frankfurt a. M. et al.

[72] Dieser Satz mag den Anschein einer Kritik an Platons Ideenlehre erwecken. Hiervon kann aber nicht vernünftig die Rede sein. Soweit er überhaupt von Platons Ideenlehre abweicht, bringt er keine Kritik zum Ausdruck, sondern eine Entfaltung der Dialektik Platons. Hierauf wird an anderem Ort genauer einzugehen sein.

[73] Eine Randbemerkung: Hier wird also die Meinung vertreten, dass der Welt kein Sein an und für sich zukommt. Trotzdem wird ihr eine Beziehung zum Sein attestiert, was sich daraus ergibt, dass sie Ausdruck des (So-)Seins des Hinterfragens der Menschen ist. Zu einer hiermit vergleichbaren Ansicht ist Bischof George Berkeley in *Abhandlung über die Prinzipien der menschlichen Erkenntnis* gelangt. Wie nahe sich seine und meine Ausführungen stehen, braucht hier nicht zu interessieren. Betont werden soll nur folgender Umstand: Die moderne Kritik an Berkeley hat alleine aufgegriffen, dass er der Welt das Sein an und für sich abspricht. Wieso er diese Ansicht vertritt, wie er sie verteidigt, ist mehr oder weniger ignoriert worden. So gesehen hätte er seine Argumente nicht schreiben brauchen, genauso wie Kant seine *Kritik der reinen Vernunft* nicht hätte schreiben brauchen (vgl. oben), da seine Kritiker nur insofern von deren Inhalt Notiz nehmen, als er ihnen dienlich ist.

- IX. -

Somit kann zum zweiten Themenkomplex übergegangen werden, durchaus in der Überzeugung, dass die Bedeutung der Zweieinheitlichkeit des Bedenkens keinesfalls schon ersichtlich gemacht hat werden können. Dieser Komplex bringt zum Ausdruck, dass im Hinterfragen zum mittelbaren Zugang zum Sein nicht vorgedrungen werden muss, sehr wohl aber zur Begrifflichkeit des unmittelbaren Zugangs, also dem Fundament des Hinterfragens, jenem also, ohne dem der mittelbare Zugang zum Sein nicht am Werke sein kann. Hieran ist sogleich zu konkretisieren: Zum mittelbaren Zugang zum Sein ist zweifellos nicht vorzudringen, sehr wohl aber zum r i c h t i g e n V e r s t ä n d n i s dieses Zuganges. Es ist ja festgehalten worden, dass dieser Zugang als der unmittelbare Zugang zum Sein missverstanden werden kann, und in der aufgeklärten Moderne tatsächlich „missverstanden" wird.

Wovon hiermit die Rede ist, also dem anscheinenden Fehlen des unmittelbaren Zugangs zum Sein am Beginn des Hinterfragens und der Möglichkeit des Missverstehens des mittelbaren Zugangs zum Sein, das ist nun im Lichte der zuvor gebrachten Fokussierung auf das Ich aufzugreifen. Zu dieser ist daher zunächst festzuhalten: Sie zeigt – im Sinne der konsequenten Beachtung des logischen Induktionsproblems! -, dass das Fundament des Hinterfragens ausschließlich in dem Satz „Ich bin" gegeben ist. Nur diese Aussage ist uranfänglich fraglos gegeben und somit notwendig[74]. A b e r

[74] Dass sie uranfänglich gegeben ist, besagt nicht, dass sie uranfänglich thematisiert sein muss, also dem Hinterfragen als

was dieserart fraglos gegeben ist, das muss zugleich hinterfragenswürdig sein: muss zugleich erfragt werden.

Das ergibt sich bereits aus der Möglichkeit, den mittelbaren Zugang, wie er uranfänglich gegeben ist, dahingehend missverstehen zu können, dass die Thematisierung des unmittelbaren Zugangs unterleibt, womit, tritt dieser Fall ein, das Ich vollständig missverstanden wird; es wird ja alleine aus dem weltlichen Ich heraus zu verstehen versucht. Das muss auch Auswirkungen auf den Umgang mit dem Satz „Ich bin“ haben!

Um diesen Fehler vermeiden zu können bzw. zur zutreffenden Vorstellung vom Ich, wie es im unmittelbaren Zugang zum Sein auftritt, gelangen zu können, ist es notwendig, eine hinreichende Vorstellung vom Hinterfragen geben zu können, wie es mit diesem Ich zu verbinden ist. Im Zentrum hiervon muss eben die scheinbare Aporie stehen, dass im Hinterfragen etwas eruiert werden soll, das uranfänglich am Werke sein muss, also auch das nun interessierende Hinterfragen leiten muss, sodass völlig fehlende Bekanntschaft mit dem zu eruierenden Wissen auszuschließen ist.

In diesem Sinne ist genauer zu betrachten, was es mit der Formulierung „im Hinterfragen etwas eruieren“ auf sich hat. Zuvor ist als das Fundament des Hinterfragens der Satz „Ich bin“ festgehalten worden. Er bezeichnet das Ich des unmittelbaren Zugangs zum Sein. Dieses Ich ist als Hinterfragen zu verstehen, da zu dem Satz „Ich bin“ im Hinterfragen gefunden worden ist. Diesbezüglich ist aufzugreifen, dass sich der unmittelbare Zugang zum Sein als reine Begrifflichkeit erwiesen hat. Das besagt, dass das Ich gemäß „Ich bin“ als reine Begrifflichkeit zu verstehen ist, also als

---

vergegenwärtigte Aussage zur Verfügung steht. Gerade dieser Umstand wird sich noch als wichtig erweisen.

Hinterfragen[75]. Der Satz „Ich bin“ lässt sich somit erweitern zu „Ich bin Hinterfragen“, nicht aber zu „Ich bin hinterfragend“. Diese Formulierung würde ja bedeuten, dass das Satzsubjekt prädiziert wird – „hinterfragend“ -, womit es selbst weiter zu hinterfragen wäre – „Wie ist das Ich zu verstehen, zu gerechtfertigt dieserart prädiziert werden zu können?“ -, was gleichbedeutend damit ist, dass es nicht das Fundament des Hinterfragens bezeichnet.

Ist daher der Fall der, dass das Ich zur Thematisierung einer Begrifflichkeit vordringen soll – „eruieren“ -, die ihm uranfänglich gegeben sein muss, so kann das zunächst nur bedeuten, dass diese Begrifflichkeit zugleich fraglos gegeben und hinterfragenswürdig ist. Das lässt sich auch so darstellen, dass sie uranfänglich unthematisch gegeben ist, was sie am Werke sein lässt, und thematisch zu machen ist, was sie zu Erfragendes sein lässt.

Im Lichte hiervon ist aufzugreifen, dass von Hinterfragen nur vernünftig die Rede sein kann, wenn es gilt, ein

---

[75] Weiter oben ist festgehalten worden, dass die hier zu gebende Ableitung „befremden“ mag. Die hier gegebene Vorstellung, dass das Ich Hinterfragen ist, eignet hierfür vorzüglich. Das darf aber nicht dazu veranlassen, sich von der Ableitung abzuwenden, da sie für sich in Anspruch nehmen kann, zumindest grundsätzlich auf rechtfertigbare Weise dargelegt zu werden. Mag es also jemandem auch noch so sehr in „Fleisch und Blut“ übergegangen sein, die Menschen als aus Fleisch und Blut bestehend verstehen zu müssen, wovon die aufgeklärte Moderne berichtet, so gilt es doch, sich von dieser Vorstellung abzuwenden zu müssen. Das bedeutet nicht, wie sich zeigen wird, dass die Körperlichkeit in der zu gebenden Ableitung ignoriert werden kann. Es ist ja bereits darauf hingewiesen worden, dass sich aus der Logik der Zweieinheitlichkeits-Argumentation ergibt: Die Vorstellung von der Körperlichkeit ist eben Ausdruck des mittelbaren Zugangs zum Sein.

Bedürfnis zu befriedigen: Im Hinterfragen soll ein Wissen erzielt werden, in dessen Besitz man gelangen will, um ein Bedürfnis zu befriedigen. Das muss sogar in ganz besonderem Maße für die hier interessierende Situation gelten, da das Hinterfragen, von dem hier die Rede ist, das Bemühtsein-um-sich betrifft. Das ist wie folgt zu konkretisieren: Da das hier interessierende Hinterfragen die Thematisierung von „Ich bin" bedeutet, also die Vergegenwärtigung des eigenen Ichs als Ausdruck davon, sich zu verstehen, muss eben hierin die Befriedigung jenes Bedürfnisses zum Ausdruck kommen, um willen dessen hinterfragt wird. Bei diesem Bedürfnis kann es sich somit nur darum handeln, sich als Ich gerecht zu werden, da man Einsicht in sein So-Sein gewonnen hat.

Angesichts hiervon wird der Gehalt der Zweieinheitlichkeit des Hinterfragens einsichtig: Um vor der fundamentalen Aufgabe stehen zu können, Einsicht in sein So-Sein erlangen zu können, muss der richtigen Lösung der fundamentalen Aufgabe eine falsche Lösung zur Seite stehen. Diese Situation ergibt sich aus der differenziellen Eigenständigkeit des mittelbaren Zugangs zum Sein. Aufgrund dieser differenziellen Eigenständigkeit bietet sich dem Ich für die Lösung der fundamentalen Aufgabe auch die reduktionistische Option an, den mittelbaren Zugang als unmittelbaren Zugang zu Sein zu interpretieren. Wählt ein Ich diese Option, so wird es sich gerade nicht gerecht, da es sein So-Sein reduktionistisch verzerrt begreift.

Das ist wie folgt zusammenzufassen: Das Ich an und für sich, also das Ich des unmittelbaren Zugangs, ist der Umgang mit der fundamentalen Aufgabe, sich gerecht zu werden, indem es sein So-Sein im Hinterfragen thematisch macht. Dieses Hinterfragen im Dienste der Befriedigung der fundamentalen Aufgabe nimmt mit der Betrachtung des (noch nicht an sich verstandenen) weltlichen Ichs den Anfang, hierbei zum Ich des unmittelbaren Zugangs vordringen sollend. Gemäß der differenziellen Eigenständigkeit des mittelbaren Zugangs bzw. der weltlichen Ebene bietet sich dem hinterfragenden Ich die Möglichkeit an, hierauf verzichten zu können, das weltliche Ich nicht als Repräsentation des zu thematisierenden Ich verstehen, sondern als das Ich an und für sich.

Für das Ich an und für sich soll die Bezeichnung personales Ich festgelegt werden, dessen Repräsentation gemäß Zweieinheitlichkeit also das weltliche Ich ist.

Zum personalen Ich ist sogleich festzuhalten, dass alleine ihm Würde – Dignität – zukommt. Selbige ist im weltlichen Ich nicht an und für sich gegeben, sehr wohl aber repräsentiert. In diesem Sinne wird ein Ich, das nicht zur Thematisierung davon vordringt, personales Ich zu sein, zu einer reduktionistisch verzerrten Vorstellung seiner selbst gelangen, wider die Beachtung seiner Würde.

- X. -

Wie aber ist dieses Vordringen – Thematisch-Machen – zum personalen Ich genauer zu verstehen? Hieran soll insbesondere ein Aspekt interessieren, nämlich die Eigenständigkeit des personalen Ichs im Umgang mit der fundamentalen Aufgabe. Wie dargelegt, ist das personale Ich uranfänglich im Vollzug des Umganges mit der fundamentalen

Aufgabe[76]. Das beinhaltet, dass es dahingehend keine eigenständige Entscheidung treffen kann, ob es sich mit dieser Aufgabe auseinandersetzen soll. = Es ist der Umgang mit dieser Aufgabe. Diese Feststellung führt zu folgender Aussage: Das personale Ich repräsentiert Notwendigkeit, konkret in Gestalt des notwendigen Wissens, das es ist. Notwendigkeit an und für sich kann es aber nicht bedeuten. Notwendigkeit an und für sich könnte es nur sein, wenn es an und für sich die Da-Seins-Quelle des Seins wäre. Gerade das ist aber auszuschließen, eben da es im Vollzug des Umgangs mit einer Aufgabe ist, deren Quelle es nicht sein kann, da es immer schon im Vollzug des Umgangs mit dieser Aufgabe ist[77]. Somit muss es in einer Beziehung zu dieser Da-Seins-Quelle stehen, derart, dass es nicht Anderes als diese ist, ohne mit ihr identifiziert werden zu können. Die hiermit bezeichnete Situation ist bereits bekannt aus der Beziehung zwischen dem unmittelbaren und dem mittelbaren Zugang zum Sein, also aus deren zweieinheitlicher Beziehung.

Somit ist das Zweieinheitlichkeits-Argument auch auf den nun vorliegenden Fall anzuwenden: Das personale Ich ist als das Nicht-an-und-für-sich zur „Da-Seins-Quelle an und für sich" zu verstehen. So wie im Falle des Zugangs zum Sein das An-und-für-sich, also das reine begriffliche Bedenken, auf der in Differenz hierzu seienden Ebene als begriffliches

[76] Das ergibt sich schon daraus, dass die personale Ebene, also die Ebene des unmittelbaren Zugangs zum Sein, in zweieinheitlicher Differenz zu Zeitlichkeit ist, sodass kein Anfang des Hinterfragens festlegbar sein kann. Hieran ändert auch der Umstand nichts, dass die Begrenztheit des weltlichen Ichs als Repräsentation von Begrenztheit des personalen Ichs zu verstehen ist, worauf zurückzukommen sein wird.

[77] Diese Aussage braucht hier nur insoweit zu interessieren, als das personale Ich in zweieinheitlicher Differenz zur weltlichen Ebene ist.

Bedenken in Verflechtung mit Sinneswahrnehmungen auftritt, so gilt nun: Die Notwendigkeit, wie sie auf der Ebene der Da-Seins-Quelle in reiner Form auftritt, tritt auf der Ebene des personalen Ichs in Verflechtung mit Hinterfragen auf.

In diesem Sinn ist also das personale Ich primär als das Nicht-an-und-für-sich seiner Da-Seins-Quelle zu verstehen. Insofern rückt die Da-Seins-Quelle in das Zentrum des Interesses, im Lichte wovon festzuhalten ist. Die Da-Seins-Quelle ist zwar an und für sich reine Notwendigkeit, aber nicht dahingehend, dass sie als „tote" Da-Seins-Quelle verstanden werden könnte. Ihre Dynamik ergibt sich aus ihrer Zweieinheitlichkeit, was sich im Da-Sein der personalen Ichs manifestiert. Aus eben diesem Grund ist das Bemühtsein um sich, also der Umgang mit der fundamentalen Aufgabe, Ausdruck der Würde bzw. Dignität dieser Ichs[78].

Zweierlei ist hieran insbesondere zu beachten. Erstens: Das Ich erweist sich hiermit als im Umgang mit der ihm auferlegten Aufgabe als differenziell eigenständig, da es Repräsentation der Da-Seins-Quelle ist. Für welche Lösung der fundamentalen Aufgabe es sich entscheidet, obliegt alleine ihm. Damit ist sämtlichen teleologischen Überlegungen der Boden entzogen. Sehr wohl lässt sich davon sprechen, dass, wählt ein Ich die zutreffende Lösung der fundamentalen Aufgabe, es gleichsam zu sich kommt, sich entsprechen kann. Aber gemäß der

[78] Hieran darf nicht unbeachtet bleiben, dass die Da-Seins-Quelle somit nicht in Getrenntheit zu den personalen Ichs ist. Die Quelle tritt zwar gemäß seiner Zweieinheitlichkeit aus seinem An-und-für-sich heraus, wiewohl ohne hierbei grundsätzlich aus sich heraus zu treten, also ohne etwas zu schaffen, das es gleichsam von sich absondert. Die Absurdität der Fragen „Wo ist denn die Quelle?" und „Wann hat es die Ebene der personalen Ichs geschaffen?" zeigt sich hier in grellem Licht.

Fokussierung auf das Ich kann das hiermit ausgesagte Bemühen nicht in einen größeren Rahmen von Zu-sich-kommen eingespannt werden, gleichsam das Zu-sich-kommen der Da-Seins-Quelle bezeichnend, die teleologisch auf ein Ziel ausgerichtet ist. Das Ziel ist immer als individuell eigenständig zu erreichendes Ziel zu verstehen; ein gleichsam „aus der Zukunft", auf das „Jetzt" wirkendes Ziel, das die Eigenständigkeit des „jetzt" agierenden Ichs unterwandert, gibt es nicht[79].

Zweitens: Die dem Ich zukommende eigenständige Vorgehensweise ist als willentliche Vorgehensweise zu verstehen[80]. Das ist insofern genauer zu betrachten, als

---

[79] Hierin mag man eine Kritik an Hegels Philosophie sehen. Aber das ist falsch. Wie zuvor bereits im Zusammenhang mit Platos Ideenlehre, so gilt auch hier: Hegels Philosophie wird nicht kritisiert, sondern ganz in ihrem Sinn entfaltet, wobei die Fokussierung auf das Ich im Zentrum hiervon steht.

[80] Die zutreffende Vorstellung vom Willen und der Eigenständigkeit ist natürlich komplizierter, als in dem vorliegenden Text zum Ausdruck gebracht wird. Der Grund hierfür ist, dass der Wille als Ausdruck von Eigenständigkeit zwar notwendig für das personale Ich auszusagen ist, aber keinesfalls für das weltliche Ich, da dieses zu jenem in Differenz gemäß dem Zweieinheitlichkeits-Argument ist. Hiermit ist ausgesagt, dass Wille und Eigenständigkeit im weltlichen Ich repräsentiert sein müssen. Diese Aussage wirft natürlich sogleich einige Fragen auf, von denen die vielleicht bedeutungsvollste lautet: Wie soll es um die Repräsentation von Wille und Eigenständigkeit im Falle jener weltlichen Ichs bestellt sein, die aufgrund genetischer Defekte zu keinem eigenständigen, nur wenige Jahre dauernden Leben befähigt sind? Auch diese weltlichen Ichs müssen, wie jedes andere auch, als Repräsentation eines personalen Ichs verstanden werden können. Was hierunter zu verstehen ist, lässt sich an dieser Stelle der Ableitung noch nicht angeben. Die Antwort auf die aufgeworfene Frage bedarf

willentlich von beliebig abzugrenzen ist. Dass keine Beliebigkeit vorliegt, ist zunächst insofern unmittelbar einsichtig, als das personale Ich der Umgang mit der fundamentalen Aufgabe ist. Sodann ergibt sich die Unmöglichkeit von Beliebigkeit daraus, dass das personale Ich die Lösung der fundamentalen Aufgabe nicht erst kreieren muss. Die zutreffende Lösung ist in Gestalt der Thematisierung des uranfänglich unthematischen Wissens ebenso vorgegeben wie die falsche, da reduktionistische Lösung.

Um konkret angegeben zu können, worin angesichts dieser Vorgaben das willentliche Vorgehen besteht, ist zu beachten: Soll die fundamentale Aufgabe im Hinterfragen erfüllt werden, so kann nicht vorliegen, dass zwar die Aufgabe gestellt ist, aber dem Hinterfragen keine Orientierungshilfen[81] geboten werden; dass es also vollständig auf sich alleine gestellt ist. Diese Orientierungshilfen sind nicht im Sinne von Werkzeugen zu verstehen, die dem Ich mitgegeben sind. Sie ergeben sich in Verflechtung mit der gestellte Aufgabe daraus, dass das Ich nicht Anderes als die Quelle ist.

Würden Orientierungshilfen fehlen, es könnte nicht vernünftig von „Hinterfragen“ die Rede sein; es könnte ausschließlich von „Raten“ die Rede sein. Was es bedeutet, sich gerecht zu werden, das könnte nur „erraten“ werden. Mit der Dignität von Ich lässt sich derartiges nicht vereinbaren. Aus dieser Situation führen also die Orientierungshilfen heraus

der Einführung des Begriffs „Individuation von Wir“ und ist daher an entsprechender Stelle nachzubringen.

[81] Bei der fundamentalen Orientierungshilfe handelt es sich darum, dass die weltliche Ebene, wie sie uranfänglich vergegenwärtigt wird, über sich hinausweist. Sie signalisiert dem Hinterfragen (also dem Ich!), dass zur Thematisierung des Fundamentes des Hinterfragens erst vorzudringen ist. Etwas konkreter: Die fundamentale Orientierungshilfe signalisiert, in aller Konsequenz ernst genommen zu werden, um seine Bedeutung entfalten zu können.

und sie sind es zugleich, im Umgang womit sich die Willentlichkeit des personalen Ichs zeigt: Es obliegt dem Willen des personalen Ichs, ob es die Orientierungshilfen aufgreift, oder ob es sie ignoriert. Greift es sie auf, so wird es zur richtigen Lösung der fundamentalen Aufgabe geführt.

- XI. -

Im Lichte hiervon ist die Argumentation mit der Betrachtung der falschen, reduktionistischen Lösung der fundamentalen Aufgabe fortzuführen. Deren Annehmbarkeit hat zur Bedingung, dass keine reine Fiktion geboten wird, nichts also, dem sogleich anzumerken ist, dass, was geboten wird, mit dem Sein nichts zu schaffen hat. Die Bedingung der Möglichkeit hierfür ist, dass auch die reduktionistische Lösung aus der Beachtung des uranfänglich bedachten - wenn auch noch nicht verstandenen – mittelbaren Zugangs zum Sein entwickelt wird. Dieserart ist es diesem Denken möglich, so zu tun, als ob sie um die Thematisierung des unmittelbaren Zugangs zum Sein bemüht ist, obschon es auf eine reduktionistische Verzerrung hiervon abzielt. Anders gewendet: Das reduktionistische Denken kann nicht die fundamentale Aufgabe ignorieren, aber es kann diese Aufgabe auf reduktionistische, falsche Weise lösen. Hierbei kann es nur auf Inhalte der weltlichen Ebene zugreifen, da es nur diese gelten lässt. Dieses Vorgehen ist möglich, da aufgrund der differenziellen Eigenständigkeit der weltlichen Ebene deren Inhalte nicht notwendig als Repräsentation der personalen Ebene interpretiert werden müssen. Das bedeutet, dass der mittelbare Zugang erweitert werden können muss, um in die Position des unmittelbaren Zugangs *projiziert* werden zu können; aber die Inhalte dieser Erweiterung müssen reduktionistische Verzerrungen dessen sein, was tatsächlich auszusagen ist.

Von zentraler Bedeutung ist hierbei das im Hinterfragen angestrebte *Sich-gerecht-werden*, als Ausdruck des fundamentalen Bedürfnisses. Wovon hiermit die Rede ist, das muss reduktionistisch verzerrt geboten werden können, soll von der reduktionistischen Lösung Attraktivität ausgehen können, sie also nicht sogleich als Unsinn entgegentreten.

Um genauer angeben zu können, was mit Projektion und reduktionistische Vorstellung von Sich-gerecht-werden gemeint ist, ist zunächst das Sich-gerecht-werden im Sinne der zutreffenden Lösung der fundamentalen Aufgabe konkreter zu betrachten: Das Hinterfragen, das das personale Ich vollzieht, bedeutet eine Dynamik, die zum Ausdruck bringt, dass dieses Ich nicht reine Notwendigkeit und somit In-sich-ruhen ist; es ist in zweieinheitlicher Differenz hierzu. Dieserart ist besagte Dynamik keine beliebige Dynamik. Sie ist explizit jene Dynamik, in der sich das reine In-sich-ruhen der Da-Seins-Quelle auf nicht an sich seiende Weise gemäß Zweieinheitlichkeit zeigt. Anders formuliert: Was auf der Ebene der Da-Seins-Quelle immer schon ist, das zeigt sich gemäß der zweieinheitlichen Differenz auf der Ebene des personalen Ichs in Dynamik, dahingehend, dass, was immer schon ist, *potenziell ist und daher im Hinterfragen in die Aktualität übergeführt werden muss*. Das entspricht dem Umstand, dass die fundamentale Aufgabe darin besteht, das uranfänglich unthematisch gegebene Wissen thematisch zu machen.

Es muss also zu nichts vorgedrungen werden, das uranfänglich nicht gegeben ist. Hierin liegt, dass das Ich *uranfänglich* personales Ich ist; es muss seine Personalität nicht erst im Hinterfragen entwickeln. *Daher ist die*

Thematisierung des uranfänglichen Wissens, also der Begrifflichkeit des unmittelbaren Zugangs zum Sein, eben diese Überführung aus der Potenzialität in die Aktualität. Hierin liegt die Bedeutung von Sich-gerecht-werden, als dem fundamentalen Bedürfnis. Das sich in Rücksicht auf die fundamentale Aufgabe falsch entscheidende Ich scheitert hieran, da es sich von der Attraktivität des falschen Zieles einnehmen lässt.

Im Lichte der soeben gebrachten Ausführungen lässt sich das Ziel des personalen Hinterfragens bzw. die von der zutreffenden Antwort der fundamentalen Aufgabe ausgehende Attraktivität genauer angeben. Es ist das In-sich-ruhen, von dem die Attraktivität der richtigen Lösung ausgeht, da die Anerkennung hiervon (= zutreffende Nutzung der Orientierungshilfen im Rahmen der freien Wahlentscheidung) signalisiert, dass sich das Ich als Person begriffen hat, also seine zweieinheitliche Differenz zur Da-Seins-Quelle, dem In-sich-ruhen an und für sich.

In Rücksicht auf die falsche bzw. reduktionistische Lösung der fundamentalen Aufgabe ist diesbezüglich festzuhalten: Das In-sich-ruhen kann nicht erreicht werden, da die Voraussetzung hierfür eben die Anerkennung des unmittelbaren Zugangs zum Sein ist, was gerade zurückgewiesen wird. Anders formuliert: Bei alleiniger Anerkennung der weltlichen Ebene kann Notwendigkeit an und für sich nicht erreicht werden, da diese Ebene in Differenz hierzu ist, derart, dass, was erreicht werden soll, erst im Übersteigen dieser Ebene thematisch wird. Zugleich gilt aber, so hat sich gezeigt, dass, wovon hiermit die Rede ist, auf weltlicher Ebene repräsentiert sein muss. Das gilt gemäß dem aufgestellten Satz, dass, was sich aus der dialektischen Entfaltung von „Ich bin“ ergibt, wozu die Thematisierung der Da-Seins-Quelle zweifellos gehört, repräsentiert sein muss. Wiederum gilt also: In-sich-ruhen kann in der weltlichen Ebene nicht grundsätzlich fehlen, sodass es ganzheitlich eingebracht werden müsste. Wäre dem er Fall, die weltliche und die personale Ebene wären einander einfach Anderes.

Somit müssen in dieser Ebene stabile – „ruhende“ - Zustände angebbar sein, die zumindest in einem umgrenzten Bereich erreicht werden können, die sie herbeiführende Dynamik beendend (Repräsentation von Ruhe!). Derartige Regelhaftigkeiten muss es also in der weltlichen Ebene geben und sie müssen es sein, woraus das reduktionistische Denken seine Vorstellung von In-sich-ruhen herleitet. Das falsche bzw. reduktionistische Denken greift also hierauf zu, da es Personalität ausblendet, sodass es In-sich-ruhen nicht hieraus ableiten kann, zugleich aber eine reduktionistische Verzerrung hiervon anbieten muss, da es aus dem Umgang mit der fundamentalen Aufgabe nicht heraustreten kann. Es kann die Thematisierung von In-sich-ruhen nicht ignorieren, aber reduktionistisch verzerren.

Ein einprägsames Beispiel hierfür stellt das auch außerhalb der Ökonomie nicht unbekannte Says-Theorem dar, wonach sich, lässt man den Markt unreguliert, Angebot und Nachfrage ausgleichen. Auf dieses ökonomische Theorem soll hier nur aus dem Grund geblickt werden, um verdeutlichen zu können, was im reduktionistischen Denken in Beziehung auf In-sich-ruhen als Alternative zur personalen Ebene und der Da-Seins-Quelle geboten wird.

In diesem Sinne ist zu beachten, dass die Orientierung am Says-Theorem einen stabilen gesellschaftlichen Zustand erreichen lassen soll, was gleichbedeutend damit sein soll, dass eine sich gerecht werdende Gesellschaft erzielt wird. Aus der Perspektive der zutreffenden Lösung der fundamentalen Aufgabe ist dieses Theorem zumindest diskussionswürdig, wiewohl alleine als Aussage zur weltlichen Ebene. Aber gerade diesen Zusatz klammert das sich für die reduktionistische Lösung der fundamentalen Aufgabe entscheidende Denken aus: Es meint, dass derartige Konstruktionen hinreichend belegen, der dialektischen Vorstellung von In-sich-ruhen nicht zu bedürfen, dass In-sich-ruhen (Stabilität) also auch abseits hiervon erreicht werden kann.

Hierin ist zu beachten, dass für alle dieserart vom reduktionistischen Denken gebotenen Thematisierungen von Stabilität in der weltlichen Ebene bzw. Gesellschaft gelten muss: Sie beziehen sich gar nicht auf Menschen, da das weltliche Ich nicht in seiner Beziehung zum personalen Ich verstanden wird. Die Menschen werden auf die weltlichen Ichs reduziert, womit verflochten ist, die Dynamik ihres Bemüht-seins um sich auf diese Dynamik beenden lassende Mechanismen zu beziehen, die rein weltlicher - also unpersönlicher – Natur sind.

Wie soeben festgehalten, müssen diese Mechanismen durchaus keine Erfindungen sein. Sie können auch in der zutreffenden Lösung der fundamentalen Aufgabe Anwendung finden. Beide Anwendungsweisen unterscheiden sich aber in folgendem, wesentlichen Punkt: In der zutreffenden Lösung werden diese Mechanismen als alleine in Rücksicht auf die weltliche Bedürfnissituation der Menschen bedeutungsvoll seiend verstanden. Ein Potenzial zur Befriedigung der personalen Bedürfnissituation wird ihnen nicht zuerkannt. Was die personale Bedürfnissituation befriedigt, In-sich-ruhen ergebend, das ist diesen Mechanismen übergeordnet und wirkt daher regulierend auf sie ein. Gerade das blendet die falsche Lösung der fundamentalen Aufgabe aus. Sie negiert die personale Bedürfnissituation. Sie kann diese aber nicht einfach streichen und ohne weiteres alleine das verbliebene weltliche Ich betrachten. Es wäre sofort einsichtig, dass hier ein Torso als das Ganze ausgegeben wird.

Der Grund hierfür ist, dass das weltliche Ich *auf jeden Fall* als über sich hinausweisend wahrgenommen wird. Das reduktionistische Denken kann diesen Umstand nicht ignorieren. Aber es kann darauf drängen, dass „über sich hinausweisen“ nicht im Sinne davon verstanden wird, dass über die weltliche Ebene hinaus verwiesen wird. Daher muss die Betrachtung des weltlichen Ichs eine *Erweiterung* erfahren, die den hierin liegenden Fehler *verschleiern* soll. Diese Erweiterung muss gleichsam *imitieren*, dass das Über-sich-hinausweisen auf zutreffende Weise aufgegriffen wird.

Hierzu wird freilich zu einer Fiktion gegriffen und es ist die Aufgabe der Verwendung eigentlich brauchbarer Vorstellungen zu den Mechanismen der weltlichen Ebene, diesen Umstand so weit möglich zu maskieren / verschleiern. Die Bedingung hierfür ist, dass diese Mechanismen in einer Form geboten werden, die sie ihre spezielle Aufgabe im reduktionistischen Denken erfüllen lässt. Hierauf wird noch umfangreich zurückzukommen sein.

Die hiermit bezeichnete Situation ist auch in Beziehung auf die Orientierungshilfen aufzugreifen, wie sie dem personalen Ich zukommen, und von dem reduktionistischen Denken ebenfalls nicht ignoriert werden können. Ausgehend von der alleinigen Fokussierung auf die weltliche Ebene, als dem vermeintlichen Ausdruck davon, endlich ein vernünftiges, rationales Vorgehen bieten zu können, nutzt sie die Notwendigkeit, von Orientierungshilfen sprechen zu müssen, und erklärt die weltlichen stabilisierenden Regelhaftigkeiten zu eben diesen Hilfen.

Das hat für die Vorstellung von der Bedürfnisbcfriedigung im reduktionistischen Denken folgende Konsequenz: Die Bedürfnisbefriedigung kann nicht mehr darin gesehen werden, dass sich der Mensch als Person gerecht werden soll, dass er sein Person-Sein aus der Potenzialität in die

Aktualität überführen soll, dieserart zur Ruhe kommend. Die Bedürfnisbefriedigung wird darauf bezogen, dass bestimmten weltlichen Regelhaftigkeiten entsprochen werden soll, weshalb das reduktionistische Denken darauf drängt, dass sich die Menschen als hiervon abhängig verstehen sollen, sich also hiermit abfinden sollen.

- XII. -

Bisher konnte an uranfänglich gegebenem Wissen zunächst das „Ich bin“ thematisch gemacht werden. Das hiermit bezeichnete Ich hat sich als das An-und-für-sich im Sinne der Zweieinheitlichkeits-Argumentation zum weltlichen Ich erwiesen und zugleich in seiner zweieinheitlichen Beziehung zu seiner Da-Seins-Quelle. Der Komplex aus „fundamentale Aufgabe, Personalität aus der Potenzialität in die Aktualität überführen, In-sich-ruhen und Orientierungshilfen“ konnte aus diesem Beginn entfaltet werden. Nun gilt es, das bisher Thematisierte in folgender Hinsicht weiter zu entfalten: Wovon bisher die Rede gewesen ist, das darf nicht nur auf das eigene personale Ich, also auf „mein“ Bemühen um „mich“, verstanden werden, es muss auch in Rücksicht auf das – „mein“ - Bemühen um die Gemeinschaft verstanden werden.

Wie dargelegt, ist jedes weltliche Ich gleich jedem weltlichen Ding raum-zeitlich begrenzt; hieraus ergibt sich das logische Induktionsproblem. Die G e s e l l s c h a f t, dieser Begriff ist der weltlichen Ebene vorzubehalten, setzt sich aus dieserart gegeneinander abgegrenzten Ichs zusammen, wofür auch der Begriff „a t o m i s t i s c h“ geprägt worden ist. Daher ist jedes weltliche Ich z u n ä c h s t um sich bemüht und zudem, da es mit den anderen weltlichen Ichs interagieren muss, darum bemüht, sein Bemüht-sein-um-sich mit jenem der anderen Ichs abzustimmen. Hierauf zielt auch das Konstrukt des rationalen Nutzenmaximierers im marktgesellschaftlichen Denken ab.

Auf gemeinschaftlicher Ebene, dieser Begriff ist der personalen Ebene vorzubehalten, kann hiervon nicht wieder die Rede sein. Diese ist ja in zweieinheitlicher Differenz zur gesellschaftlichen Ebene, weshalb die dingliche Begrenztheit nicht wieder auftritt; sie prägt die weltliche Ebene.

Auf der personalen Ebene muss sich das Eines-sein, also die Individualität, eines jeden Ichs durchhalten, wie sie für das weltliche Ich auszusagen ist. Aber diese Individualität kann nicht mehr eine atomistische Abgegrenztheit gegenüber den anderen personalen Ichs bedeuten, wie sie auf der weltlichen Ebene auftritt. Am einfachsten ist dieser Umstand nachvollziehbar, wenn zunächst bedacht wird: Die eine Da-Seins-Quelle, von der gemäß der Fokussierung auf Ich – also „mein" (eines) Ich zu sprechen ist! - kann in zweieinheitlicher Differenz zu sich nicht ein (einziges) personales Ich sein, da sich gemäß der Logik des Zweieinheitlichkeits-Argumentes das An-und-für-sich (hier: die Da-Seins-Quelle) in keinem seiner Aspekte im Nicht-an-und-für-sich (hier: das personale Ich) an und für sich durchhält. Wäre aber das Nicht-an-und-für-sich zur Da-Seins-Quelle nur ein personales Ich, so würde sich das Eines-Sein der Da-Seins-Quelle über die zweieinheitliche Differenz hinweg durchhalten.

In diesem Sinne tritt wiederum auf, was bereits angetroffen worden ist, z. B. in Rücksicht auf Begrifflichkeit: Diese tritt im unmittelbaren Zugang zum Sein als reine Begrifflichkeit auf, auf der Ebene des mittelbaren Zugangs aber in Verflechtung mit den Sinneswahrnehmungen.

Dementsprechend gilt für den nun interessierenden Fall: Die Da-Seins-Quelle ist rein Eines. Das personale Ich ist ebenfalls Eines, es ist Individuum, aber nicht in reiner Ausprägung sondern in Verflechtung damit, dass es Individuation innerhalb einer Vielheit ist, die sich daraus ergibt, dass die Da-Seins-Quelle nicht-an-und-für-sich nicht nur ein personales Ich sein kann. Diese Vielheit muss aber ihrerseits ein Eines sein, da die Da-Seins-Quelle nicht in eine Vielheit im weltlichen Sinn zerfallen kann. Das gilt, da dieserart ihr Nicht-an-und-für-sich nicht in zweieinheitlicher Differenz zu ihrem An-und-für-sich wäre, sondern schlicht und einfach ein Anderes. Jedes personale Ich muss sich also als Individuum begreifen, das zugleich Individuation einer übergeordneten Einheit ist, eben der Gemeinschaft[82].

Hieran interessiert an dieser Stelle nur, dass das Bemühen um sich somit das Bemühen um die Gemeinschaft beinhalten muss, im Sinne der Anerkennung der Gleichwürdigkeit aller personalen Ichs, da hierin das Individuation-Sein zum Ausdruck kommt. Das In-sich-ruhen eines personalen Ichs ist somit erreicht, wenn es diese Situation anerkennen kann. Konkreter: Wie dargelegt befriedigt ein personales Ich sein fundamentales Bedürfnis, wenn es sich gerecht wird, wenn es in die Aktualität überführt, was es der Potenzialität nach immer schon ist, also Person-Sein. Was es also zur Ruhe kommen lässt, das umfasst, so zeigt sich nun, das Bemühen Gemeinschaft, die aus der Potenzialität in die Aktualität überzuführen ist.

[82] Hierin kommt also die Begrenztheit der personalen Ichs zum Ausdruck, die weiter oben bereits angesprochen worden ist.

Um das in das Bemüht-sein-um-sich eingefaltete Bemüht-sein-um-Wir weiter entfalten zu können, ist zunächst das Zu-sich-kommen genauer zu betrachten bzw. zu entfalten, wie es im Falle der Thematisierung davon auftritt, Person zu sein.

Das Ich wird sich, indem es seine Personalität in die Aktualität überführt, seiner Würde bewusst. Es erfährt sich gleichsam in „neuem Glanz", da es sich nicht mehr als an und für sich das weltliche Ich seiend erlebt. Das Erfahren dieses „Glanzes" ist ihm Befriedigung, in Rücksicht auf sich und auf die Gemeinschaft[83]. Anders gewendet: Es ist ihm Ausdruck davon, das Ziel seines Bemüht-seins erreicht zu haben. Die folgenden Ausführungen sollen die Basis dafür legen, zeigen zu können, was hierunter konkret zu verstehen ist und was es hiermit in Beziehung auf das reduktionistische Denken auf sich hat.

Die Darstellung hiervon ist damit zu beginnen, dass ein Ich im Falle der Wahl der zutreffenden Lösung der fundamentalen Aufgabe keine Veranlassung hat, den „neuen Glanz" mit dem weltlichen Ich zu verknüpfen. Es herrscht Einsicht in den Umstand, dass dieses in Differenz zu ihm als personalem Ich ist. Anders muss es sich im Falle der Wahl der reduktionistischen Lösung der fundamentalen Aufgabe verhalten. „Anders", aber im Sinne davon, dass eine reduktionistische Verzerrung dessen zu geben ist, was eigentlich auszusagen ist. Die hierin liegende Problematik ergibt sich

---

[83] Hier ist zu beachten, dass sich Gemeinschaft bzw. Wir nicht nur auf die menschlichen Lebewesen bezieht, sondern auf a l l e Lebewesen (vgl. Fußnote 70).

daraus, dass das Ich, wählt es die zutreffende Lösung, sich „im Glanz“ seiner Personalität erfährt, da es sich gemäß dem Zweieinheitlichkeits-Argument in Differenz zum weltlichen Ich erfährt. Gerade das ist einem die falsche Lösung wählenden Ich aber nicht möglich. Wie also soll angesichts hiervon die reduktionistische Verzerrung des „neuen Glanzes“ möglich sein bzw. grundsätzlich aussehen?

Das hiermit bezeichnete Problem lässt sich wie folgt konkretisieren: Das die richtige Lösung wählende Ich erkennt sich in zweieinheitlicher Differenz zur Mechanik / Regelhaftigkeit der weltlichen Ebene. Gerade hierin gründet seine Eigenständigkeit und Würde. Zugleich erkennt es diese Mechanik / Regelhaftigkeit als substanziell bedeutungsvoll für sich als weltliches Ich an. Demgegenüber ist das die reduktionistische Lösung wählende Ich in folgender Situation: Seine Anerkennung der weltlichen Gesetzlichkeit bzw. Mechanik / Regelhaftigkeit ist derart, dass sie sich auf das gesamte Ich erstreckt, da das weltliche Ich mit diesem gleichgesetzt wird (Ausklammerung des personalen Ichs). Die Frage lautet daher konkret: Wie soll es zu dieser Mechanik / Regelhaftigkeit in Distanz treten können, als Ausdruck davon, der Differenz Beachtung zu verleihen?

Die Wissenschaft abseits der dialektischen Tradition ist nicht untätig geblieben, dieses Dilemma aufzulösen. Ihr Königsweg besteht darin, die Mechanik Newtons, sie steht am Anfang des modernen Denkens, in Rücksicht auf den Menschen immer subtiler zu gestalten, Freiräume einbringend, die die Mechanik ihres umfassend deterministischen Kleides entledigen. Ein einprägsames Beispiel hierfür ist aus der Evolutionslehre abgeleitet worden und besagt: Das Verhalten der Tiere ist durch Instinkte (usw.) determiniert, sodass sie zumindest insofern gleich Maschinen verstanden werden können. Mit dem stammesgeschichtlichen Auftreten der Menschen geht aber eine Reduktion der Bedeutung der Instinkte einher, was Freiräume verschafft, also Bereiche der Indeterminiertheit, die dafür verantwortlich sind, dass die Menschen nicht mehr als Maschinen verstanden werden brauchen, obschon sie ihre stammesgeschichtliche Herkunft nicht verleugnen können. Diese Indeterminiertheit wird explizit als evolutionärer Selektionsvorteil verstanden. Ihr Auftreten in der Stammesgeschichte ist daher nicht anders zu verstehen als das Auftreten irgend eines anatomischen, physiologischen usw. Merkmals - bei welchen Lebewesen auch immer. Hieran ist insbesondere zu beachten: Die weltliche Ebene ist somit nicht verlassen worden.

Trotzdem schimmert hier so etwas wie „neuer Glanz" durch. Aber der moderne, aufgeklärte Mensch – geht er paradigmatisch vor – denkt viel zu gering von den Tieren, als dass ihm der neue Glanz im Vergleich mit den Tieren letztlich substanziell bedeutungsvoll sein kann. Die Betrachtung der Essenz von „neuer Glanz" kann daher mit der Betrachtung von Indeterminiertheit nur vorbereitet werden.

Zunächst ist sie im Lichte der zutreffenden Antwort auf die fundamentale Aufgabe zu beachten: Diese berichtet von der Wahlfreiheit der personalen Ichs in Beziehung auf den Umgang mit der fundamentalen Aufgabe. Es soll also explizit eine Wahl treffen, die darüber entscheidet, ob es sich gerecht werden kann oder nicht, ob es in die Aktualität überführen kann, was der Potenzialität nach immer schon ist. Der Verweis auf die Indeterminiertheit im Falle der unzutreffenden Antwort auf die fundamentale Aufgabe berichtet hiervon n i c h t. Es wird von einem System (Organismus) berichtet, das darauf angelegt ist, seinen Ist-Zustand, also da zu sein, aufrecht zu erhalten. Aus welchen Gründen auch immer, hat sich innerhalb der Stammesgeschichte der Tiere eine Linie ausgebildet, die dieser Aufgabe mittels einem plastischen

Verhalten nachkommt, das also das mehr oder weniger starre Korsett „Instinkte“ abgelegt hat. Integraler Teil dieser Entwicklung ist, dass die diese Lebensweise zeigenden Lebewesen (Menschen) die Realität in gedachten Räumen repräsentieren können. Hierdurch sind sie befähigt, anstehende Probleme durchdenken zu können, wie auch die möglichen Folgen eines geplanten Handelns. Das impliziert, dass sie ein Bewusstsein von sich haben müssen, da sie sich ja in dem gedachten Raum als Akteur erleben müssen.

Hierin steckt zweifellos viel Richtiges, soweit es die Beschreibung der weltlichen Ebene betrifft. Da aber das reduktionistische Denken hierin eine umfassende Vergegenwärtigung der Ichs (Menschen) sieht, muss die Aussage, die Indeterminiertheit als zutreffende Darstellung dessen verstehen zu können, was bei Anerkennung der personalen Ebene als Freiheit und willentliche Entscheidung entgegentritt, zurückgewiesen werden. Nirgendwo in dem Indeterminiertheit-Argument geht es um die Freiheit in Beziehung auf eine das eigene Schicksal grundsätzlich entscheidende Frage. Es geht alleine darum, dass die Aufrechterhaltung des Ist-Zustandes „Im-Dasein-sein“ auf eine Weise bewältigt wird, die sich in der Stammesgeschichte als selektionistischer Vorteil gegenüber Konkurrenten erwiesen hat, die von dem Korsett „Instinkte“ bestimmt werden. Anders gewendet: Die personale Eigenständigkeit und Freiheit werden, soweit sie Thema sind, da sie nicht vollständig ignoriert werden können, gleichsam auf „Nebenschauplätze“ a b g e d r ä n g t. Der „Hauptschauplatz“ wird somit nicht mehr von der Vergegenwärtigung der (ad acta gelegten) eigenen Personalität eingenommen, sondern von einer Betrachtung des weltlichen Ichs, die gemäß Indeterminiertheit den Anschluss an die mechanistische, weltliche Ebene hält.

Dieses Abdrängen ist genauer zu betrachten. Gemäß der zutreffenden Antwort auf das fundamentale Problem steht das

Ich vor der Aufgabe, sein Person-Sein und seine zweieinheitliche Differenz zu seiner Da-Seins-Quelle anzuerkennen. Die Differenz zwischen Ich und Da-Seins-Quelle bezieht sich hierbei konkret auf Person-Sein. Das Ich ist Person, da es das Nicht-an-und-für-sich zu seiner Da-Seins-Quelle ist. Hieran ist entscheidend: Das Ich ist Person gemäß seiner differenziellen Eigenständigkeit gegenüber seiner Da-Seins-Quelle. Es ist nicht diese an und für sich. Das besagt zugleich: Die Da-Seins-Quelle ist das An-und-für-sich zum personalen Ich, also zu Personalität. *Somit gilt aber, dass Personalität für die gesamte hiermit gegebene zweieinheitliche Situation von Bedeutung ist.*

Es wäre nun völlig verkehrt, sich die Da-Seins-Quelle als „Über-Person“ oder sonst dergleichen vorzustellen. Nicht nur, dass derartige Begriffe höchst nebulös sind, sie werden auch der Logik der Zweieinheitlichkeits-Argumentation nicht gerecht. Zunächst ist daran zu erinnern, dass die Da-Seins-Quelle gemäß dieser Argumentation nicht Anderes ist als das personale Ich, sodass es wenig hilfreich sein kann, einen Begriff einzubringen, der eine transzendente Beziehung signalisiert („*Über*-Person“)[84]. Sodann ist daran zu erinnern, dass Personalität die Dynamik des Um-sich-bemüht-seins bezeichnet, die die Da-Seins-Quelle also ist, insofern sie nicht an sich ist. An und für sich ist sie In-sich-ruhen. Es ist bereits auszuführen gewesen, dass dieses In-sich-ruhen kein „totes“ In-sich-ruhen ist, was sich eben in der Zweieinheitlichkeit der Da-Seins-Quelle ausdrückt. Konkret dieser Umstand ist nun aufzugreifen, um verstehen zu können, was es bedeutet, dass Personalität über das personale Ich hinausweist. Das Bemüht-sein, das zweifellos Personalität prägt, zeigt sich in Rücksicht auf die Da-Seins-

[84] Hiermit ist nichts ausgesagt über die Verwendung der Transzendenz-Argumentation in der Theologie.

Quelle in der Darbietung von Orientierungshilfen. Somit ist die Da-Seins-Quelle kein Bemüht-sein *um sich* (an und für sich). Es ist Bemüht-sein insofern es zweieinheitlich ist, also in Rücksicht auf die personalen Ichs.

Auch hiervon muss im Falle der Anerkennung der reduktionistischen Lösung der fundamentalen Aufgabe im Geiste der aufgeklärten Moderne eine Verzerrung geboten werden können. Um auffinden zu können, wonach nun zu suchen ist, ist zunächst die Frage aufzuwerfen: Wovon ist die aufgeklärte Moderne geprägt? Angesichts der vorausgegangenen Ausführungen ist diese Frage leicht zu beantworten: Sie ist geprägt von der Ausrichtung auf die Marktwirtschaft, wobei die paradigmatische Vorstellung hiervon ist, dass dieser Omnipotenz zuzuordnen ist.[85] In das Wirken der Marktmechanismen soll nicht eingegriffen werden. Das gilt vor allem in Rücksicht auf die Erzielung der wohlgeordneten Gesellschaft. Diese kann nur Realität werden, wenn sich die Menschen den Marktmechanismen überantworten, also in diesem Sinn Wirtschaft treiben. Hieran ist hervorzuheben, dass diese Mechanismen durchaus nicht als Erfindungen von Menschen zu verstehen sind. Ihre Gültigkeit erstreckt sich daher auch nicht nur auf die Menschen, sondern alle rationalen Wesen, deren Gesellschaft von Arbeitsteiligkeit und dem Auftreten von Käufern und Verkäufern bestimmt ist. Kurz gesagt: Diese Mechanismen sind dem individuellen Schaffen vorgegeben.

Für diese Vorstellung gilt, was zuvor für das Says-Theorem festgehalten worden ist: Was sie zum Ausdruck bringt, das ist durchaus auch im Rahmen der zutreffenden Lösung der fundamentalen Aufgabe diskussionswürdig, aber explizit in

---

[85] Konkret ist davon zu sprechen, dass die Moderne, ist sie paradigmatisch gestaltet, von der kapitalistisch verstandenen Marktwirtschaft geprägt ist.

Beziehung auf die tatsächlich als solche verstandene weltliche bzw. gesellschaftliche Ebene. Hiervon will das reduktionistische Denken nichts wissen. Es bietet seine Vorstellung in wie dargelegt erweiterter Form dar.

Die Erweiterung besteht konkret darin, dass der Markt als etwas dargestellt wird, dem die Aufgabe zufällt, die Orientierungshilfen für die Menschen zu bieten, nicht bloß für die weltlichen Ichs. Insofern wird der Markt in die Position der Da-Seins-Quelle projiziert. Was somit in diese Position projiziert worden ist, dessen Orientierungshilfen stehen aber in keinem Zusammenhang mit Personalität bzw. personalem Bemüht-sein. Dieser Zusammenhang ist mit der Ausblendung der Da-Seins-Quelle eliminiert worden.

Angesichts dieses vorläufigen Ergebnisses ist in Rücksicht auf die Darstellung von „neuer Glanz" auszuführen: Bisher hat sich dieser in Gestalt der Indeterminiertheit gezeigt, die sich dem Menschen im Vergleich mit den Tieren wohl zuordnen lässt. Wovon die paradigmatisch vorgehende aufgeklärte Moderne hiermit k e i n e s f a l l s spricht, ist ein indeterminierter Umgang mit den Marktmechanismen[86]. Deren Anerkennung gegenüber soll sich der Mensch g e r a d e k e i n e F r e i h e i t e n a n m a ß e n. Natürlich drängt auch die zutreffende Lösung der fundamentalen Aufgabe auf die Anerkennung der Orientierungshilfen, was sie jener Vorgehensweise ähnlich erscheinen lässt. Aber der Unterschied könnte nicht größer sein.

Im Falle der zutreffenden Lösung der fundamentalen Aufgabe bedeutet die Anerkennung der Orientierungshilfen Einsicht in die eigene personale Dignität und Freiheit – im Sinne von „neuer Glanz". Die Orientierungshilfen erweisen

---

[86] Damit ist nicht gesagt, dass die Marktmechanismen im Sinne der Mechanik Newtons verstanden werden müssen, frei von stochastischen usw. Elementen.

sich also als Hilfen in unmittelbarer Verflechtung mit der Befriedigung dieses personalen Bedürfnisses. Im Falle der reduktionistischen Lösung bedeutet die Ausrichtung auf die Orientierungshilfen gerade das Gegenteil: Das Fundament von Bemüht-sein um sich wird in die Fesseln weltlicher Mechanismen – der Marktmechanismen – gelegt. Der „neue Glanz“ kann sich auf diesem Schauplatz somit keine Geltung verschaffen. Er muss auf Nebenschauplätzen gefunden werden („Abdrängung“!). So werden vor allem Freizeitgestaltung, aber auch Sport und Mode zu Bereichen, die es erlauben sollen, sinnstiftend seine Indeterminiertheit ausleben zu können, sich also in seinem „neuen Glanz“ erfahren zu dürfen.

Dass das hiermit gezeichnete Bild immer noch eine grobe Vereinfachung sein muss, ergibt sich bereits daraus, dass der für die zutreffende Lösung der fundamentalen Aufgabe so wesentliche Begriff der Gleichwürdigkeit der personalen Ichs keine Beachtung erfahren hat. Somit ist unerlässlich, die Darstellung von den Vorstellungen zum „neuen Glanz“ im reduktionistischen Denken hierum zu erweitern. Es soll also nachgesehen werden, wie die Vorstellungen zur Anerkennung der Gleichwürdigkeit der Menschen in diesem Denken gestaltet sind. Betrachtet man die Ausführungen zur Solidarität innerhalb der EU und den USA in den Kapiteln drei und vier, so muss sogleich der Verdacht entstehen, dass von diese Anerkennung nicht die Rede sein kann.

Schon an dieser Stelle ist darauf hinzuweisen, dass die nun anzustellende Untersuchung ergeben wird: die reduktionistische Vorstellung von „neuer Glanz“ findet sich sehr wohl auch am Hauptschauplatz, sogar primär auf diesem, konkret auf eine Weise, die dem Bemühen um Anerkennung der Gleichwürdigkeit der Menschen entgegensteht.

- XIV. -

Die Lösung der soeben gestellten Aufgabe ist im Lichte davon anzugehen, dass der zutreffende Umgang mit der fundamentalen Aufgabe bedeutet, sich als Ich als Individuum und Individuation von Wir verstehen zu sollen, also im zutreffenden Umgang hiermit seinen „neuen Glanz“ zu erfahren. Diesen Umstand gilt es nun in der voranschreitenden Entfaltung der Argumentation aufzugreifen.

Wie dargelegt, gelangt ein Ich zur Ruhe (Befriedigung des fundamentalen Bedürfnisses), wenn es sich gemäß der Verschränkung von Individuum-Sein und Individuation-Sein-von-Wir vergegenwärtigen kann, wenn es sich also auch als Teil einer Gemeinschaft verstehen kann. Das beinhaltet, dass es die Gleichheit der Menschen als Gleichwürdigkeit der personalen Ichs versteht, in zweieinheitlicher Differenz zur Gleichheit der weltlichen Ichs. Diese Gleichheit besagt, dass die weltlichen Ichs gleichartig in das weltliche Wirkgefüge eingespannt sind, wobei hier vor allem jene der Marktwirtschaft von Bedeutung sind.

Hieran interessiert vor allem, dass die marktgesellschaftlichen Regelhaftigkeiten über sich hinaus weisen, in dem Sinne wie die weltliche Ebene insgesamt über sich hinausweist auf die personale Ebene. Das besagt: Die marktwirtschaftlichen Regelhaftigkeiten müssen für sich in Anspruch nehmen können, strikt beachtet zu werden, was sich aus der differenziellen Eigenständigkeit der weltlichen bzw. gesellschaftlichen Ebene ergibt, weisen zugleich aber über sich hinaus, was die Möglichkeit unterwandert, diese strikte Beachtung im Sinne des Satzes von der Omnipotenz des Marktes verstehen zu können. Das reduktionistische Denken muss ebenfalls diesen Umstand aufgreifen – und weiß ihn, wie sich zeigen wird, auf seine Weise zu nutzen!

Konkreter: Ein reduktionistisch denkender Mensch dringt nicht zur Thematisierung von sich als Individuation von Gemeinschaft vor. Sein Bemühen ist alleine von seinem Bemüht-sein-um-sich bestimmt (was Kooperationen und Sympathien nicht ausschießt)! Für sich will ein solcher Mensch also erreichen, sich von den gesetzlichen Zwängen befreien zu können. Hiermit geraten die Menschen zumindest potenziell in ein Konkurrenzverhältnis zueinander, da sich die stabilisierenden, Gleichheit beachten lassenden Marktmechanismen nicht auch darauf beziehen, wie im Übersteigen der weltlichen Ebene zu Stabilität (In-sich-ruhen) gefunden werden kann. Zwar weisen sie über sich hinaus, wie die weltliche Ebene insgesamt, aber was hiermit anvisiert ist, das zeigen sie nicht. Dieser Umstand ist genauer zu beachten, eruierend, ob tatsächlich nur von einem „potenziell" auftretenden Konkurrenzverhältnis wider die Beachtung der Gleichwürdigkeit der Menschen zu sprechen ist. Hierbei wird sich vor allem die genauere Betrachtung davon als wichtig erweisen, dass die Marktmechanismen über sich hinausweisen.

Hierzu ist es notwendig, die in Abschnitt XI. gebrachte Darstellung der Erzielung stabiler Zustände auf gesellschaftlicher Ebene weiter zu entfalten. Wie dargelegt, ist das Ich gemäß der ihm gestellten fundamentalen Aufgabe darum bemüht, das Ziel „In-sich-ruhen" zu erreichen. Dieser Umstand ist auf der Ebene der weltlichen Ichs bzw. der Gesellschaft gemäß der Zweieinheitlichkeits-Argumentation repräsentiert. Das besagt aber, dass das Ziel „In-sich-ruhen" auf der Ebene der weltlichen Ichs bzw. Gesellschaft an und für sich nicht gefunden werden kann. Repräsentation bedeutet ja grundsätzlich, dass, was auf der weltlichen Ebene auftritt, an und für sich erst in der personalen Ebene vorliegt.

Andernfalls wäre das Vordringen zur personalen Ebene vollständig sinnlos.

Was dieserart repräsentiert ist, das muss zudem derart vorliegen, dass sich ein Zerrbild der Inhalte der personalen Ebene bilden lässt, da anders nicht von der Möglichkeit einer reduktionistischen Lösung der fundamentalen Aufgabe gesprochen werden könnte. Das muss somit auch für „Ziel" von Sich-gerecht-werden-sollen gelten, also für „In-sich-ruhen". Für die Repräsentation hiervon auf weltlicher / gesellschaftlicher Ebene, also das Erzielen stabiler Zustände, muss daher gelten: Gemäß der differenziellen Eigenständigkeit der weltlichen Ichs müssen diese die Möglichkeit der Bedürfnisbefriedigung aufweisen. Diese kann nicht prinzipiell fehlen, da die Bedeutung davon, aus der Beachtung der personalen Ebene heraus zu argumentieren, nicht darin liegt, in die weltliche Ebene etwas hineinzutragen, was daher vollkommen fehlt, sondern was hierin auftritt, richtig verstehen und konzipieren zu können.

Für den Fall der Entscheidung für die reduktionistische Lösung der fundamentalen Aufgabe besagt das in Beziehung auf Ziel, In-sich-ruhen und Sich-gerecht-werden: Alle diese Inhalte können nur dem Anschein nach erreicht werden, da, was sie tatsächlich verstehen lässt, ausgeblendet ist. Aber der Anschein, dass erreicht werden kann, wovon die Rede ist, muss tatsächlich vorhanden sein. Konkret müssen es jene Markt-Mechanismen sein (das Says-Theorem ist beispielhaft angeführt worden), die rein formal Stabilität erzielen lassen, auf deren Beachtung sich reduktionistisch vorgehende Menschen hierbei konzentrieren werden.

Das bedeutet aber: Sie fokussieren auf Mechanismen, die sich auf die weltlichen Ichs bzw. die Gesellschaft beziehen, nicht aber auf die personalen Ichs bzw. Gemeinschaft. Eben deshalb bedarf dieses Denken der mehrfach bereits erwähnten Erweiterung der weltlichen Mechanismen, als Kompensation für die Ausblendung der personalen Bedürfnisse der Menschen aus. Das Ziel dieser Bedürfnisbefriedigung wird nicht thematisiert. Die Befriedigung der weltlichen Bedürfnisse kann diese Aufgabe nicht mit übernehmen.

Die Zielhaftigkeit der weltlichen Mechanismen erfährt hierdurch freilich keine Aufhebung. Die hiermit bezeichneten Ziele können fortgesetzt angestrebt werden, aber sie müssen nun derart konzipiert sein (Erweiterung!), dass sie mit folgendem Umstand kompatibel sind: Das reduktionistische Denken kann keine triviale Reduktion auf das weltliche Ich bieten; es muss das personale Ich reduktionistisch verzerrt ansprechen. Was es dieserart anbietet, dem kann es aber kein eigenes Ziel der Bedürfnisbefriedigung beiordnen. Was es an Zielen der Bedürfnisbefriedigung anbieten kann, das sind alleine die Ziele in Rücksicht auf die unmittelbare Betrachtung der weltlichen Ichs. Diese muss es daher so erweitern, dass der Umstand, kein hierüber hinaus gehendes Ziel anbieten zu können, maskiert wird.

Die Erweiterung muss also derart sein, dass der Fokus unausgesetzt auf dem Umgang mit den weltlichen Mechanismen bleibt, was dadurch erreicht wird, dass die Ziele, die in Hinsicht auf die Befriedigung der weltlichen Bedürfnisse formulierbar sind, derart vorgestellt werden, dass im Bestreben, sie tatsächlich zu erreichen, selbige immer wieder vor sich hergeschoben werden – ohne hierdurch an Attraktivität zu verlieren.

Hieraus folgt: Das reduktionistische Denken ist von Immer-mehr-wollen geprägt, eben da es sein Bedürfnis nur dem Schein nach befriedigen kann. Eben dieses Immer-mehr-wollen gilt es nun im Lichte von „neuer Glanz“ zu betrachten.

Angesichts hiervon ist zu beachten: Im vorigen Abschnitt ist gefragt worden: Ist der „neue Glanz“ tatsächlich nur in Beziehung auf das Verhältnis der Menschen zu den Tieren zu verstehen, oder ist er auch innerhalb der Gesellschaft von Bedeutung? Hierzu ist zunächst zu beachten, dass eine Gesellschaft im Sinne des reduktionistischen Denkens keine Solidargesellschaft sein kann, einfach da sie das Individuation-sein-von-Wir und damit zusammenhängend das Bemüht-sein-um-Wir ausblendet bzw. reduktionistisch verzerrt. Das besagt, dass das Immer-mehr-wollen auf jeden Fall auf atomistisch zu verstehende Menschen anzuwenden ist. Diese sind es, die um willen ihrer Bedürfnisbefriedigung Immer-mehr-wollen zeigen; dieses soll ihnen ermöglichen, sich gerecht werden zu können.

Im Lichte hiervon ist also zu verstehen, dass jeder dieserart denkende Mensch primär sein Sich-gerecht-werden im Sinn hat und Kooperationen mit Mitmenschen nur soweit eingeht, wie sie diesem, seinem Ziel dienlich sind. Das Sich-gerecht-werden-wollen der Mitmenschen ist ihm hierbei belanglos. Zunächst folgt hieraus noch nicht, dass auf die Schädigung der Mitmenschen abgezielt wird, da diese - für sich genommen - dem Immer-mehr-wollen nicht dienlich ist.

Bei genauerer Betrachtung ändert sich diese Situation aber. Entscheidend hierfür ist, dass die Sätze zu den Marktmechanismen keine Erfindungen sind. Auch im Falle der Wahl der zutreffenden Lösung der fundamentalen Aufgabe muss sich die Gestaltung der gesellschaftlichen Ebene an diesen Sätzen orientieren, freilich ungeachtet all jener in der Moderne mit ihnen verwobenen Inhalte, die auf die Ausblendung der gemeinschaftlichen Ebene abzielen. Zugleich gilt, dass sich der „neue Glanz“ gerade aus der Emanzipation von diesen Mechanismen ergibt. Aus einer Emanzipation, die von der

Thematisierung der personalen Ebene getragen ist. Für das reduktionistische Denken ergibt sich hieraus: Gemäß der Logik der fundamentalen Aufgabe muss es die Emanzipation aufgreifen, kann sie aber gerade nicht durch besagte Thematisierung mit Inhalt ausfüllen. Als reine Beliebigkeit – „Jeder macht was er will." – kann sie die Emanzipation aber auch nicht verstehen. Eine Gesellschaft, in der sich alle Mitglieder von den Marktmechanismen nach Beliebigkeit emanzipieren, ihr Verhalten also gar nicht an diesen Ausrichten, ist eine dem Untergang geweihte Gesellschaft.

Aber darauf, dass alle Menschen besagte Emanzipation erzielen sollen, sind die Mitglieder einer reduktionistischen Gesellschaft aufgrund ihres atomistischen Menschenbildes gar nicht ausgerichtet. Die Emanzipation wird so verstanden, dass sie primär von einem selbst erreicht werden soll bzw. nur von einem kleinen Teil der Gesellschaftsmitglieder, was keinesfalls den Untergang der Gesellschaft bedeuten muss.

Entscheidend ist nun, dass der „neue Glanz", wie er im reduktionistischen Denken angestrebt wird, unmittelbar mit „im mehr wollen" verbunden sein muss. Der Grund hierfür liegt in der fundamentalen Bedeutung, die diesem „immer mehr wollen" in Rücksicht auf das Sich-gerecht-werden zugeordnet wird. Hiermit aber werden die Gesellschaftsmitglieder einander zu Konkurrenten um die Möglichkeit, den „neuen Glanz" erzielen zu können, und es gibt keinen Grund für die Annahme, dass sie bei dem Bemühen um Erreichung ihres Zieles von Schädigungen der Mitkonkurrenten absehen. Anders gewendet: Ein dieserart denkendes Ich darf nicht nur darum bemüht sein, seine Emanzipation von den Marktmechanismen zu erreichen. Es muss auch darum bemüht sein, dass dies den anderen Ichs (oder zumindest der Mehrheit von diesen) nicht möglich ist, um willen der Aufrechterhaltung der

Gesellschaft. Hieran ist zunächst hervorzuheben, dass sich die Konkurrenzsituation somit gerade nicht aus irgendwelchen wirtschaftlichen Umständen ergibt, z. B. Ressourcenknappheit oder limitierten Absatzmärkten.

Zudem ist hervorzuheben, dass eine vom reduktionistischen Denken geprägte Gesellschaft somit eine obrigkeitliche Klassengesellschaft sein muss. Jene Gesellschaftsmitglieder, die es schaffen, genügend Marktmacht aufzubauen, um in den Genuß des „neuen Glanzes" zu gelangen, müssen aus dem dargelegten Grund darauf bedacht sein, den anderen Gesellschaftsmitgliedern die Möglichkeit zu nehmen, ihnen auf ihrem Weg folgen zu können. Sie müssen also darauf bedacht sein, ihren Status, mehr zu sein als die anderen Mitglieder, aufrecht zu erhalten. Das ist entscheidend: Dieses Mehr-sein-als-die-anderen ist die Essenz von Immer-mehr-wollen. Der Grund hierfür ist, dass sich das Mehr-sein-als-die-anderen unmittelbar auf das Sich-gerecht-werden als Person bezieht, auch wenn diese im vorliegenden Fall reduktionistisch verzerrt verstanden wird. Demgegenüber ist das Immer-mehr-wollen in Rücksicht auf materielle Güter lediglich Mittel zum Zweck. Soweit es sich bei diesen Gütern um Kapitalvermögen handelt, sind diese notwendige Mittel zum Zweck des Aufbaus der nötigen Wirtschaftsmacht. In vielen anderen Fällen ist das Immer-mehr-wollen letztlich bloß lächerlich.

Hiermit kann auch die Frage endgültig beantwortet werden, worin die Attraktivität des reduktionistischen Denkens besteht. Sie liegt darin, mehr sein zu sollen und können als die Mitmenschen.

Aber diese Antwort muss irritieren, da sic bcsagt, dass zumindest das Omega der Attraktivität immer nur von einer gesellschaftlichen Minderheit erreicht werden kann. Wie soll es dieser möglich sein, der Mehrheit, die sich ebenfalls mit der reduktionistischen Gesellschaftsform abfinden können muss, also selbige Vorstellung vom „neuen Glanz" haben muss, zu erklären, dass sie vom Genuss hiervon ausgeschlossen bleibt? Wie also sollen Empörungen verhindert werden?

Die Beantwortung dieser Fragen soll mit der Erinnerung an folgende Ausführung im zweiten Kapitel begonnen werden: „Die Charakterisierung der Industrie [in der Weimarer Republik] ergibt sich erst daraus, dass sie ihr Obrigkeitsdenken aus den «ewigen Gesetzen der Wirtschaft» ableitet, wohingegen die Mehrheit der anderen Akteure [= Unterstützer der NSDAP] ihr Obrigkeitsdenken aus einem Anhängen an die Monarchie, «gottgewollter Regelung» usw. ableitet. Daher konnte die Industrie noch nicht die Hauptrolle spielen, konkret da Deutschland erst auf dem Wege zu einem «modernen Industriestaat» gewesen ist." Hierin kommt zum Ausdruck, dass das marktgesellschaftliche Denken nicht erst das Fundament für eine obrigkeitliche Klassengesellschaft schaffen musste. Es konnte auf vorgefundenen Strukturen aufbauen."

Das ist vor allem wie folgt zu verstehen: Dieser Weg aus der Monarchie hat deren Eliten ersetzt durch jene der Marktwirtschaft. Jene Eliten haben sich sehr wohl in „höherem Glanz" (statt: „neuer Glanz") verstanden, gemäß ihrer Rechtfertigung mittels einer „gottgewollten" - also nicht weltlich begründeten - Ordnung. Auf „gottgewollt" können sich die marktgesellschaftlichen Eliten freilich nicht berufen. Umso mehr können sie aber nutzen, dass die Gesellschaftsmitglieder gleichsam an eine Klassengesellschaft „gewöhnt" sind. Hierbei kommt ihnen entgegen, dass ihr „aufgeklärt vernünftiges" Denken die alten „Klassen" auflöst, scheinbar als Ausdruck davon, dass auf die Gleichheit der Menschen abgezielt wird. Tatsächlich wird diese Gleichheit aber nur vordergründig beachtet (dem Anschein nach), da diese Beachtung einem Denken entspringt, das eine reduktionistische Verzerrung von „neuer Glanz“ („höherer Glanz“) im Namen der Protegierung einer klassengesellschaftlichen Gliederung der Gesellschaft bietet.

Es ist nicht zu viel gesagt, man wenn behauptet, dass sich die marktgesellschaftlichen Eliten als die modernen Fürsten verstehen. Es lohnt, folgende Stelle aus dem Buch von François Furet und Denis Richet *Die Französische Revolution*[87] anzugeben:

„«Ein von den Besitzenden regiertes Land lebt in der Ordnung der Gesellschaft. Ein Land, in dem die Nichtbesitzenden regieren, lebt im Naturzustand.» Diese philosophische Erkenntnis eines d'Anglas zeigt, dass hier einer aus Erfahrung spricht.“ (S.337)

Boissy d'Anglas, einer der Autoren der Direktorialverfassung von 1795, zeichnet hier ein Bild von den neuen Eliten – den „Besitzenden“ -, das an „fürstlicher“ Selbstgefälligkeit nicht zu überbieten ist. Diese werden als für die wohlgeordnete Gesellschaft unabdingbar notwendige Obrigkeit vorgestellt, gleich den Fürsten in einer gottgewollt wohlgeordneten Gesellschaft.

Umso beklemmender ist, dass dieses Bild bis in die Gegenwart hochgehalten wird. Im Sinne hiervon muss an dem Zitat auch auffallen, was Furet und Richet in der zweiten Hälfte des 20. Jahrhunderts zur Aussage d'Anglas' festhalten: „Hier spricht einer aus Erfahrung“. d'Anglas wird also vorbehaltlos zugestimmt. Wieso die Autoren meinen, von einer „philosophischen Erkenntnis“ sprechen zu müssen, ist ihr Geheimnis geblieben; erklärt wird es jedenfalls nicht. Lässt man die Hände von einer derartigen „Philosophie“, so wird einsichtig: Die Autoren protegieren ein Denken, das auch in der Gegenwart z. B. in Gestalt dcr Trickle-down-

87 Furet, F. & D. Richet 1968: *Die Französische Revolution* – Frankfurt a.M.

Theorie (vgl. 5.1) geboten wird, freilich auf unvergleichlich subtilere Art und Weise.

Betrachtet man diese Vorstellung von den marktgesellschaftlichen Eliten als den „neuen Fürsten“ in Verbindung damit, dass es diesen nicht einfallen kann, tatsächlich alle Menschen (im Namen der beschworenen Gleichheit der Menschen) in den Genuss des „neuen Glanzes“ kommen zu lassen, so ergibt sich: Den Menschen der nicht-elitären Klassen wird schlicht die Befähigung abgesprochen, diesen „neuen Glanz“ erlangen zu können. Sie sind davon abhängig, dass jene Menschen, die hierzu befähigt sind, selbigen tatsächlich ausleben können. In diesem Sinne hat die aufgeklärte Moderne das ständische Denken ihrer Vorläufer übernommen bzw. hierauf aufgebaut.

Der auf Beruhigung der Nicht-Eliten abzielende Trick, der hier zur Anwendung kommt, besteht somit darin, dass den an eine (nicht administrative) Obrigkeit gewöhnten Nicht-Eliten erklärt wird: Nun ist eine Obrigkeit am Werke, die, da sie sich der Gleichheit der Menschen bewusst ist, um die Nicht-Eliten bemüht ist, also auch in ihrem Sinne am Werke ist. Zu Ausgestaltung dieses Tricks gehört die Behauptung, dass die Gesellschaft zugleich eine durchlässige Gesellschaft ist.

Dieser Trick enthält ein Element, das nicht übergangen werden darf, da es in der jüngsten Vergangenheit enorm an Bedeutung gewonnen hat. Die Nicht-Eliten der Gegenwart sind insofern nicht mehr mit den Fabrikarbeitern vergleichbar, wie sie am Beginn der industriellen Revolution aufgetreten sind, als sie aufgrund der modernen Kommunikationstechnologien Möglichkeiten zur Information besitzen, die jenen vollständig abgegangen sind. Das ist ein Umstand, den die Eliten sehr wohl beachten müssen, wollen sie Empörungen verhindern, die ihre Wurzel in dem Umstand haben, dass mittels diesen Technologien eine tatsächliche Aufklärung der Nicht-Eliten erfolgen kann.

Dergleichen kann z. B. durch Fehlinformationen der Nicht-Eliten zurückgedrängt werden. In Abschnitt 2.2 ist hierauf im Zusammenhang mit Wikipedia hingewiesen worden. Aber mit Fehlinformationen alleine kann es nicht getan sein. Primär müssen die Eliten darauf achten, dass die Nicht-Eliten Fehlinformationen nicht als solche zu erkennen vermögen. sie sollen z. B. nicht erkennen, dass zwar davon die Rede ist, dass die Gesellschaften der USA und der EU Solidar-Gesellschaften sind, obschon das nicht der Fall ist.

Der Königsweg hierfür ergibt sich von selbst und ist nicht erst mit dem Auftreten besagter Technologien ersonnen worden: Er liegt darin, fortgesetzt das Bild von der Beachtung der Gleichheit der Menschen hoch zu halten, verbergend, dass die gemeinte Gleichheit die Ausbildung von Ungleichheit (ungleiche Marktmacht) ergibt, sodass die Gesellschaft von ständischen Verhältnissen geprägt ist. Aus der Perspektive der Eliten besteht hier das Problem darin, eine Vorstellung von Gleichheit kommunizieren zu müssen, die mit dem zugleich gepflegten Konkurrenzdenken im Sinne von „mehr sein wollen als die anderen“ kompatibel ist. Diesem verdankt sie ja ihre Existenz. In der aufgeklärten Moderne kann die Lösung dieses Problems insofern nicht schwer fallen, als sie auf der Anerkennung der Marktmechanismen aufbaut, sodass Konkurrenz nicht grundsätzlich negativ konnotiert sein kann. Sie werden als Orientierungshilfen verstanden. Verborgen werden muss freilich, dass diese Mechanismen und somit Konkurrenz marktgesellschaftlich verzerrt verstanden werden, besagtes „mehr sein wollen als die anderen“ ergebend, woraus besagte weitgehende Undurchlässigkeit der Gesellschaft folgt.

Hierbei können es die Eliten aber nicht belassen. Die Marktgesellschaft, um deren Etablierung sie bemüht sind, basiert auf der Reduktion auf das weltliche Ich, die von allen Gesellschaftsteilnehmern anerkannt werden soll. Somit müssen sie auch damit umgehen, dass alle Gesellschaftsteilnehmer den „neuen Ganz“ gemäß „mehr sein wollen als die Anderen“ begreifen. Das kann von den Eliten nicht abgewendet werden, aber es kann von ihnen sogar genutzt werden. Hiermit ist auf folgenden Umstand abgezielt: Die Eliten einer reduktionistischen Gesellschaft sind nicht um eine wohlgeordnete Gesellschaft bemüht, sie sind um ihr Wohl bemüht – auch auf Kosten des Wohles der Nicht-Eliten. Aus eben diesem Grund müssen sie Empörungsprophylaxe betreiben.

Ein probates Mittel hierfür besteht zweifellos darin, von sich als Quelle von Problemen abzulenken und diese Rolle anderen Gesellschaftsteilnehmern aufzubürden. Freilich können diese anderen Gesellschaftsteilnehmer nur innerhalb der Nicht-Eliten gefunden werden, einfach da es sonst niemanden gibt. Die Empörung der Nicht-Eliten soll also auf Teile dieser Nicht-Eliten umgelenkt werden. Das bringt auch mit sich, dass der Block der Nicht-Eliten gesprengt wird, was seine Durchsetzungskraft zweifellos mindern muss. Ein Rezept hierfür ergibt sich aus dem Konkurrenzdenken und basiert auf der Vorstellung, dass den Eliten angehört, wer sich durch Fleiß auszeichnet. In Kombination mit der Aussage von der durchlässigen Gesellschaft wird hieraus abgeleitet: Zu den Verlierern gehören vor allem jene, denen es an dem nötigen Fleiß mangelt. Sie sind es, so wird weiter argumentiert, die vor allem zu Empörungen neigen und hierdurch primär zu einer Gefahr für jene Teile der Nicht-Eliten werden, die sich des Umstandes bewusst sind, dass die Klassengesellschaft, in der sie leben, trotz allem zu ihrem Wohl ist. Der Trick hieran ist nun der: Die Eliten müssen sich primär an diese Teile der Nicht-Eliten wenden, wobei sie ihnen entgegenkommen müssen. Sie können dies, indem sie ihnen anbieten, ihr Bedürfnis an „Mehr sein wollen als die Anderen" gegenüber den Verlieren innerhalb der Nicht-Eliten zu befriedigen. Die Empörung soll sich also gegen diese Menschengruppe wenden. Dieserart lenken also die Eliten von sich als möglicher Problemquelle ab und ermöglichen, das „mehr sein wollen als die Anderen" auch innerhalb der Nicht-Eliten verankern zu können

Überblickt man die soeben gebrachten Ausführungen, so ist festzuhalten: E i n e h i e r v o n g e p r ä g t e G e s e l l s c h a f t k a n n n i c h t a l s d a s R e i c h d e s G u t e n v e r s t a n d e n w e r d e n. Eine solche Gesellschaft ist eine obrigkeitliche Gesellschaft, deren Eliten ihre Marktmacht bzw. Gesellschaftsmacht nutzen, um die Nicht-Eliten an der Befriedigung ihres fundamentalen Bedürfnisses zu hindern.

- XV. -

Im zweiten Kapitel ist die Frage aufgeworfen worden, ob vom Primat der Wirtschaft oder dem Primat der Politik zu sprechen ist. Zunächst musste diese Frage unbeantwortet bleiben. Aufgrund der vorangegangenen Ausführungen in 5.2 kann die Antwort auf diese bedeutungsvolle Frage gegeben werden.

Hierzu ist zunächst die Aussage zu konkretisieren, dass die gesellschaftliche Ebene über sich hinausweist auf die gemeinschaftliche Ebene. Das hat im Lichte davon zu geschehen, dass Wirtschaft und Politik übereinstimmend der gesellschaftlichen Ebene angehören. Zu dieser ist bisher ist ausgeführt worden, dass sie signalisiert, im Sinne des Zweieinheitlichkeits-Argumentes überstiegen werden zu müssen, wobei es die fundamentale Aufgabe der Ichs ist, dieses Signal aufzugreifen. In diesem Sinne ist somit auch die Wirtschaft zu verstehen. Zu dieser ist aber zudem festzustellen gewesen, dass sie insofern *nicht* über sich hinausweist, als sie innerhalb der gesellschaftlichen Ebene zu quasi-stabilen Zuständen führt, worin die Bedingung dafür liegt, dass überhaupt von einer fundamentalen Aufgabe gesprochen werden kann. Hieraus ergibt sich ja das Auftreten zweier alternativer Lösungen, zwischen denen zu wählen ist.

Hieran ist nun explizit hervorzuheben, dass die hiermit bezeichnete Situation dem vormoralischen Bereich zuzuordnen ist. Das meint: Das quasi-stabile Zustände ergeben könnende Wirken der ökonomischen Mechanismen ist moralisch indifferent. Es ist tatsächlich nur Mechanik. Dieses Wirken ist auch nicht auf das Tun von Menschen zurückzuführen. Diese kommen an sich im vormoralischen Raum gar nicht vor bzw. tritt der vormoralische Raum nirgendwo an sich auf. Er tritt immer nur als jenes auf, im Umgang womit ein Ich seinen Umgang mit der fundamentalen Aufgabe gestalten soll, womit konkret der moralische Raum bezeichnet ist. *Somit muss der Fokus auf diesem Raum liegen, wiewohl dahingehend, dass jener Raum zutreffend verstanden werden soll.* Die Beachtung der quasi-stabilen Zustände soll also nicht zur Ausblendung von Über-sich-hinausweisen führen.

Wenn hier vom Ich die Rede ist, so ist das Ich im Sinne von Individuation von Wir gemeint, da sich alleine in Beziehung hierauf von Wirtschaft sprechen lässt. Für das Verständnis vom moralischen Raum folgt hieraus, dass er von einem personalen Diskurs getragen sein muss, mittels dem sich die einzelnen, Individuationen seienden Ichs über ihren Umgang mit der fundamentalen Aufgabe austauchen. Mittels diesem Diskurs wird also jedes Ich versuchen, andere Ichs von der von ihm eingenommenen Position zu überzeugen, aber auch „zuhören", was ihm, dem Hinterfragenden, andere Ichs zur Lösung der fundamentalen Aufgabe vorzuschlagen haben.

Wovon hiermit die Rede ist, das muss auf gesellschaftlicher Ebene repräsentiert sein. Diese Repräsentation muss derart sein, dass zum Ausdruck kommt: Die fundamentale Aufgabe besteht darin, zur Thematisierung der personalen / gemeinschaftlichen Ebene vorzudringen und den Kontakt hierzu zu halten. Diese Aufgabe leisten also die personalen Ichs, u.a. in Form des personalen Dialogs. Somit beginnt der Umgang mit der fundamentalen Aufgabe mit der Beachtung der gesellschaftlichen Ebene, die von dem personalen Ich als über sich hinausweisend anerkannt werden soll. Das muss sich somit auch auf das Bemüht-sein umeinander erstrecken bzw. muss diese Beachtung der Gesellschaft auch die Repräsentation hiervon umfassen. Eben hierin liegt die Repräsentation des personalen Dialogs auf gesellschaftlicher Ebene: In ihrem Umgang mit der fundamentalen Aufgabe betrachten die personalen Ichs die Gesellschaft als etwas, das über sich hinausweist, wobei die Frage ist, ob der Umgang miteinander ein solidarischer Umgang sein soll (zutreffende Lösung der fundamentalen Aufgabe) oder ein Umgang gemäß dem atomistischen Menschenbild (reduktionistische Lösung). Hierüber müssen sich die Ichs also im Diskurs miteinander verständigen, der zunächst als gesellschaftlicher Diskurs primär auf das Verstehen davon abzielt, was es damit auf sich hat, dass die Gesellschaft über sich hinausweist. Dem Verständnis besagter quasi-stabiler Zustände muss hierbei im dargelegten Sinne eine besondere Bedeutung zukommen.

Dieser gesellschaftliche Diskurs gehört dem moralischen Raum an, also nicht dem vormoralischen Raum(!), da er explizit den Umgang damit betrifft, wie das Sich-gerecht-werden (inkludiert das Bemühen um die Realisierung der

Gemeinschaft) zu erzielen ist. Er wird getragen von der Politik und bedeutet den Gedankenaustausch darüber, ob die herrschende Gesellschaft als wohlgeordnete Gesellschaft verstanden werden kann, da das mit ihr verbundene Über-sich-hinausweisen auf rechtfertigbare Weise aufgegriffen bzw. begriffen wird. (Das besagt nicht, dass die wohlgeordnete Gesellschaft an und für sich das Ziel der Bestrebungen ist. Dieses Ziel besteht darin, die Gemeinschaft aus der Potenzialität in die Aktualität überzuführen. Insofern ist die wohlgeordnete Gesellschaft mittelbar das Ziel der Bestrebungen, als sie Ausdruck hiervon ist.)

Folgende Themen müssen daher den politische Diskurs insbesondere prägen: Als weltliche Repräsentation des personalen Diskurses muss verhandelt werden, ob tatsächlich alle weltlichen Ichs gleichrangig an der Diskussion teilnehmen können, da nur in diesem Falle sichergestellt sein kann, dass die Gleichwürdigkeit der personalen Ichs repräsentiert ist. Das impliziert, dass diskutiert werden muss, ob alle weltlichen Ichs die Bereitschaft entwickelt haben, sich an diesem Diskurs zu beteiligen. Kurz gesagt. Es gilt zu eruieren, ob tatsächlich eine demokratische Gesellschaft vorliegt, oder ob demokratische Rituale zwar gepflegt werden, tatsächlich aber die Gesellschaft von Eliten geleitet wird, wider die Beachtung der Gleichwürdigkeit der Menschen.

Der zweite Themenkomplex hängt unmittelbar mit der Frage zusammen, ob das gesellschaftliche Primat der Wirtschaft oder der Politik zuzuordnen ist. Bisher ist nur ausgesagt worden, dass der personale Diskurs, insofern er als gesellschaftlicher Diskurs auftritt, mit der Politik anhebt, was nicht gleichbedeutend damit ist, dass in der Politik das Fundament des gesellschaftlichen Diskurses gefunden werden muss.

Für beide angesprochenen Alternativen scheinen sich Argumente beibringen zu lassen. Für die Wirtschaft scheint zu sprechen, dass sie bereits im vormoralischen Raum anzutreffen ist, sodass überlegt werden kann, ob ihr hieraus eine insgesamt fundierende Rolle erwächst. Dieses Argument lässt sich aber auch umwenden, den Fokus auf die Politik lenkend: Gerade da die Wirtschaft bereits im vormoralischen Raum auftritt, kann sie nichts sein, das den eigentlich entscheidenden moralischen Raum fundiert; das Fundament muss innerhalb von diesem auftreten – in Gestalt der Politik.

Somit erhebt sich die Frage: Wie sieht die Politik und ihre Beziehung zur Wirtschaft in einer Gesellschaft aus, die von der zutreffenden Lösung der fundamentalen Aufgabe geprägt ist? Diese Politik wird davon geprägt sein, die gesellschaftliche Ebene als Repräsentation der gemeinschaftlichen Ebene zu verstehen, also aus der Anerkennung der personalen Ebene heraus am Werke sein. Das beinhaltet, dass der moralische Raum als maßgebend anerkannt wird. Sie orientiert sich also an den Inhalten des unmittelbaren Zugangs zum Sein, von denen hier insbesondere der Satz Gewicht hat, dass dem Bemüht-sein um sich das Bemüht-sein um die Gemeinschaft inhäriert, gemäß der Gleichwürdigkeit der Menschen. Hieraus schöpft der politische Diskurs also seine Inhalte, ohne selbst Philosophie zu werden. Der politische Diskurs bleibt gesellschaftliches Bemühen, gemäß der differenziellen Eigenständigkeit der gesellschaftlichen Ebene.

Ein Problem steht hierbei insbesondere im Vordergrund: Die personalen Ichs sollen also ihre Betrachtung der gesellschaftlichen Ebene dahingehend verstehen, dass sie von dieser aus zur Vergegenwärtigung der personalen Ebene vordringen sollen, wobei eben diese Ebene jenes enthält, das dieses Unterfangen zur Aufgabe werden lässt. Die personalen Ichs müssen also im politischen Diskurs ansprechen, die Gesellschaft so gestalten zu müssen, dass ihr entsprechendes reduktionistisches Potenzial zurückgewiesen wird und die

Gesellschaft als Repräsentation von Gemeinschaft gestaltet wird. Ist dies gelungen, so müssen sie fortgesetzt im politischen Diskurs darauf achten, die erreichte wohlgeordnete Gesellschaft aufrecht zu erhalten.

Erzielt werden kann diese Situation nur, wenn dem politischen Diskurs das Primat gegenüber der Wirtschaft zugeordnet wird. Es muss also Einsicht in den Umstand herrschen, dass sich aus dem Umstand, dass die Wirtschaft im vormoralischen Raum auftritt, keinesfalls ihr Primat ableiten lässt. Ihr Auftreten in diesem Raum bedeutet ausschließlich, dass sie jenes ist, das es zu verstehen gilt. Das also im moralischen Raum dahingehend dargestellt werden muss, dass es seine Bedeutung für die wohlgeordnete Gesellschaft entfalten kann, anstatt zum Einfallstor für ein reduktionistisches Denken wider diese Gesellschaft zu werden.

In diesem Sinne kann der politische Diskurs aufgrund seiner Ausrichtung auf die personale Ebene jene Regulierungen der Wirtschaft vornehmen, die notwendig sind, um die Gesellschaft wohlgeordnete Gesellschaft sein zu lassen. Anders gewendet: Aufgrund der differenziellen Eigenständigkeit der gesellschaftlichen Ebene kann die Philosophie nicht unmittelbar die Gesellschaft im Sinne von Bemüht-sein umeinander regulieren, aber sie kann dem politischen Diskurs jenes vorgeben, aus dessen Beachtung heraus die Notwendigkeit der Regulierung der Wirtschaft einsichtig wird, also zur zu erfüllenden Aufgabe wird, die Möglichkeit auflösend, die Gesellschaft aus dem Primat der Wirtschaft heraus zu verstehen. Dieserart wird es also möglich, das zweieinheitliche Eines aus Gemeinschaft und Gesellschaft in die Aktualität überzuführen, die personalen Ichs sich gerecht werden lassend.

Die Essenz des politischen Diskurses ergibt sich somit aus dessen demokratischer Gestaltung, fernab jeglicher Elitenbildung. Hierin liegt aber ein Problem, das nicht übergangen werden darf. Der politische Diskurs, wie er hier verstanden wird, basiert auf der Anerkennung der personalen Ebene. Also darauf, dass die Menschen im Umgang mit der fundamentalen Aufgabe frei / eigenständig sind. Der Wert des zutreffend verstandenen politischen Diskurses besteht somit darin, diesen Umstand zum Maßstab für seine Bemühungen zu nehmen. Hieraus erwächst aber das Problem, wie jenen Menschen zu begegnen ist, die sich gegen die zutreffende Lösung der fundamentalen Aufgabe entscheiden, von dem soeben skizzierten politischen Diskurs also nichts wissen wollen. In anderen Worten: Wie ist die Demokratie, das Primat der Politik vor den Ambitionen dieserart denkender Menschen zu schützen?

Auf keinen Fall kann eine von der zutreffenden Lösung der fundamentalen Aufgabe geprägte Gesellschaft die Anerkennung dieser Lösung vorschreiben, auch nicht per Gesetz. Eine derartige Vorschrift würde weiter nichts bedeuten, als die Anerkennung der personalen Freiheit der Menschen zu unterwandern. Diese Vorgehensweise würde gleichsam auf dem Irrtum aufbauen, per Verordnung die personale Freiheit der Menschen aufheben zu können. Hieraus kann aber nicht folgen, die Sache einfach auf sich beruhen lassen zu müssen bzw. darauf zu vertrauen, dass, führt man selbst ein Leben im Sinne der Moral der zutreffenden Antwort auf die fundamentale Aufgabe, hiervon eine Strahlkraft auf die Mitmenschen ausgeht, die sie ebenfalls diese Lebensführung annehmen lässt. Diese Illusion blendet aus, dass die Bezogenheit der Menschen aufeinander explizit dialogischer Natur ist. Anders gewendet: die Menschen sind Hinterfragende und nicht Zuschauende; daher sind sie im Dialog miteinander.

Aber verweist nicht gerade dieser Umstand darauf, verpflichtende Verordnungen (Gesetzen) als gehaltvollen Ausdruck dieser dialogischen Situation verstehen zu müssen? Um aus diesem Dilemma herausfinden zu können, ist zunächst zu betrachten, was es heißt, dass ein personales Ich die zutreffende Antwort auf die fundamentale Lösung wählt. Hiermit ist ausgesagt, dass ein Ich Einsicht in sein So-Sein erhält, was umfasst, dass es sich als Individuation von Wir begreift. Verbindlich ist einem solchen Ich die hiermit vergegenwärtigte Situation, da sie als Resultat der konsequenten Beachtung und Anerkennung der Orientierungshilfen aufleuchtet. Einer weiteren Verbindlichkeit kann es nicht bedürfen – und diese kann es auch nicht geben. Ist es daher als Individuation von Wir im personalen Diskurs darum bemüht, andere Ichs ebenfalls zur Annahme der zutreffenden Lösung der fundamentalen Aufgabe zu bewegen, so wird es darauf abzielen, im Dialog die sich aus der Anerkennung der Orientierungshilfen ergebende Verbindlichkeit hervorzuheben. Wie sich gezeigt hat, ist das probate Mittel hierfür die Betonung der essentiellen Bedeutung der Fokussierung auf das Ich. Das ist gleichbedeutend damit, dass sich im personalen Diskurs die Kodierung der Verbindlichkeit in Gesetzen erübrigt. Von der Fokussierung auf das Ich ablenkend können diese Kodierungen sogar zum Einfallstor für Unterwanderungen der personalen Freiheit werden.

Wovon hiermit die Rede ist, das muss auf gesellschaftlicher Ebene repräsentiert sein, also im politischen Diskurs. An dieser Stelle interessiert hieran insbesondere, was es diesbezüglich mit der Verbindlichkeit der Orientierungshilfen auf sich hat.

Wie angemerkt, ist die fundamentale Aufgabe das Bemüht-sein um sich im moralischen Raum. Konkret ist dieses Bemüht-sein das Sich-Bewähren-sollen im Umgang mit etwas, das dem vormoralischen Raum entnommen wird. Die

Essenz hiervon ist die Wirtschaft. Hierbei bietet die Wirtschaft in Form ihrer grundlegenden Mechanismen (Ausbildung quasi-stabiler Zustände) Orientierungshilfen an. Diese Mechanismen müssen nicht erst erfunden werden, da sie, wenn auch auf archaische Form, dem anfänglichen Wissen angehören. In dieser Form sind sie natürlich nur bedingt tauglich für die wirtschaftliche Praxis. Wie zu einer für die Praxis tauglichen Form gefunden wird, braucht hier nicht zu interessieren. Interessant ist alleine, was es damit auf sich hat, wenn diese Orientierungshilfen im moralischen Raum aufgegriffen werden, explizit in Rücksicht auf die Verbindlichkeit der personalen Orientierungshilfen.

Sogleich muss einsichtig sein, dass die folgenden Ausführungen somit auch abklären müssen, was grundsätzlich unter Recht zu verstehen ist. Das Recht legt Verbindlichkeiten fest, aber ausschließlich für die gesellschaftliche Ebene. Auf personaler Ebene ist für das Recht kein Raum. Anders gewendet: Das Recht, zutreffend verstanden, muss auf jeden Fall als Repräsentation gemäß dem Zweieinheitlichkeits-Argument der Verbindlichkeit der personalen Orientierungshilfen verstanden werden. Diese Repräsentation muss es geben; andernfalls verkäme die gesellschaftliche Ebene zur reinen Beliebigkeit.

Den diesbezüglichen folgenden Ausführungen ist vorauszuschicken, dass lediglich die fundierenden Gesetze von Bedeutung sein werden, also die Menschenrechte wie sie grundsätzlich die Gesellschaft prägen sollen.

Aus der Perspektive der zutreffenden Lösung der fundamentalen Aufgabe ist hierzu festzuhalten: Es ist das personale Ich, das den Umgang mit der fundmentalen Aufgabe vollzieht, das also zwischen den Lösungsoptionen der fundamentalen Aufgabe wählt. Seine Wahl trifft es anfänglich in Auseinandersetzung mit den Orientierungshilfen des vormoralischen Raumes. Dieser Vorgang mündet in die

Thematisierung der personalen Orientierungshilfen. Es ist also dieser Umgang, der darüber entscheidet, ob das Ich seine Personalität aus der Potenzialität in die Aktualität überführen kann. Hieran ist hervorzuheben: Worauf sich das personale Ich somit anfänglich bezieht, das ist in differenzieller Eigenständigkeit gegenüber dem personalen Ich.

Hieraus folgt: Die Eigenständigkeit der weltlichen Ichs erstreckt sich nicht darauf, besagte Wahl zu treffen. Die Wahl wird von den personalen Ichs getroffen, und was hiermit auftritt, ist in den weltlichen Ichs repräsentiert. Anders gewendet: Die differenzielle Eigenständigkeit ist Bedingung dafür, dass das personale Ich vor die Aufgabe gestellt sein kann, eine Wahl treffen zu müssen. Diese Bedingung ist konkret derart, dass aus dem Umgang mit Orientierungshilfen des vormoralischen Raumes heraus zur zutreffenden Entscheidung gefunden werden soll. Das ist gleichbedeutend damit, dass sich das Ich in seiner zweieinheitlichen Gesamtheit gerecht werden soll.

Hieraus folgt wiederum: Die personalen Ichs müssen um die Feststellung davon bemüht sein, ob, was sie in Gestalt der vormoralischen Orientierungshilfen aufgegriffen haben, tatsächlich richtig verstanden worden ist. Sie müssen also abklären, ob sie jene Ebene, der diese Hilfen angehören, aufgrund der Ausformulierung dieser Hilfen mittels der Thematisierung der personalen Ebene, zu einer wohlgeordneten Gesellschaft formen können; also zu einer Gesellschaft, die dem Ziel der Ausformulierung „Beachtung der *gemeinschaftlichen* Gleichwürdigkeit der Menschen“ adäquat ist, also tatsächlich als Repräsentation verstanden werden kann. Hieran ist explizit hervorzuheben: *Die fundamentale Aufgabe lautet nicht, den vormoralischen Raum, die weltlichen Ichs und die gesellschaftliche Ebene ignorieren zu können, sondern in ihrer tatsächlichen Bedeutung für das* personale Ich im Sinne des Zweieinheitlichkeits-Argumentes zu erfassen.

Angesichts hiervon ist zur Verbindlichkeit der fundierenden Rechte bzw. der allgemeinen Menschenrechte im Sinne der zutreffenden Lösung der fundamentalen Aufgabe festzuhalten: Sie sind Ausdruck der Vorgehensweise der personalen Ichs, die im Umgang mit der fundamentalen Aufgabe – auch im Rahmen des personalen Diskurses – zur Vergegenwärtigung der personalen Ebene gefunden haben. Die also die entsprechenden Orientierungshilfen thematisieren konnten. Im Sinne hiervon gestalten sie in Form der Menschenrechte eine gesellschaftliche Repräsentation hiervon, die sich ebenfalls angeboten habenden Muster hierfür in Gestalt der Mechanismen des vormoralischen Raumes zurückweisend. Aus eben diesem Grund kommt den dieserart gestalteten Menschenrechten tatsächlich Verbindlichkeit zu: Die Verbindlichkeit dieser Menschenrechte ergibt sich aus der Rechtfertigbarkeit der philosophischen Analyse, deren Frucht die Vergegenwärtigung der personalen Ebene ist.

Daher können diese Rechte im politischen Diskurs nicht zur Disposition stehen. Sie werden dieserart vorgehenden personalen Ichs auch nicht zur Disposition stehen, eben da sie als Repräsentation dessen eingesehen werden, das aus sich heraus Verbindlichkeit bedeutet.

Die konkrete Bedeutung hiervon erhellt, wenn diese Verbindlichkeit im Lichte des Umgangs mit Menschen betrachtet wird, die sich für die falsche Lösung der fundamentalen Aufgabe entscheiden. Wie bereits ausgeführt, kann diese Verbindlichkeit nicht im Sinne eines Verbotes verstanden werden, sich für die falsche Lösung zu entscheiden. Da jeder Mensch Person ist, ist er Umgang mit der fundamentalen Aufgabe, was durch das Verbot unterwandert würde. Das ist nicht nur nicht erstrebenswert, es ist unmöglich, da kein Verbot das So-Sein der Menschen ändern kann.

Hieraus folgt nicht, dass im politischen Diskurs auf die Festlegung der allgemeinen Menschenrechte verzichtet werden darf. Was diesbezüglich vom politischen Gesetzgeber zu erbringen ist, das muss derart abgefasst sein, dass es die Attraktivität der richtigen Lösung der fundamentalen Aufgabe zum Ausdruck bringt. Die Menschen müssen also in ihrem Bestreben um Realisierung der Freiheit angesprochen werden. In diesem Sinne sollen diese Gesetze ihre Verbindlichkeit entfalten. Das beinhaltet, dass sie explizit ihre philosophischen Wurzeln zum Ausdruck bringen müssen, um nicht in einer (bestenfalls) belanglosen Gleichheits-Rhetorik zu versanden.

Zudem folgt hieraus, dass auf explizite Verbote in Beziehung auf die Wahl der falschen Lösung der fundamentalen Aufgabe verzichtet werden muss. Weder lassen sie sich rechtfertigen noch können sie zielführend sein, da die von der falschen Lösung ausgehende Attraktivität nicht ausgelöscht werden kann. Sie wird sich einem Ich, das gemäß seinem individuellen (Ich als ein Eines) Umgang mit der fundamentalen Aufgabe um sich bemüht ist, also immer darbieten. Einem dieserart vorgehenden Ich werden daher auch immer Wege offen stehen, seiner Position in der Gesellschaft Gehör verschaffen zu können, die wohlgeordnete Gesellschaft unterwandernd.

Die Stärke und Verbindlichkeit der allgemeinen Menschenrechte im Sinne der zutreffenden Lösung der fundamentalen Aufgabe kann daher nicht in Verboten bestehen, die ausgesprochen werden, sondern darin, dem reduktionistischen Denken den Boden zu entziehen, da sie, die Gleichwürdigkeit der Menschen zum Ausdruck bringend, zur Basis für einen Gesetzeskanon werden, der dem hiermit bezeichneten Bemühen gerecht wird. Das bedeutet zuallererst die

Etablierung einer funktionierenden Demokratie und einer Wirtschaft, deren Bedeutung im dargelegten Sinn verstanden wird.

Es ist offensichtlich, dass sich hiermit keinesfalls alle Menschen erreichen lassen. Hiermit ist aber nur ausgesagt, dass das Bemühen um die Etablierung der Gemeinschaft nicht darin besteht, die fundamentale Aufgabe zu überwinden, da eine Immunisierung gegenüber deren falschen Lösung erzielbar wäre. Das Ziel kann „nur" sein, die Gemeinschaft so robust werden zu lassen, dass sie sich gegen Angriffe behaupten kann. Das ist die vornehmste Aufgabe der Demokratie.

Hiermit soll die Betrachtung des Rechts beendet sein und auf die Frage zurückgekommen werden, ob vom Primat der Politik oder der Wirtschaft zu sprechen ist. An der Beantwortung dieser Frage steht noch die Betrachtung davon aus, wie mit ihr in einer Gesellschaft umgegangen wird, die von der falschen Lösung der fundamentalen Aufgabe geprägt ist. Sogleich ist einsichtig, dass die Politik in diesem Fall ihrer Substanz beraubt sein muss. Diese erwächst ja daraus, dass selbige über sich hinausweist, explizit auf die Ebene der Gemeinschaft. Aber gerade diese wird ignoriert. Das bedeutet zunächst, dass sich die Menschen einer solchen Gesellschaft gemäß der alleinigen Anerkennung des innerweltlichen Blicks des nötigen Regulativs der Wirtschaft beraubt haben. Zugleich bedeutet es, dass die Wirtschaft an sich mit ihren Regeln und Mechanismen nicht mehr alleine dem vormoralischen Raum zugeordnet werden kann. Der Grund hierfür ist, dass mit der Ausblendung von Gemeinschaft – als Folge der alleinigen Anerkennung des innerweltlichen Blicks – das Bemüht-sein-um-Wir, wie es aus der Anerkennung davon folgt, Individuation von Wir zu sein, keine Rolle mehr spielen kann. Solidarität kann keine Rolle mehr spielen.

Beides ist am Altar der Idolisierung von Mehr-sein-wollen-als-die-anderen geopfert worden.

Daher kann sich die Bedeutung der Wirtschaft nicht mehr auf den vormoralischen Raum beschränken, einfach da Moral ausgeblendet worden ist. Da also die Grenze zwischen dem vormoralischen und dem moralischen Raum abgetragen worden ist, ergießt sich die Bedeutung der Wirtschaft aus dem unverstanden gebliebenen vormoralischen Raum auf die gesamte gesellschaftliche Sphäre. Das enthält, dass sich die Wirtschaft im Lichte ihrer Omnipotenz, die sie im vormoralischen Rau hat, über die gesamte gesellschaftliche Sphäre ergießt. Gerade hierauf zielen die Eliten der Marktgesellschaft ab, da sie wissen, dass diese Omnipotenz den Keim zu einer Klassengesellschaft in sich trägt.

Sprechen daher die Eliten der Klassengesellschaft bzw. Marktgesellschaft vom Primat der Politik, so ist das ebenso falsch wie trickreich. Sind sie aktuell in der Defensive, so dient diese Aussage dazu, aus dieser herausfinden zu können, da Probleme in der Gesellschaft der Politik angelastet werden. Dieserart wird also auf den schlanken Staat abgezielt, aus der Überlegung heraus, die Bedeutung dessen, also der Politik, das die Grenze zwischen dem vormoralischen und dem moralischen Raum wieder aufbauen kann in engen Grenzen zu halten. Die in den vorangegangenen Kapiteln dargestellte Infiltration der Politik durch die Eliten der Marktgesellschaft – insbesondere des Monopolkapitalismus – legt hiervon Zeugnis ab.

Die vorangegangenen Ausführungen können aus mehreren Gründen irritieren bzw. Anlass zur Kritik bieten. So lässt sich z. B. die Frage aufwerfen: Wie sollen weltliche Ichs, die aufgrund genetischer Defekte zu keinem selbständigen Leben fähig sind, die Repräsentation von um sich bemühten personalen Ichs sein? Beendet die Tötung eines weltlichen Ichs zugleich das personale Ich? Das ist zunächst zweifellos schwer vorstellbar, da dem weltlichen Ich kein Sein an und für sich zugesprochen worden ist. Wie soll es zu verstehen sein, dass Menschen die Aufnahme philosophischer Aussagen zugemutet wird, wenn sie in hochgradig bildungsferne gesellschaftliche Verhältnisse hineingeboren worden sind?[88]

Tatsächlich würde die Beantwortung dieser Fragen eine immense Erweiterung und Vertiefung der gebrachten Ausführungen voraussetzen. Es gilt zu beachten, dass zahlreiche Themen nicht einmal angesprochen worden sind. So z. B. die Frage nach den Konsequenzen der Entscheidung für die falsche Lösung der fundamentalen Aufgabe. Gerade aufgrund der dem personalen Ich zugeordneten Dignität ist

[88] Hierzu ist zumindest festzuhalten: Die gebrachten Ausführungen sprechen keinesfalls davon, dass erst mittels einer entsprechenden philosophischen Bildung zur Lösung der fundamentalen Aufgabe vorgedrungen werden kann. Das Ich wird nicht erst durch Philosophie zur Person. Sie ist aber jenes, das das fundamentale Problem am wirkmächtigsten darstellen und im personalen Diskurs vorbringen lässt. Daher ist eine entsprechende Bildung in der Gesellschaft anzustreben. Eine Bildung also, welche die Bildung gemäß der aufgeklärten Moderne als Scheinbildung entlarven kann. Eine Scheinbildung die hinter das Vermögen, die fundamentale Aufgabe zu lösen weit zurückfällt.

davon auszugehen, dass es diese gibt. Aber auch die Begrenztheit der personalen Ichs ist lediglich konstatiert worden. Hierüber hinaus ist nur festgehalten worden, dass sie nicht der zeitlichen Begrenztheit der weltlichen Ichs entsprechen kann bzw. keine Unbegrenztheit vorliegen kann, die alleine der Da-Seins-Quelle zukommt.

Aus all dem ergibt sich aber nur: Die gegebene philosophische Ausführung ist noch weit entfernt von einer umfassend gestalteten Entfaltung. Die ausstehende Entfaltung[89] ist aber nicht Bedingung dafür, darzulegen, was in diesem Buch dargelegt werden soll. Insofern wäre sie unnotwendige Erschwernis.

Angesichts hiervon ist grundsätzlich hinzuzufügen: Das Ich – konkret das personale Ich – hat sich als das Nicht-an-und-für-sich der Da-Seins-Quelle gemäß dem Zweieinheitlichkeits-Argument erwiesen. Als dieses Nicht-an-und-für-sich ist es der Umgang mit der fundamentalen Aufgabe. Anders gewendet: Die Da-Seins-Quelle ist, insofern sie nicht an und für sich ist, dieser Umgang. Diese Aussagen bezeichnen das Sein, da sie von dem Ich ausgesagt werden, insofern es nicht anderes als Sein ist. Aber diese Aussagen bringen das Sein nicht auf naiv realistische Weise zum Ausdruck, da das Ich zwar nicht Anderes als ein ist, aber dieses nicht an und für sich. Hieran würde auch die weitere Entfaltung der gebrachten Ausführungen nichts ändern. Was es bedeutet, dass das Ich ein Eines und zugleich Individuation von Wir ist, das erschließt sich nur im Kontext davon, im Umgang mit der fundamentalen Aufgabe zu sein. Präpariert man diese Begriffe, aber auch alle anderen Begriffe des unmittelbaren Zugangs zum Sein, aus diesem Kontext heraus, so verlieren sie sofort vollständig ihre Bedeutung.

---

[89] Sie wird an anderem Ort geboten werden: *Philosophia perennis* (in Endarbeitung)

Hiermit soll ausgesagt sein: Der Fokus muss auf der zutreffenden Erledigung der fundamentalen Aufgabe liegen. Im Sinne des hiermit ausgesagten Bemühens um Realisierung von Gemeinschaft müssen jene Probleme aufgegriffen werden, die am Beginn des Anhangs als „irritierend" vorgestellt worden sind. Demgegenüber ist das Ansinnen, diese Probleme zum Anlass zu nehmen, um von der zutreffenden Lösung der fundamentalen Aufgabe absehen zu können, blanker Zynismus, der kein Problem löst, dafür aber massive Probleme provoziert.

6 Conclusio

Am Beginn dieses Buches ist die Frage aufgeworfen worden: Trifft das in Verbindung mit dem Ukraine-Krieg vor allen in den USA und der EU verwendete Bild „Russland ist der Aggressor und die Ukraine ist das Opfer." zu? Oder ist dieses „alte" Bild durch ein neues Bild zu ersetzen, das die Aggressoren innerhalb der USA und der EU sucht? Hiermit ist eine weitere Frage unmittelbar verbunden: Ist das Engagement der USA und der EU in der Ukraine Ausdruck solidarischer Anteilnahme mit dem ukrainischen Volk, wie fortgesetzt beteuert wird, oder wird diese solidarische Anteilnahme nur vorgeschoben, um willen der Erreichung ganz anderer Ziele? Das endlich führt zu der Frage: Ist das „alte" Bild dahingehend scheinbarer Ausdruck von Solidarität, dass Interessen von Teilen der westlichen Bevölkerungen maskiert werden sollen, die meinen, aus einer aggressiven Vorgehensweise gegen Russland einen Gewinn erzielen zu können? Freilich kann es sich hiebei nicht um beliebige Teile der westlichen Bevölkerungen handeln. Sie müssen in der Lage sein, besagtes Bild gesellschaftstragend werden zu lassen und dafür zu sorgen, dass der aggressiven Rhetorik aggressive Handlungen folgen können. Sollte sich also ergeben, dass das „alte" Bild zurückzuweisen ist, so gilt es zu eruieren, welche Teile der westlichen Bevölkerungen soeben angesprochen worden sind und welchen Gewinn sie sich von den Aggressionen gegen Russland erwarten.

Was ist eigentlich der Anlass dafür, die zuerst angeführte Frage aufzuwerfen? Die Antwort hierauf ergibt sich aus der geradezu provokanten Ausblendung der Vorgeschichte zum Kriegsausbruch, die von den Protagonisten des „alten" Bildes geboten wird. Diese Vorgeschichte zu beachten, scheint aber substanziell wichtig zu sein. Sie ist geprägt von Provokationen des Westens – aber nicht von Russland. Das passt freilich nicht in das „alte“ Bild; daher, so lässt sich folgern, will man von der Vorgeschichte nichts wissen und spricht nicht von ihr. Geradezu stereotyp wird den westlichen Bevölkerungen „erklärt“, dass Russland – konkret Präsident Putin – einen unprovozierten Krieg begonnen hat. Hierin ist sich die federführende westliche Politik, Wirtschaft, Wissenschaft und Kunst erstaunlich einig, obschon es nicht an Stimmen mangelt, die sich gegen die offizielle Meinung wenden.

Lässt man sich von dieser Einigkeit nicht unkritisch beeindrucken, so muss diese Vorgehensweise – dieses Versteckspiel – irritieren. Es wäre ungeschickt, sich von der Protegierung des „alten“ Bildes unkritisch beeindrucken zu lassen, steht doch das Verständnis von Solidarität auf dem Spiel, die mit diesem Bild transportiert wird. Anders gewendet: Es steht der Verdacht im Raum, dass das „alte“ Bild aus Kalkül gemalt worden ist. Es soll eine bestimmte Funktion erfüllen: Es soll die den Ukraine-Krieg verursacht habenden aggressiven Maßnahmen zunächst der Eliten der USA in einem Solidarität vorgaukelnden Kleid erscheinen lassen, um die eigene – nicht-elitäre - Bevölkerung von der Sinnhaftigkeit der Vorgehensweise überzeugen zu können. Selbiges Kalkül muss auch das Vorgehen der EU bestimmen, die aus ideologischer Übereinstimung mit den USA deren aggressives Verhalten gegenüber Russland übernommen hat. Für die EU gilt dies umso mehr, als den Nicht-Eliten der EU mehr oder weniger ernsthafte Probleme aus der Ukraine-Krise erwachsen.

Wie ist also mit diesem Verdacht, dass das aggressive Vorgehen der USA und der EU gegenüber Russland nur scheinbar von Solidarität getragen ist, umzugehen? Wie lässt er sich in Gewissheit umwandeln, vorausgesetzt, dass die Möglichkeit hierfür besteht? Die Herangehensweise an die Beantwortung dieser Fragen muss davon geprägt sein, das

Problem „Ukraine-Krise“ als Symptom eines grundsätzlich defizitären Verständnisses von Solidarität in den USA und der EU zu betrachten. Also eines Verständnisses, das sich auch gegen die Nicht-Eliten in den eigenen Bevölkerungen wendet.

Betrachtet man die Gesellschaften der USA und der EU, so sieht man Klassengesellschaften. Gesellschaften, deren Eliten kein Problem damit haben können, dass mehr oder weniger große Teile dieser Gesellschaften mit Armut konfrontiert sind, deren Lebensgestaltung hauptsächlich darin besteht, zu überleben. Hätten sie ein Problem hiermit, diese Situation wäre einfach nicht gegeben. Zumindest in den allermeisten dieser Gesellschaften fehlt es nicht an den nötigen finanziellen Ressourcen, um alle Menschen vor der Armut zu bewahren. Aber es fehlt an dem hierzu nötigen Willen, was z. B. in den Steuersystemen der interessierenden Länder – allen voran den USA – zum Ausdruck kommt; derartige Steuersysteme werden gemacht, sie „fallen nicht vom Himmel“.

In diesem Zusammenhang darf nicht übersehen werden, dass die Vorstellung von Solidarität, die hierin ebenfalls zum Ausdruck kommt, auch innerhalb der Gesellschaften der USA und der EU Aggression keinesfalls verhindert. Eines der eindrucksvollsten Beispiele hierfür sind die grotesken „Hilfspakete“ der EU im Falle der Griechenland-Krise, deren Konstruktion von eben jenen einflussreichen Teilen westlicher Gesellschaften erdacht worden ist, die nun der Formulierung „Solidarität mit der Bevölkerung der Ukraine“ hochhalten.

Bedienen sich diese einflussreichen Teile der westlichen Gesellschaften im Falle der Ukraine-Krise eines Versteckspiels, so haben sie sich im Falle der Griechenland-Krise eines Wortspiels bedient: Man hat etwas als Hilfe („Hilfspakete“) für die Bevölkerung Griechenlands ausgegeben, das lediglich für griechische Eliten Hilfe gewesen ist, für die anderen Teile der griechische Bevölkerung aber gerade *nicht*. Überlegt man die hiermit bezeichnete Situation, so muss man zu dem Schluss kommen, dass es ratsam ist, sehr genau zu hinterfragen, was es mit dem „alten" Bild und dem es prägenden Verständnis von Solidarität auf sich hat.

Tatsächlich fehlt es in den westlichen Gesellschaften auch nicht an Stimmen, die hierum bemüht sind. Einige der wirklich großartigen Beispiele hierfür sind in den vorangegangenen Kapiteln angeführt worden. Sie bringen vor, dass in den westlichen Gesellschaften ein Solidaritäts-Defizit herrscht und benennen jene einflussreichen Teile der westlichen Gesellschaften, die für dieses Defizit verantwortlich sind. Zu finden sind sie in der Wirtschaft und der Politik, soweit diese jener hörig ist.

Betrachtet man diese Kritiken am westlichen Denken in ihrer Abgrenzung zu jenem, das sie kritisieren, so ergibt sich aber ein substanzielles Problem. *Diese Kritiken können sich nicht als Fundamentalkritik behaupten, also das Fundament des von ihnen kritisierten Denkens als gesellschaftsschädigend, da gegen die Gleichwertigkeit der Menschen gerichtet, darstellen.*

Bringt die Kritik vor, dass das marktgesellschaftliche Wirtschaftssystem zu einem extremen sozialen Gefälle führt, so hält dem das kritisierte Denken entgegenhalten, dass es ohne dem Kapitalismus im Sinne der aufgeklärten Moderne jenen, die in der aktuellen Realität benachteiligt sind, noch schlechter erginge. Wie sich gezeigt hat, kann die hier interessierende Kritik diesen Einwand *nicht* entkräften. Sie kann nur darlegen, dass er keine große Plausibilität in Anspruch nehmen kann. *Aber das ist zu wenig.*

Zudem bringt die moderne Kritik vor, dass besagtes Versteckspiel getrieben wird, was erneut das Vertrauen in den Solidaritätsbegriff der Marktgesellschaft unterwandert. Aber wiederum ist das marktgesellschaftliche Denken nicht um eine Antwort verlegen: „Nein.“, wird die Antwort lauten, „Wir betreiben kein Versteckspiel, da, was von unserer Seite an Aktivitäten dem Kriegsbeginn vorangegangen ist, keine Provokationen gewesen sind, sondern Maßnahmen im Dienste der Verbreitung unseres um das Allgemeinwohl bemühten Denkens und Handelns. Sie brauchen daher, was die Erklärung des Kriegsbeginnes betrifft, nicht angeführt zu werden.“ Hiermit wird sich wieder darauf bezogen, dass es ohne die marktgesellschaftlichen Vorkehrungen um die Gesellschaft insgesamt noch schlechter bestellt wäre. Dieses Argument tritt nun im Kleide davon auf, dass eben dieser Segen in die Ukraine hineingetragen werden sollte, zum Unmut Russlands.

Es wird sich also wieder auf jenes Argument bezogen, das von der Kritik nicht entkräftet werden kann. Was diese Kritik auch immer an Argumenten vorbringt, es kann von dem kritisierten Denken mittels diesem Argument in den Bereich der Bedeutungslosigkeit abgeleitet werden, eben da sein Fundament unangetastet bleibt.

Das lässt nur den Schluss zu, dass sich die moderne Kritik am marktgesellschaftlichen Denken in einem Dilemma befindet, aus dem herauszufinden ist. Es ist also aus den Denkgewohnheiten der modernen Kritik herauszufinden. Hierzu ist zunächst zu beachten, was das Fundament des kritisierten Denkens ist; jenes also, das den Kritikern gleichsam tabu ist. Dieses besteht in der Behauptung, dass die marktgesellschaftliche Auslegung der Marktwirtschaft zutreffend ist, da sie weiter nichts bedeutet als die Interpretation der Wirtschaft im Geiste der aufgeklärten Moderne. Hieraus soll folgen, dass der marktfundamentalistische Standpunkt über das zutreffende Verständnis von Solidarität verfügt. Wer mit diesem Begriff hierüber hinausgreifende Inhalte verbindet, der gibt sich metaphysischen, idealistischen, sozialromantischen usw. Illusionen hin, den Marktеliten Wortspielereien, Versteckspielerei, Aggressivität usw. unterstellend.

Das wiederum führt zu der Frage: Wieso dringt die moderne Kritik an der Marktgesellschaft nicht bis zur Diskussion dieses Fundamentes vor? Wieso greift sie dieses nicht an? Als Antwort hierauf hat sich ergeben: Diese Kritik baut ihrerseits auf dem Ideal „aufgeklärte Moderne“ auf. Sie akzeptiert, was dem marktgesellschaftlichen, obrigkeitsgesellschaftlichen Denken zugrunde liegt und muss daher zwangsläufig dort in die Defensive geraten, wo sie zuallererst ihre Kraft entwickeln sollte, nämlich bei der Destruktion des Fundaments des kritisierten Denkens. Erst die Destruktion des Fundaments entzieht den Protagonisten dieses Denkens die Möglichkeit, die Kritik in den Bereich der Bedeutungslosigkeit abdrängen zu können[90]. Das besagt: Die Kritik darf nicht bei den

[90] Das bedeutet nicht, dass mit der Destruktion des Fundamentes des marktgesellschaftlichen Denkens, diesem jegliche Möglichkeit genommen ist, sich in der Gesellschaft durchzusetzen. Der Grund hierfür ist, dass das marktgesellschaftliche Denken Resultat der Anerkennung der falschen Lösung der fundamentalen Aufgabe ist. Somit ist sie Resultat einer eigenständigen Entscheidung eines Menschen; also eines Menschen, der die konsequente Beachtung der Orientierungshilfen für sein Um-sich-bemüht-sein von sich weist. Gerade deshalb muss sich ein solcher Mensch von der philosophischen Destruktion des marktgesellschaftlichen Denkens nicht beeindrucken lassen, da diese letztlich nichts anderes als die Aufarbeitung der Orientierungshilfen ist.

Auswüchsen marktgesellschaftlich verstandener Marktwirtschaft ansetzen – Monopolkapitalismus -, sondern schon zuvor bei der marktgesellschaftlichen Interpretation von Marktwirtschaft. Nur dieserart lässt sich der Weg aus besagtem Dilemma der modernen Kritik finden.

Deshalb ist die bisherige Kritik am marktgesellschaftlichen Denken keinesfalls grundsätzlich bedeutungslos, aber ihre Bedeutung verbleibt innerhalb enger Grenzen. Aktuell kann sie den Protagonisten der Marktgesellschaft sehr wohl Probleme bereiten, sie vielleicht sogar vorübergehend in die Defensive bringen. Aber aus dieser Lage werden sie sich zu befreien wissen, wie sich in der Geschichte wiederholt gezeigt hat.[91]

Auf jeden Fall ist die Situation somit die, dass eingefordert wird, die Anerkennung der aufgeklärten Moderne aufzugeben. Die Protagonisten der Marktgesellschaft werden den

---

[91] Das paradigmatische Beispiel hierfür ist der Marxismus. Karl Marx und Friedrich Engels haben zu Recht darauf hingewiesen, dass sich eine wohlgeordnete Gesellschaft nicht begründen lässt, indem den benachteiligten Teilen der Gesellschaft karitativ geholfen wird, worüber hinaus auch der Bourgeoisie-Sozialismus nicht findet. Über dergleichen Hilfe – mag sie auch noch so gut gemeint sein – ist hinauszufinden, hin zum Abbau dessen, das überhaupt von „benachteiligten“ Klassen sprechen lässt. Tatsächlich haben Marx und Engels zur Darstellung dessen, das dieses Ziel erreichen lassen soll, auch (und nicht zuletzt) die Dialektik herangezogen. Was sie hierbei aber tatsächlich geboten haben, ist ein inhaltsloses Zerrbild der Dialektik. Daher kann nicht verwundern, dass der Marxismus die Eliten der Klassengesellschaft vorübergehend stören konnte, letztlich aber untergegangen ist. Was gegenwärtig noch im Namen des Marxismus an politischen Kräften auftritt, ist Bourgeoisie-Sozialismus.

Aufruf zum kritischen Hinterfragen der aufgeklärten Moderne als unterhaltsamen Anachronismus der Lächerlichkeit preisgeben, die Kritiker der Marktgesellschaft werden auf diesen, sind sie sich ihrer problembeladenen Situation (Dilemma) bewusst, zumindest zunächst mit Ratlosigkeit reagieren: Wird mit der Rücknahme der Diskreditierung des antimetaphysischen und antiidealistischen Denkens, und diese steht mit diesem Aufruf im Raum, nicht ein hoffnungslos rückwärts orientierter Blick anempfohlen? Aber es ist eben diese Ratlosigkeit bzw. die hieraus erwachsende Blockade, die es zu überwinden gilt, da erst hierdurch die nötige vollständige Distanz zum kritisierten Denken erzielt werden kann.

Zunächst ist hierfür Bedingung, dass man sich von dem (mitunter nur noch peinlichen) Zerrbild trennt, das die Protagonisten des modernen obrigkeitlich-marktgesellschaftlichen Denkens von der Metaphysik und dem Idealismus zeichnen. Diese wissen sehr wohl, dass ihnen nichts weniger gelegen kommen kann als ein Denken, das die alleinige Fokussierung auf die weltliche Ebene zurückweist, denn nur mittels dieser alleinigen Fokussierung können sie ihre Vorstellungen von Solidarität, wohlgeordnete Gesellschaft, Marktwirtschaft usw. überhaupt als rechtfertigbar behaupten. Das bedeutet freilich nicht, um das nicht unerwähnt zu lassen, dass man, sich von der Moderne verabschiedend, lediglich auf das metaphysische / idealistische Welt- und Gesellschaftsbild zuzugreifen braucht. Weder ist das metaphysische / idealistische Denken immun gegen Irrtümer, noch bedeutet die Moderne den Sündenfall der Menschheit bzw. dessen Vertreibung aus dem vormodernen Paradies!

Natürlich muss man jenen, von denen man sich erhofft, dass sie aufgrund des von ihnen gezeigten Engagements die Gesinnung mitbringen, den Schritt hin zu einer vollständigen

Emanzipation von jenem, was kritisiert wird, zu erbringen, ein Argument anbieten, das die soeben gebrachten Ausführungen nachvollziehbar werden lässt. Dieses Argument besteht in der konsequenten Beachtung des logischen Induktionsproblems und besagt: Alleine mit den Sinnesdaten lässt sich zu keinem Fundament des Hinterfragens finden, also zu Aussagen, die, da sie selbst nicht mehr hinterfragt werden brauchen, dem Hinterfragen das nötige Fundament sind. = Der rein innerweltliche, empirische Blick genügt nicht. Die Moderne, die diesen Umstand schlecht völlig ignorieren konnte und kann, hat als ihren Königsweg zur Rettung der Situation – des rein innerweltlichen Blicks - die Hinzuziehung der Mathematik auserkoren. Die Crux hieran: Die Mathematik bietet überhaupt nicht, was durch die Hinzuziehung beizubringen ist, nämlich Aussagen zum Sein.

Der Zugriff auf das logische Induktionsproblem mag die Kritiker der Marktgesellschaft zunächst überraschen, und tatsächlich ist dieses Problem so gut wie niemals Thema in ihren Auseinandersetzungen mit den Protagonisten der Marktgesellschaft. Teil dieser Überraschung ist freilich, dass man sich von der Thematisierung dieses anscheinend hoffnungslos abseits liegenden Problems nichts erwartet, sodass man meint, getrost in den eingefahrenen Diskussionsbahnen verbleiben zu können, auch wenn spürbar ist, dass sie Probleme bereiten.

Diese Illusion, und um nichts anderes handelt es sich hierbei, gilt es abzubauen. Hierfür ist entscheidend, dass die Aussage, es beim rein innerweltlichen Blick nicht blassen zu dürfen, auch die Vorstellungen zum Menschen und der Gesellschaft umfasst. Das meint: Ist mit dem rein innerweltlichen Blick kein Auskommen zu finden, so muss auch die Vorstellung vom Menschen und der Gesellschaft, so sie sich alleine aus diesem Blick ergibt, fehlerhaft sein.

Diese Fehlerhaftigkeit ist genauer zu betrachten. Hiezu ist zunächst zu klären, was es bedeutet, dass mit dem innerweltlichen Blick nicht das Auskommen zu finden ist. Als verzichtbar kann dieser Blick keinesfalls verstanden werden. Er kann auch nicht an und für sich fehlerbehaftet sein: Da er das Fundament des Hinterfragens und Bedenkens nicht zeigt, kann er es auch nicht fehlerhaft zeigen. Der Fehler muss woanders liegen. Er muss im *Umgang* mit diesem Blick liegen. Das bedeutet: Der Fehler muss darin liegen, dass die aufgeklärte Moderne, um nur von dieser zu sprechen, meint, es bei der Verwendung dieses Blickes *belassen* zu dürfen. Das wiederum bedeutet, dass hiermit etwas ausgeblendet wird, was beachtet werden *müsste*. Unmittelbar einsichtig ist, dass jenes ausgeblendet sein muss, das tatsächlich das Fundament des Hinterfragens ergibt. Was hiermit angesprochen ist, das muss zweierlei erfüllen: Erstens muss es, anders als die von der aufgeklärten Moderne hinzugezogene Mathematik, tatsächlich und unmittelbar das Sein bezeichnen. Zweitens muss es, um nicht ebenfalls mit dem logischen Induktionsproblem belastet zu sein, in Differenz zur Ebene des innerweltlichen Blickes sein. In Getrenntheit zu diesem darf es aber nicht sein, da diese bedeuten würde, dass das Fundament grundsätzlich Anderes als das ist, wofür es Fundament ist, sodass es keine Hilfe sein könnte.

Im Lichte des hiermit gegebenen Differenz-Argumentes ist zu beachten, dass das Hinterfragen insofern mit dem innerweltlichen Blick den Anfang nimmt, als zunächst nur dieser thematisch gegeben ist, also explizit vergegenwärtigt wird (wiewohl ohne sogleich verstanden zu sein). Demgegenüber ist zur Thematisierung des Fundamentes des Hinterfragens *vorzudringen*. Da aber der rein innerweltliche Blick niemals auf sich alleine gestellt am Werke sein kann, eben da ihm das Fundament fehlt, muss, was das Fundament ist, immer schon am Werke sein. Das beinhaltet: Die eigentliche, fundamentale Aufgabe, die dem Menschen gestellt ist, besteht in der Thematisierung, nicht in der Schaffung, des immer schon da seienden Fundamentes. Das beinhaltet: Das Fundament ist zwar immer schon da, aber seine Bedeutung entfalten kann es erst im Rahmen seiner Thematisierung.

In diesem Sinne steht jeder Mensch vor der fundamentalen Aufgabe, diese Thematisierung zu erbringen, um nicht ein Zerrbild des Fundamentes verwenden zu müssen, das die Bedeutung des Fundamentes nicht entfalten lässt. Was aber gewinnt ein Mensch, wenn er die fundamentale Aufgabe löst? Zunächst wird ihm einsichtig, dass das *weltliche Ich*, also das Ich des innerweltlichen Blicks, nicht schon das Ich an und für sich bzw. das So-Sein von Ich bezeichnet. Erst indem hierzu in Differenz getreten wird, zeigt sich das Ich an und für sich. Was sich hiermit zeigt, das ist als *personales Ich* bezeichnet worden.

Diese Differenzierung in personales und weltliches Ich scheint sogleich all jenen Recht zu geben, die in den gebrachten philosophischen Überlegungen lediglich eine weitere unbrauchbare metaphysische Konstruktion sehen zu können meinen, eine Konstruktion also, die sich in eine Welt „überhalb“ – oder sonst dergleichen - der weltlichen Ebene flüchtet, um zu einem Fundament finden zu können. *Aber so zu denken bedeutet, einen Fehler zu begehen*: Lediglich die Ebene des personalen Ichs wird als an und für sich seiend ausgesagt. Die weltliche Ebene ergibt sich alleine aus dem So-Sein der personalen Ichs, existiert also an und für sich nicht und kann daher auch nicht „unterhalb“ oder sonst wo neben der personalen Ebene sein. Hieraus folgt zudem: Das personale Ich und das weltliche Ich können weder einander Anderes sein, sodass beide ein *Eines* bezeichnen, noch können sie einander identisch sein, da sie ja unterschieden werden können. In diesem Sinn liegen zwei Ichs vor. Beides lässt sich mit dem Begriff Zweieinheitlichkeit zusammenziehen. Das meint: Das personale Ich wird nicht nur seinem An-und-für-sich nach bedacht, sondern zweieinheitlich, da es zugleich in Differenz hierzu als weltliches Ich bedacht wird. In diesem Sinn ist von der zweieinheitlichen Differenz zu sprechen.

Hieran ist explizit zu beachten: Das weltliche Ich, obschon ihm Sein an und für sich nicht zukommt, ist somit keine Fiktion des personalen Ichs, da sich die zweieinheitliche Differenz unmittelbar auf das Sein der personalen Ichs bezieht. Hieraus wiederum folgt, dass die weltlichen Ichs und ihr Bemüht-sein-um-sich keinesfalls missachtet werden darf, z B. in dem Sinn, dass das Bemühen alleine als den personalen Ichs gelten dürfend verstanden wird.

Zunächst mag es den Anschein haben, als wäre die Aussage vom zweieinheitlichen Ich trotz allem weiter nichts als eine groteske oder sonst dergleichen Verkomplizierung. Aber das trifft nicht zu. Sie ist es, die den Umgang mit der fundamentalen Aufgabe mit Inhalt erfüllen lässt, jenes also, im Vollzug dessen sich ein Ich gerecht werden kann, also sein fundamentales Bedürfnis befriedigen kann.

Das ist wie folgt zu verstehen: Jeder Mensch steht uranfänglich vor der Aufgabe, zur Thematisierung seines personalen Ichs vorzudringen, also Einsicht in sein So-Sein zu erlangen, um willen davon sich gerecht werden zu können. Von einer Aufgabe kann aber nur die Rede sein, wenn zwischen einer zutreffenden und einer unzutreffenden Lösung zu unterscheiden ist. Die Bedingung eben hierfür ergibt sich aus dem zweieinheitlichen Vergegenwärtigen von Ich: Aus der anfänglichen Thematisierung seines weltlichen Ichs soll es zur Thematisierung seines personalen Ichs vordringen, kann sich aber ebenso dafür entscheiden, hierauf zu verzichten und seine Thematisierung des weltlichen Ichs als vollumfängliche Thematisierung von Ich interpretieren zu dürfen.

Dieser Reduktionismus und das daraus folgende Missverstehen seines So-Seins steht einem jeden Menschen also als Möglichkeit offen. Jeder kann sich mit einem Zerrbild von Sich-gerecht-werden arrangieren.

Für das in dem vorliegenden Buch abzuhandelnde Thema ist bedeutungsvoll, dass diese Aussage nicht nur in Beziehung darauf entscheidend ist, vom weltlichen Ich zum personalen Ich finden zu sollen, sondern auch von der weltlichen Gesellschaft zur personalen Gemeinschaft. Hierzu ist zu beachten: Die weltlichen Ichs sind, wie alles der weltlichen Ebene, gegeneinander abgegrenzt; jedes ist für sich Individuum und in diesem Sinne um sich bemüht. Zugleich ist jedes weltliche Ich Teil einer Gesellschaft aus miteinander interagierenden weltlichen Ichs. In Beziehung auf dieses Interagieren müssen die einzelnen Ichs abschätzen, wie weit sie in ihrem Bemüht-sein-um-sich gehen können, ohne bei den Mitmenschen Empörung auszulösen. Zudem wird jeder Mensch darauf achten, nicht seinerseits von Mitmenschen übervorteilt zu werden. Die hiermit ausgesagten Abschätzungen können durch Sympathien bzw. Antipathien mit bestimmten Mitmenschen modifiziert werden, was aber nichts daran ändert, dass jedes weltliche Ich aufgrund seiner weltlichen Begrenztheit primär um sich bemüht ist[92]. Gerade hierzu wird mit der Thematisierung des personalen Ichs in Differenz getreten. Eine Begrenzung gegenüber den anderen Ichs wie im Falle der weltlichen Ichs kann nicht vorliegen, eben da die personalen Ichs nicht im weltlichen Sinne begrenzt sind. Deswegen hört das personale Ich aber nicht auf,

[92] An und für sich ist dieser Umstand, wie er am Anfang des Umgangs mit der fundamentalen Aufgabe steht, wertfrei zu nehmen. Egoismus wird hieraus erst, wenn aufgrund der Entscheidung für die reduktionistische Lösung der fundamentalen Aufgabe, die personale Ebene ausgeblendet wird.

Individuum zu sein, da es in diesem Fall nicht einmal als personales Ich angesprochen werden könnte. Hieraus folgt, dass das personale Ich zugleich Individuum und Individuation von Wir ist, wobei letzteres die fehlende Abgrenzbarkeit gegenüber den anderen Ichs zum Ausdruck bringt. Dieses Wir bezeichnet Gemeinschaft, als das An-und-für-sich im Sinne der Zweieinheitlichkeits-Argumentation von Gesellschaft.

Das hat folgende Konsequenz: Das Bemüht-sein-um-mich schließt das Bemüht-sein um die Mitmenschen ein, ist also zugleich Bemüht-sein-um-die-Gemeinschaft. Das ist der alles entscheidende Satz, den die aufgeklärte Moderne ausblendet: Ich kann mir nur gerecht werden, mein fundamentales Bedürfnis befriedigend, wenn ich zugleich um die Gemeinschaft bemüht bin; nur so kann ich meinem Mensch-Sein (Person-Sein) gerecht werden. Hiermit ist zugleich ausgesagt, was unter Solidarität zu verstehen ist: Sie ist die Bezeichnung dafür, um eine wohlgeordnete Gesellschaft bemüht zu sein, aus der Einsicht heraus, als Individuum einer Gemeinschaft anzugehören. Das beinhaltet, dass hierzu nur aus der Thematisierung von Person-Sein vorgedrungen werden kann.

Das ist jenes Argument, das der modernen Kritik an der Marktgesellschaft, obrigkeitlichen Gesellschaft usw. ermangelt, sie an entscheidender Stelle in die Defensive geraten lassend, wie in 5.1 gezeigt worden ist. Das ist also jenes, um das diese Kritik bereichert werden muss, um tatsächlich Substanz entwickeln zu können. Zugleich ist zu beachten: Natürlich ist die rein fachwissenschaftliche Kritik, wie sie z. B. Ganser aus der Perspektive des Historikers und Saez, Zucman und Piketty aus der Sicht der Ökonomen bieten, weitaus besser als die entsprechenden hier gegebenen Ausführungen, was aber nur besagt: Erst aus der Zusammenschau der philosophischen Perspektive im Sinne der dialektischen Tradition und den fachwissenschaftlichen Perspektiven kann zu einer profunden Kritik vorgedrungen werden.

Im Lichte hiervon soll nun das Verhalten der USA und der EU betrachtet werden. Beide westlichen Mächte halten das Bild hoch „Russland ist der Aggressor und die Ukraine ist das Opfer." Hieraus leiten sie ab, aus Gründen der Solidarität mit der Ukraine diese im Kampf gegen Russland unterstützen zu müssen, nicht zuletzt militärisch. Dieserart gerieren sie sich als das Reich des Guten. Das soll nicht nur außen-, sondern auch innenpolitisch gelten. Dass die USA und die Länder der EU Klassengesellschaften sind, soll nicht als Ausdruck mangelnder Solidarität – konkret der Eliten mit den Nicht-Eliten – verstanden werden dürfen, sondern gerade als Ausdruck vernünftig verstandener Solidarität: Trotz allem profitieren die Nicht-Eliten von den Eliten, sind von diesen vielleicht sogar abhängig. Jegliches Bemühen, das Klassengefälle abzubauen, käme somit falsch verstandener Menschenliebe gleich, wäre weiter nichts als sozialistische Gleichmacherei wider die Grundsätze der aufgeklärten Moderne. Auf diese wird sich berufen, da die ökonomischen Grundsätze, die dieser Argumentation zugrunde liegen, im Sinne der alleinigen Anerkennung des innerweltlichen Blicks konzipiert sind. Daher auch bedeuten diese Grundsätze keine reine Ökonomie, wie sie auch die dialektische Tradition anerkennt, wiewohl ihre Bedeutung auf den vormoralischen Raum eingrenzend, sondern eine reduktionistische Verzerrung der reinen Ökonomie im Namen der Entscheidung für die reduktionistische Lösung der fundamentalen Aufgabe.

In den Kapiteln vor den philosophischen Überlegungen ist gezeigt worden, dass dieses Selbstverständnis der USA und der EU mehr als fragwürdig ist; dass es also mehr als fragwürdig ist, das Verhalten der USA und der EU in Beziehung auf die Ukraine mit Solidarität in Zusammenhang bringen zu können. Im Lichte der philosophischen Überlegungen kann nun beantwortet werden, ob hiervon zu Recht die Rede ist.

Die Antwort hierauf ist der Beantwortung der Frage zu entnehmen: Sind die interessierenden westlichen Gesellschaften von dem Bemühen um Thematisierung der personalen Ebene bzw. der Ebene von Gemeinschaft geprägt? *Hiervon kann nicht die Rede sein.* Unzweideutig hat sich ergeben, dass diese Gesellschaften von einer Ausrichtung auf die Marktwirtschaft im Sinne der reduktionistischen Lösung der fundamentalen Aufgabe geprägt sind. *Diese Ausrichtung geschieht im Namen der aufgeklärten Moderne*, beruft sich also darauf, alleine den innerweltlichen Blick anerkennen zu dürfen. Demgemäß wird die Omnipotenz des Marktes idolisiert, jene Omnipotenz also, von der sich gezeigt hat, dass sie alleine für den vormoralischen Raum Gültigkeit besitzt. Die logische Konsequenz hiervon ist die Ausbildung einer Klassengesellschaft, die von dem Mehr-sein-wollen-als-die-anderen geprägt ist, Eliten und Nicht-Eliten differenzierend. Kurz gesagt: *Für Solidarität ist in einer solchen Gesellschaft kein Platz. Eine solche Gesellschaft kann nicht als das Reich des Guten verstanden werden.*

Hieran ist bemerkenswert, dass die USA und die EU nichtsdestoweniger ihr Engagement in der Ukraine als ein solidarisches Engagement darstellen, wie auch die Differenzierung der eigenen Gesellschaften in Klassen als von dem Solidaritätsgedanken getragen. Diese Differenzierung soll

Ausdruck davon sein, dass eine wohlgeordnete Gesellschaft vorliegt, wie sich z. B. aus der Trickle-down-Theorie ergeben soll. Die Eliten der USA und der EU berufen sich somit auf etwas, was sie gar nicht praktizieren: Solidarität. Um diese Eigentümlichkeit verstehen zu können, ist zunächst zu beachten, dass das Solidaritäts-Argument von den Eliten an die Nicht-Eliten gerichtet ist, also von jenen, die alleine die Gewinner der Differenzierung der Gesellschaft in Klassen und dem Ukraine-Engagement sind, an jene, die die Verlierer hiervon sind. Worauf zielen die Eliten hiermit ab?

Um diese Frage beantworten zu können, ist daran zu erinnern, dass die falsche, reduktionistische Lösung der fundamentalen Aufgabe jenes an und für sich nicht enthält, das aufgrund der Entscheidung für die zutreffende Lösung thematisiert wird: Die Begrifflichkeit der personalen Ebene, also Person, Gleichwürdigkeit der Menschen, Solidarität usw. Aber diese Begriffe können nicht einfach gestrichen werden; sie werden reduktionistisch verzerrt bedacht. Das umfasst: Das Bemüht-sein-um-Wir wird im Falle der Anerkennung der reduktionistischen Lösung nicht einfach aufgegeben, sondern eben reduktionistisch verzerrt geboten. Es wird also nicht plump davon gesprochen, dass jeder machen soll und darf, was er will, sondern das Mehr-sein-wollen-als-die-anderen wird gerade als Motor für die Etablierung einer wohlgeordneten Gesellschaft verstanden, einer Gesellschaft, die im vernünftigen, modern aufgeklärten Sinn um Solidarität bemüht ist. In dem hiermit bezeichneten Sinn wird also von den Eliten an die Solidarität der Nicht-Eliten appelliert. Anders gewendet: Es wird das Bemüht-sein der Eliten um die Nicht-Eliten suggeriert, was diese nicht leichtfertig von sich weisen sollten, aus Neid oder einfach da sie sich von weltfremden Idealisten hierzu verleiten lassen.

Da diese Vorstellung von Solidarität letztlich auf einem nicht rechtfertigbaren Fundament aufgebaut ist, und den

Eliten nichts weniger als der Umstand gelegen sein kann, dass die Nicht-Eliten Einsicht in die Situation entwickeln, wird sie durch flankierende Maßnahmen unterstützt, um sie belastbarer werden zu lassen. Eine dieser flankierenden Maßnahmen ist das Schüren von Angst. „Russland ist gemäß seinem Großmachtstreben nicht nur an der Ukraine interessiert.“ „Russland ist willens, gegebenenfalls atomare Kriegsmittel einzusetzen.“ Von derartigen Angstparolen wird erwartet, dass sie bei den Nicht-Eliten Emotionen wecken, die intellektuelle Vorbehalte überlagern und das Wir-Empfinden in den westlichen Gesellschaften fördert, obschon diese keine Solidargesellschaften sind.

Angesichts hiervon ist zu den USA festzuhalten: Das US-amerikanische Steuersystem, so weit es hier interessiert, protegiert einzig und alleine einen als omnipotent verstandenen Markt, konkret dahingehend, dass die Möglichkeit befeuert wird, den marktgesellschaftlichen Konkurrenzkapitalismus in einen Monopolkapitalismus umzuwandeln. Ausschlaggebend hierfür ist: Die Omnipotenz des Marktes wird dahingehend begriffen, dass von einer Regulierung des Marktes im Sinne der Beachtung der personalen, also gemeinschaftlichen Ebene gar nicht die Rede sein kann; Regulation wird bereits auf gesellschaftlicher Ebene möglichst zurückgedrängt. Der Fokus liegt auf dem atomistisch verstandenen Individuum, also dem weltlichen Ich und dessen Bedürfnisbefriedigung. Der marktgesellschaftlich-monopolistische Kapitalismus, konkret die ihn prägenden Eliten, befinden sich in der Offensive; Maßnahmen zur Empörungsprophylaxe (Lebensmittelhilfspakete usw.) können auf niedrigem Niveau gehalten werden. Die Politik, soweit sie tatsächlich gestaltend ist, ist in diesen Prozess integriert, was zu einer Transformation der Demokratie in eine Oligarchie führt, wobei freilich das demokratische Kleid nicht abgelegt wird.

Betrachtet man im Lichte hiervon die EU, so ist festzuhalten: Mehrfach ist darzulegen gewesen, dass sich die EU als Partner der USA begreift, was in Beziehung auf die Ukraine-Krise verstärkt zum Ausdruck kommt. Partnerschaften werden aber nur eingegangen, wenn alle beteiligten Seiten zumindest zu einem Grundkonsens gefunden haben. Das bedeutet, dass die EU zumindest grundsätzlich mit dem antisolidarischen Verhalten der USA übereinstimmen muss, da anders der Grundkonsens nicht hätte erzielt werden können. Hierher gehört, dass beispielsweise in dem EU-Land Österreich die Zahl jener Menschen, die an oder unter die Armutsgrenze abgedrängt sind, aufgrund der Ukraine-Krise enorm angestiegen ist, was die politisch Verantwortlichen aber nur zu „Hilfsleistungen" animiert hat, die als der sprichwörtliche „Tropfen auf den heißen Stein" zu verstehen sind. Trotzdem werden diese Hilfsleistungen als „kräftige" Hilfsleistungen dargestellt, mit Hinweis darauf dass man globale Vorkommnisse nicht vollständig abfedern kann; die Probleme können nur „abgemildert" werden. Hiermit wird maskiert, dass mehr gar nicht angestrebt wird, da dies heißen würde, die Omnipotenz des Marktes zu unterwandern. Daher wird von den Verantwortlichen nicht betont, dass die Probleme sehr vieler Menschen das Ergebnis davon ist, dass von Eliten „Profit aus Gier" gemacht wird. Zudem wird nicht betont, dass dieses Profitmachen nicht bedeutet, den Boden der Legalität zu verlassen. Die Gesetze lassen dieses Vorgehen zu. Zudem wird nicht betont, dass, was sich nun zuträgt, das Auseinanderklaffen der sozialen Schere, nicht erst mit der Ukraine-Krise begonnen hat. So stammt beispielweise die Anpreisung der legalen (!) „wirtschaftlichen Freiheiten", von denen die Beratungsfirma KPMG im Rahmen der EU-Erweiterung ein Lied singt (vgl. oben), aus dem Jahre 2004.

Nichts hiervon lässt sich mit einem solidarischen Denken vereinbaren. Es ist Ausdruck des Denkens marktgesellschaftlicher Eliten, deren fundamentales Bedürfnis das Ausleben ihrer Hybris ist, das Mehr-sein-wollen als die Mitmenschen, die Nicht-Eliten. Jenen ist es gelungen, die Politik – und somit die Gesetzgebung! – so weit zu infiltrieren, dass das Primat der Politik zum Primat der wirtschaftlichen Eliten geworden ist.

Angesichts hiervon kann die Beantwortung der Frage „Was hat es mit dem Ukraine-Krise auf sich?" abgerundet werden:

Unmittelbar einsichtig ist, womit diese Krise nichts zu schaffen haben kann: Mit der Solidarität der USA und der EU mit den Menschen in der Ukraine. Das ist sogleich dahingehend zu konkretisieren, dass hiermit explizit die politisch entscheidenden Kräfte in den USA und der EU gemeint sind, die im Sinne der wirtschaftlichen Eliten am Werke sind. Diesen sind bereits die Menschen der eigenen Gesellschaften nicht Inhalt solidarischen Denkens und es gibt kein vernünftiges Argument, das belegt, wieso sie den Menschen der ukrainischen Gesellschaft auf andere, solidarische Weise gegenübertreten sollten.

In diesem Sinne ist die Wurzel der Ukraine-Krise eindeutig in der NATO-Osterweiterung zu sehen, als wesentliches Element der Globalisierung der Machtsphäre der westlichen Eliten. Sie ist also Ausdruck der Bestrebungen des Immer-mehr-wollens, wie es das marktgesellschaftlich-obrigkeitliche Denken prägt. Die offizielle Darstellung der Bedeutung dieses Globalisierungsversuches beruft sich aber darauf, Länder des ehemaligen Ostblockes in den Machbereich des „Reiches des Guten" zu integrieren. Daher auch die Vorstellung, den Ausbruch des Ukraine-Krieges nicht mit der NATO-Osterweiterung in Beziehung bringen zu brauchen: Die NATO-Osterweiterung ist eine Erweiterung des Reiches des Guten und die russische Aggression ist simpler

Imperialismus in Erinnerung an den ehemaligen Weltmachtstatus. Die Crux hieran: Der Westen ist nicht das Reich des Guten.

Daher ist die NATO-Osterweiterung von Anfang an ein Instrument von Eliten einer Gesellschaft, die auf dem Konkurrenzkapitalismus im Sinne der aufgeklärten Moderne aufbaut. Die Protagonisten einer solchen Gesellschaft können aber nicht ihr wahres Gesicht zeigen, da diese Gesellschaft Gewinner – Eliten – und Verlierer – Nicht-Eliten – produziert, was aus der Perspektive der Gewinner zu maskieren ist. Das Bild vom Reich des Guten ist eben diese Maske. Reißt man diese Maske herunter, so zeigt sich: Die Ukraine-Krise ist ein Konstrukt im Dienste der Eliten der USA und der EU – nebst den Eliten Großbritanniens und einiger anderer Länder.